ちくま新書

天皇と右翼・左翼

—

れた対立構造

駄場裕司
Daba Hiroshi

1482

天皇と右翼・左翼——日本近現代史の隠された対立構造【目次】

凡例

一、漢字は原則として新字体とした。しかし近年の慣例により、引用文には一部で表記揺れもある（満洲と満州、東條と東条など）。

二、仮名づかいは原文のままとした。

三、引用文中における引用者の注記は、〔〕でくくった。

四、明治五年の改暦以前の生年月日は旧暦で表記した。

五、アメリカ軍の役職・組織・部局の名称は、初出時に日本語訳と英語の略称を併記した後は、略称を使用する。これは主に次の理由による。

1　日本を占領した連合国軍最高司令官総司令部の役職・部局について日本で定着している慣用訳が、日本人の民族的自尊心に由来すると見られる意図的な誤訳により「格上げ」されているため、他の役職・組織・部局を日本語訳で表記すると、日本語の官僚機構用語としてアメリカ軍組織全体の中で不一致（民政局と連合国翻訳通訳課は、ともに"Section"）や上下関係の逆転（民政局と軍事情報部）が起こり、誤解を生む。

2　"Commander in Chief"のように英語では同じ役職が日本語の慣用訳では軍種によって異なったり、英語では別の役職・組織・部局が日本語訳すると同じになる場合（SCAPとCINCAF、MIDとMIS）があり、混乱する。

略語表

ABDACOM	米英蘭豪司令部
AGWAR	陸軍省高級副官
ATIS	連合国翻訳通訳課
AUS	合衆国陸軍
CCS	連合参謀本部
CG AFMIDPAC	アメリカ中部太平洋陸軍司令官
CG USAFFE	アメリカ極東陸軍司令官
CIA	中央情報局
CIC	対敵諜報部隊
CIE	民間情報教育局（連合国軍総司令部）
CINCAF	連合国軍最高司令官
CINCAFPAC	アメリカ太平洋陸軍最高司令官
CINCPAC	太平洋艦隊司令長官
CINCPOA	太平洋戦域最高司令官
CINCSWPA	南西太平洋戦域最高司令官
CJCS	統合参謀本部議長
CNO	海軍作戦部長
COI	情報調整官
COM3RDFLT	第三艦隊司令官
COM5THFLT	第五艦隊司令官
COMGENPOA	太平洋戦域陸軍司令官
COMINCH	合衆国艦隊司令長官
COMNORPAC	北太平洋戦域司令官
COMSOPAC	南太平洋戦域司令官
CSUSA	合衆国陸軍参謀総長
G2	情報（アメリカ陸軍・海兵隊）
GHQ	総司令部
GRU	参謀本部情報総局（ソ連軍）
GS	民政局（連合国軍総司令部）
IATB	国際労働者演劇同盟
IPR	太平洋問題調査会
JAS	法務部（連合国軍総司令部）
JCS	統合参謀本部
KGB	国家保安委員会（ソ連）
MID*1	軍事情報部（アメリカ陸軍省）
MIS*2	軍事情報部（アメリカ陸軍）
MISLS	軍事情報部語学学校
ONI	海軍情報部
OSS	戦略情報局
SCAP	連合国軍最高司令官
TJAG	アメリカ陸軍法務部長
USAFIME	アメリカ中東陸軍

*1　Military Intelligence Division
*2　Military Intelligence Service

はじめに――昭和天皇は「右」と近かったのか？

†昭和天皇が公職追放軽減を求めたただ一人の人物

日本では一般に朝日新聞社は「左」寄りとされ、産経新聞社や自衛隊は「右」寄りとされる。そして「右」寄りであれば天皇との距離が近いと思われている。だが本当にそうだろうか。「右」寄りとされる様々な勢力は実は昭和天皇から遠いのではないか。本書はその謎を解くための試論である。

昭和天皇と、「左」寄りとされる朝日新聞社との関係の近さを物語る、以下のような事実がある。連合国軍最高司令官総司令部（GHQ／SCAP。以下GHQ）が一九四六年一月四日に「公職追放令」を出したとき、昭和天皇は東京朝日新聞社論説委員だった前田多門（前文相）についてのみ公職追放の緩和を求めているのだ。

『昭和天皇実録』（以下『実録』）の一九四六年一月一四日条に次の記述がある。

表拝謁ノ間において、先に公職追放指定を受け昨日免官の前文部大臣前田多門に謁を賜う。その際、前田に椅子を許され、侍従長の侍立もなし。なお二十二日には、首相官邸に侍従次長木下道雄を差し遣わされ、前田の公職追放処分の軽減を図るため、〔連合国軍最高司令官（SCAP）ダグラス・〕マッカーサー〔元帥〕に説明すべしとの御伝言を内閣総理大臣幣原喜重郎に伝えさせられる。

この出典である木下道雄『側近日誌』一月二二日条の記述は以下の通りである。

陛下より首相への御伝言（前田前文相の指令該当を軽くするべく、Mに首相より説明する事）を伝う。首相承諾。

このとき幣原喜重郎《しではらきじゅうろう》内閣では前田文相のほかにも内相堀切善次郎、農相松村謙三、運輸相田中武雄、国務大臣兼内閣書記官長次田大三郎が公職追放に該当したため、辞表を提出した。

前田多門は「新渡戸四天王」と呼ばれた新渡戸《にとべ》稲造《いなぞう》門下の後藤新平系官僚の一人で、国際労働機関日本代表兼駐仏大使館参事官を最後に退官して東京市政調査会専務理事となり、後藤最後の訪ソに随行した後、東京朝日新聞社論説委員、日本文化会館館長（ニューヨーク）、新潟県知事、貴族院議員を経て、元朝日新聞社主筆緒方竹虎が国務大臣兼内閣書記官長として切り回した敗戦処理の東久邇宮《ひがしくにのみや》内閣で文相に起用され、幣原内閣に留任していた。上皇のフランス語の師匠である元東京大学教養学部教授前田陽一（フランス文学）は長男で、上皇后の皇太子妃時代のカウンセラーだった元津田塾大学教授神谷美恵子（精神医学・フランス文学）は長女である。前田多門は公職追放の後、一九四八年九月二七日、一九五一年二月二六日（大日本育英会会長の資格）、同年九月二一日（同前）、一九五三年一〇月八日（日本ILO協会会長）、同年一一月九日（日本育英会会長）に昭和天皇に拝謁している。

†昭和天皇とマスメディア企業の距離

昭和天皇とマスメディア企業関係者の接触を『実録』から拾ってみよう。

昭和天皇が戦後、単独のマスメディア企業の代表者と会ったり、社を訪れた回数は多くはない。最初の事例は、一九四七年六月の関西巡幸の際の毎日新聞社大阪本社（六日）と朝日新聞社大阪本社（同前）で、次が一九四九年五月の九州巡幸での西日本新聞社（二一日）と熊本日日新聞社（二九日）である。敗戦直後の一連の地方巡幸で他に訪れたマスメディア企業はない。毎日と朝日については、大阪発祥の全国紙（東京都と大阪府の双方に発行拠点を持つ新聞社。当時は朝日と毎日のみ）の登記上の本店を訪ねたと解釈できる。

しかし昭和天皇が読売新聞社だけの代表者と初めて会ったのは一九五一年四月九日で（国立博物館・読売新聞社共催の「アンリ・マチス作品展覧会」で安田庄司代表取締役。読売の大阪進出は一九五二年一一月）、西日本、熊本日日訪問はそれより早い。

西日本新聞社、熊本日日新聞社（以下「熊日」）とはどのような新聞社か。簡単に言えば西日本は「日本の右翼の源流」と言われる福岡・玄洋社《げんようしゃ》との関係が深く、熊日は玄洋社と密接な関係にあった熊本・紫溟会《しめいかい》→熊本国権派系の地方紙である。

西日本新聞社は、三井三池炭鉱（大牟田）があった筑後地方の三井系地元資本が発行する政友会系の福岡日日新聞社と玄洋社系の九州日報社が戦時中の「一県一紙」政策で合併したものである（拙稿、二〇〇〇）。

熊本日日新聞社は、西南戦争で西郷隆盛に呼応した熊本隊の生き残りである佐々友房《さつさともふさ》（済々黌《せいせいこう》創立者）ら熊本国権派の機関紙九州日日新聞社と政友会系の九州新聞社が「一県一紙」で合併したものである。大阪朝日新聞社を「白虹《はっこう》事件」で退社した伊豆富人《いずとみと》（熊本国権派の領袖安達謙蔵の側近）が社長だったが、伊豆社長が公職追放となったため、佐々友房の三男で、敗戦時の朝日新聞社論説主幹だった参議院議員佐々弘雄（緒方主筆の下で副主筆）が一九四七年七月に社長兼主筆となった。

そして翌年一〇月九日に佐々が没すると元朝日新聞社代表取締役野村秀雄が後を継ぎ、一九五一年九月に伊豆の公職追放が解除されるまで務めた。野村は、敗戦で緒方派と社長村山長挙《ながたか》ら反緒方派の派閥抗争が再燃して混乱状態になった朝日新聞社で短期間ながらトップを務めた緒方派の幹部で、後に日本放送協会（NHK）会長にもなった（拙著、一九九六、二〇〇七）。

朝日新聞社は明治一四年政変後、三井財閥からの資金援助で経営基盤を固めて東京進出を果たした。また緒方竹虎は玄洋社の総帥頭山満《とうやまみつる》の葬儀副委員長（委員長は広田弘毅）を務めた玄洋社第二世代の有力者である。後藤新平系の逓信・植民地官僚から朝日新聞社入りし、二・二六事件後に広田内閣入閣（陸軍の反対で実現せず）のため退社するまで副社長として東京朝日新聞社の責任者だった下村宏と、台湾総督府での下村民政長官→総務長官の実質的秘書官で、戦時中の朝日において「編集の緒方、営業の石井」と並び称された福岡県出身の元内務官僚石井光次郎も、「玄洋社の金庫番」と言われ、後藤新平の黒幕的存在だった杉山茂丸と親しかった（拙著、一九九六）。

また後藤の岳父安場《やすば》保和《やすかず》は熊本出身の大久保利通系地方官で、元老院議官時代に佐々友房や太政官大書記官井上毅《こわし》らと紫溟会を結成した。安場は杉山茂丸ら玄洋社の運動で福岡県令→福岡県知事となり、頭山も安場には「一目も二目も置いていはゆる師を為してゐ」たという。

つまり西日本新聞社、熊本日日新聞社はともに朝日新聞社と近い関係にある地方紙だった。

その後の『実録』を見ると、昭和天皇が各種の催しで一社だけの代表者と会ったり社を訪問しているマスメディア企業は全国紙、ブロック紙（中日新聞社、西日本新聞社、北海道新聞社の三社）とＮＨＫのみで、県紙を訪れたのは熊本日日新聞社が最初で最後である。昭和天皇と側近たちにとって熊日は特別な県紙だったことがわかる。

一九五一年八月に朝日新聞社社主家の村山長挙が公職追放解除となり、一一月に同社会長となった（一九六〇年六月に村山が社長となるまで社長は空席）。そして一九五二年一月一九日の「第三回米作日本一表彰会」（朝日新聞社主催）以降、一九六三年一二月に表面化した朝日新聞社の内紛「村山事件」で社長を退陣するまで、米作日本一表彰会（一九六一年に「農業日本一表彰会」と改称）と一一月の「全日本健康優良児童学校表彰会」（朝日新聞社主催）で昭和天皇が村山の挨拶を受けることが恒例行事化し、他に朝日新聞社主催の展覧会を訪れた際も村山と会っていて、その回数は二七回とマスメディア企業関係者の中で突出している。これは村山長挙が岡部子爵家（旧岸和田藩主家）からの養子で、実兄岡部長景《ながかげ》（東條内閣文相）が内大臣秘書官長兼式部次長、実弟岡部長章《ながあきら》が侍従を務め、宮中とのパイプが太かったためと推測される。

村山に次ぐのは読売新聞社副社長高橋雄豺（社長空席）の一一回で、読売新聞社社主正力松太郎《しょうりきまつたろう》が第一次岸内閣国家公安委員長兼科学技術庁長官だった一九五七年一一月に「日本学生科学賞」（全日本科学振興委員会主催・読売新聞社後援）がスタートし、読売代表者の挨拶を受けるようになったためである。これは正力が朝日に対抗しようとしたのだろう。ただし村山長挙が朝日新聞社トップだった時期に、正力が政治家としてでなく昭和天皇と同席したのは一九五九年六月二五日、長嶋茂雄のサヨナラ・ホームランで知られる「天覧試合」（「プロ野球創始者」の資格）と一九六一年五月四日の読売新聞社主催「インカ帝国黄金展」（同展名誉会長の資格）の二回である（その後、東京オリンピック直前の一九六四年一〇月三日、日本武道館開館の演武始で同館館長の資格での一回がある）。これは日本経済新聞社社長万直次《よろずなおじ》と同じである。村山社長退陣後は、朝日新聞社社長も全日本健康優良児童学校表彰会の年一回となった。

一方、昭和天皇は全国紙であっても産経新聞社の代表者と会ったことは一度もない。一九七九年七月三日にフジサンケイグループ会議議長鹿内《しかない》信隆と会っているが、彫刻の森美術館館長の資格である。

†昭和天皇と自衛隊の距離

また昭和天皇と自衛隊の距離も遠いのが『実録』から読み取れる。一九五一年四月一一日、同年一〇月二三日、一九五二年九月二九日、一九五四年一〇月二二日、一九五七年六月二五日、一九六四年八月一〇日（一四日退官）に、警察予備隊総隊総監→保安庁第一幕僚長→防衛庁統合幕僚会議議長の林敬三と会っている。しかし後述するように林の人事は、厚生省引揚援護局資料整理部長でGHQ歴史課にも勤務していた、旧陸軍関係者の推す東條英機の側近、元大佐の服部卓四郎（東條内閣で陸相秘書官の後、参謀本部作戦課長）を首相吉田茂が退け、内務官僚出身の林宮内庁次長を警察予備隊の制服組トップに送り込んだものだった。

林以外の制服組幹部らが昭和天皇に最初に拝謁したのは自衛隊一〇周年記念日翌日の一九六〇年一一月二日で、一九六二年一月二〇日の自衛隊方面総監等会同、一九六四年九月一六日の自衛隊高級幹部会同がこれに続く。翌年九月三〇日の高級幹部会同でも拝謁したが、一九六六年にはなかった。すでに退官して日本住宅公団総裁となっていた林敬三が同年一一月二一日に拝謁し（住宅公団についての進講とされている）、翌一九六七年九月一八日の自衛隊高級幹部会同から拝謁が復活したことから、防衛庁・自衛隊が林を通して不満を伝えたのであろうか。それでも自衛隊高級幹部会同での拝謁は完全に恒例行事化したわけではなく、一九七二年、一九七四年、一九七六年、一九八七年にはなかった。

†本書の構成

以上、マスメディアや自衛隊を少し細かく見るだけで、天皇との距離が一般的なイメージとはまったく異なっていることがわかるだろう。通俗的だが実態と違うイメージで理解されがちな日本の「右翼」・「左翼」の付置を、根本的に書き換えることが、本書の目的である。

本書第Ⅰ部では、「右翼」「左翼」概念がいかに揺れ動いてきたかを論じる。そもそも戦前の日本では、世界標準の「右翼＝王党派」「左翼＝共和派」という図式が適用できない。第一章ではそのことを、玄洋社・頭山満と「左翼」のつながり、共産党の野坂参三が天皇制存続に動いていた事実、そして戦前・戦後の朝日新聞がゾルゲ事件以降にむしろ政府の中枢に食い込んでいった奇妙な事態から論証する。

第二章では、一般に体制側の人物だったと見られがちな後藤新平の「左翼」人脈を検証し、後藤に由来する反米「左翼」勢力が上皇后をはじめとする皇族と太いパイプをもつことから、「左翼＝反皇室」では決してないことを示す。

第三章では、現在では「左翼」系メディアの代表となっている朝日新聞が、戦後間もなくの緒方竹虎の時代まではむしろ保守本流と目されていたという史実、そして六〇年安保では論説主幹だった笠信太郎《りゅうしんたろう》が安保改定に賛成していた事実から、その「左翼」性の本質はまったく一貫していないことを明らかにする。

本書第Ⅱ部では、現在では旧宮家と呼ばれる伏見宮《ふしみのみや》系皇族と天皇家の対立構造、そしてそれぞれ旧宮家が「右翼」と、天皇家が「左翼」の一部とつながっていたこと、さらにはその構造が「反英米」vs.「親英米」の対立軸と重なって複雑な動きを見せていくことを論じていく。

そもそも天皇家と伏見宮系皇族の対立は、幕末の倒幕派と公武合体派の対立に根差すものである。第四章では、その対立構造が貞明《ていめい》皇后vs.久邇宮《くにのみや》家という形で現れた、大正期の宮中某重大事件と第一次大本教事件を見ていき、さらにそこから長州閥・陸軍と大本教の関わりの深化を経て第二次大本教事件に至る過程を検証していく。

第五章では、第四章の対立構造がさらに昭和天皇vs.伏見宮・伏見宮系皇族軍人という対立につながっていく道筋を描き出す。そして、伏見宮系皇族こそが対米戦争開戦の責任を負うべき存在であること、それにもかかわらず戦後の「左翼」が昭和天皇の戦争責任ばかりを追及し伏見宮系皇族の責任を隠蔽していることを指摘する。

第六章では、天皇制がなぜ残ったのかについての、日本の「左右」双方の誤解について考察する。現在、「左翼」側は戦後に天皇制が残ったのはアメリカ戦略情報局（OSS）の陰謀とし、「右翼」側は情報将校ボナー・フェラーズが天皇制存続に動いたとしている。この誤解を、フェラーズが起こした機密情報漏洩事件、マッカーサーの司令官職の法的性格、マッカーサー総司令部の情報機関である連合国翻訳通訳課（ATIS）の存在から正していく。

第七章は、六〇年安保闘争を田中清玄《きよはる》という人物から見ていく。田中は共産党幹部からの転向者で、六〇安保ではブント全学連に資金提供して反岸信介内閣運動を援助したが、昭和天皇にも近い人間だった。反ソvs.反米という対立軸が、天皇・田中・ブントvs.岸・共産党・社会党という対決構造になっていたことを明らかにしていく。

第八章では、戦後の長州の政財界・労組の有力者たちの「左右」連合の動きを見ていく。終戦時に陸軍の徹底抗戦派が起こした宮城《きゅうじょう》事件は、実は長州出身の松岡洋右《ようすけ》内閣樹立を目指したものであった。そのことを「左右」双方の政治勢力が隠蔽している事実や、大本教《おおもときょう》と関わりの深い生長の家と、そこに関わる「左右」双方のさまざまな政治勢力が「左右」連合へと緩やかに歩んできた経緯を俯瞰し、戦後日本の「左右」対立は、米ソ冷戦の最前線における「見せかけ」(フェイク)だった可能性を指摘する。

「おわりに」では、本書で明らかになった対立構造を、近現代史研究の成果として図示する形でまとめたい。

本書が、読者の、より実態に近い近現代史理解に資することになれば幸いである。

Ⅰ 揺れ動く「右翼」と「左翼」

1935年7月1日、朝日新聞副社長室にて。左から下村宏、石井光二郎、杉山茂丸、緒方竹虎(野田美鴻『杉山茂丸傳』島津書房、1992年)

第一章　本来の右翼・左翼概念が適用できない戦前日本

1　昭和天皇を守った野坂参三

†玄洋社・頭山満と「左翼」のつながり

社会科学用語としての右翼と左翼の概念は、フランス革命期の国民議会において、議長席から見て右側に王党派などの保守勢力が座り、左側に共和派などの急進勢力が席を占めたことに由来する。しかし戦前の日本には、この「右翼＝王党派」「左翼＝共和派」という世界標準の対立図式が適用できない。

「日本の右翼の源流」とされる玄洋社は元来、過激な民権政社として知られていた。自由民権運動最大の指導者として「東洋のルソー」と称された中江兆民は、玄洋社の頭山満と親交が深く、喉頭ガンを宣告されて書き始めた『一年有半』の中で、「頭山満君、大人長者の風あり、かつ今の世、古の武士道を存して全き者は、独り君あるのみ、君言はずして而して知れり、けだし機知を朴実に寓する者といふべし」と書いた。危篤となった中江を頭山が病室に見舞うと、すでに声を出せなくなっていた中江は石盤に「伊藤山県ダメ、後の事気づかわれる」と書いて頭山に後事を託した（石瀧、二〇一〇）。

列強との不平等条約下にあった明治期日本で、民権拡張と国権拡張は対立概念ではない。その典型的な事例が、外国人裁判官の大審院任用で条約改正を目指した黒田内閣外相大隈重信に対する、玄洋社の来島恒喜《くるしまつねき》による暗殺未遂事件である。

その後も玄洋社と「左翼」とされる人物の交流は深い。アナキストの大杉栄・伊藤野枝《のえ》夫妻が好例である。伊藤野枝の叔母・代《だい》キチの夫・代準介《だいじゅんすけ》が玄洋社社員で頭山満に可愛がられ、伊藤野枝も頭山満から可愛がられて時々小遣いを貰っていた。頭山の世話で伊藤野枝が後藤新平のところへ金を貰いに行ったこともあり、代準介は大杉栄も頭山満や後藤新平に何度か会わせたという。

また大杉栄は、杉山茂丸の台華社に泊まり込んで杉山と寝食を共にした数少ない人物の一人で、大杉の死を最も悲しんだのは杉山と広田弘毅だったという。大杉が寺内内閣内相時代の後藤新平から資金援助を受けたことは大杉が自伝で認めているが、この件を第二次山本内閣内相時に政友会から議会で追及された後藤は、衆議院予算委員会で、歴代の内相がやっていたことだと二度にわたって答弁している〔拙著、二〇〇七〕。

さらに日本で「左翼」政党の代表とされる日本共産党も、戦前においては玄洋社との関係が極めて深い。詳しくは次章で述べるが、日本共産党は、日露協会会頭の東京市長後藤新平をはじめとする玄洋社系勢力が、ロシア革命後のシベリア出兵で途絶えた日ソ間の国交樹立交渉の行き詰まりを打開するためにソ連政府の駐華全権代表アドリフ・ヨッフェを後藤個人の資格で日本に招いた際、国交のないソ連との交渉窓口として作ったとしか考えられない設立のされ方をしている。

日本共産党委員長で、鍋山貞親《なべやまさだちか》とともに獄中転向した共産党員の代表格である佐野学は、後藤新平の女婿佐野彪太《ひょうた》の弟で、大川周明も勤める満鉄東亜経済調査局に後藤のコネで就職した。後に朝日新聞社に入って主筆緒方竹虎の下で副主筆を務めた東大新人会出身の嘉治隆一《かじりゅういち》が、この頃の東亜経済調査局について次のように書いている〔同前〕。

永雄〔策郎〕主事の自慢が二つあつた。一つはこの調査局は大学の研究室よりも手当がよくて、而も、別にうるさい制約がないこと、従つて、思切つてよく勉強してほしい。もう一つは、この調査局には岡上〔守道〕、佐野両君もいるが、他方には大川周明氏一派の復古思想家もいる、いわば左右混交だが、思想は思想として、日常生活においては、お互に十分相手の立場を尊重しながら、喧嘩をしないのみならず、社務の遂行にあたつては十分に協力してほしいこと、こんな二つの点であつた。

ここからは「左右」間の緊張は感じられない。

したがって、世界標準の社会科学用語としての右翼と左翼の概念と対立軸が戦前日本には適用できないことは明らかであり、その意味するところや実態は不明瞭である。そのため、本書ではカギカッコつきの「右翼」と「左翼」を用いる。

†天皇制存続に動いた野坂参三

GHQは政治犯人の即時釈放、思想警察の全廃、内相および警察首脳の罷免、一切の弾圧法規の撤廃などを求める「自由の指令」で東久邇宮内閣を退陣に追い込んだ。日本の「右翼」陣営には、これ以降の占領政策を、GHQ民政局(GS)やカナダ外務省から出向していたエジャートン・ハーバート・ノーマン、野坂参三とその義兄である幣原内閣国務大臣兼内閣書記官長次田大三郎らによる「敗戦革命」であったと攻撃する者がいる。

しかし野坂参三は日本の降伏後、中国から密かにモスクワ入りしてソ連側から天皇制存続を取り付けたことが、ソ連崩壊で公開されたソ連共産党文書を使ったロシア科学アカデミー東洋学研究所国際学術交流部長アレクセイ・キリチェンコ（一九九三）によって明らかにされている。

キリチェンコによると、全ソ連邦共産党中央委員会の国際情報部を率いる元コミンテルン書記長ゲオルギ・ディミトロフと、後にソ連共産党国際部長兼政治局員候補となるボリス・ポノマリョフが日本降伏直前の八月一〇日、ソ連共産党書記長ヨシフ・スターリン、外相ヴャチェスラフ・モロトフ、副首相ゲオルギー・マレンコフの三首脳に野坂のモスクワ招請を勧告した。野坂は一〇月から一一月にかけてソ連軍参謀本部情報総局（GRU）長のフョードル・クズネツォフ大将と執務室で会談し、モロトフ外相が交渉の進行を掌握した。

野坂はソ連側に対して「天皇は政治、軍事的役割のみならず、神的な威信を備えた宗教的機能も果たし、一般大衆は広範に支持している。現在の日共指導部が唱えている天皇制打倒のスローガンは適切ではない。それによって、わが党は国民から遊離し、他の政党の支持を得られない可能性がある、現に自由党は共産党の立場に激しく反発している」と述べ、当時、徳田球一《きゅういち》らが唱えていた強硬路線を批判した。

さらに「天皇制の問題では、欧州とくにイタリアの経験を利用すべきだ。イタリアでは君主制が維持される一方、民主政府も存続している」と天皇制存続を支持した。今後の方針としては、①戦略的には天皇制打倒を目指すとしても、戦術的には天皇に触れないのが適当だ。より一般的な「絶対主義体制の廃止」をスローガンに掲げるべきだ、②皇太子の天皇即位後は一切の政治的機能を認めず、宗教的存在にとどめる、③将来の天皇制存続についてはユーゴスラビアの例のように国民の意思にゆだねる、④この問題では米ソ両国の立場も考慮する――と主張した。

そしてクズネツォフ、ポノマリョフらは「天皇制の問題に対する野坂の見解は賛同し得る」とモロトフ外相に報告し、ソ連側も天皇制存続に同調した。中国やオーストラリアは東京裁判への昭和天皇訴追を要求していたが、スターリンは一九四六年五月の開廷直前、モロトフ外相に対し「ソ連は天皇に戦争責任を負わせるという考えに賛成しない、軍国主義勢力を裁くべきだ」と文書で指示し、モロトフはこの方針を駐ソ米国大使に口頭で伝達した。

またソ連側が「徳田、志賀〔義雄〕の路線をどうみなしているか」と質《ただ》したのに対し、野坂は「個人的によく知っているが、徳田と志賀は反ファシスト闘争の経験がなく、民主勢力統一の意味を知らない。だから日本の政治問題で常に左翼冒険主義的立場を貫いている」と批判した上で、「二人は一九二八年から投獄されており、ファシズムを知らない。現在の状況下で共産主義者がどう活動すべきか認識不足だ。だから日本の民主勢力を正しく指導することはできない」と酷評した。

一九四六年一月に帰国した野坂参三は「愛される共産党」を掲げて党のイメージチェンジを

図る柔軟路線を採ってソ連共産党は野坂の穏健路線を支持し、徳田らは後にソ連の支援リストから外された。野坂とソ連の地下関係は、スターリン時代が終了する一九五三年まで続いた。しかしスターリン死後、ソ連共産党第一書記ニキータ・フルシチョフによる「雪解け」が始まると、野坂にはこれが受け入れられず、野坂および日本共産党とソ連共産党の関係は、敵対的と言えないまでも、冷え切った状態になった。

この事実が四半世紀以上前にロシア側によって明らかにされているにもかかわらず、GSやノーマンと次田-野坂ラインの「敗戦革命」を主張する日本会議には、別の政治的意図が推測される。ここでは内務官僚である次田大三郎の「親分」は、民政党系内務官僚の最高実力者だった元台湾総督の枢密顧問官伊沢多喜男であることを指摘しておきたい（第四章で詳述する）。

また野坂の帰国ルートについて、六全協の決定に反発した所感派の流れを汲む佐藤正《ただし》（二〇〇四）は、まずモスクワから空路で東京周辺に直行。他の連合国の眼が届かないソウルへ直ちに連行されてマイケル・ブラウン大尉の尋問を十数日間受け、GHQ情報部（G2）部長チャールズ・A・ウィロビー少将の提案を呑んで一二月一六日に東京へ連行され、ウィロビーに忠誠を誓い、ソウルに戻って帰国対策を練った後、博多に上陸したと推測している。

†野坂参三による反米謀略工作

なおマンザナー強制収容所に入れられた経験を持つ日系アメリカ人の元アメリカ陸軍二世語学兵で、戦後はウィロビー少将のG2歴史課に勤務したこともあるジェームス・小田（一九九五）と佐藤正によると、第二次世界大戦中に日系人が強制収容所に送られたのは、駐米大使館一等書記官寺崎英成と野坂参三による反米謀略工作が最大の原因だったという。

小田はG2歴史課勤務時代、敗戦時の軍令部第一部第一課長（作戦課長）だった元海軍大佐の大前敏一から、ロサンゼルスの日本人町リトル・トウキョウで賭博場「東京クラブ」を運営して日本人町の実権を握っていた大和田秀雄というヤクザが、一九三八年の市会選挙で勝利した革新派によるヤクザ勢力一掃で検挙された後、裁判開始前に行方をくらましたのは、日本海軍の潜水艦が大和田を救出して日本へ連れ帰ったからだとの証言を得たという。そして後年、評論家の袖井（林二郎？）の調査で、大和田が一九八五年まで山口県岩国市で生きていたことが判明した。

小田によれば、大和田と組んで、日米開戦となった際のアメリカ国内攪乱のため、外国人、共産主義者、黒人指導者、労働組合員、反ユダヤ主義者を組織しようとしていたのが野坂だった。しかしアメリカ海軍情報部（ONI）が全ての日本の領事館に夜間侵入して、この反米謀略工作の全記録を撮影しており、日米開戦から間もなく、アメリカ政府が西海岸から日系人の総強制退去を決定する圧倒的な要因になったという。これが事実であれば、野坂は日本政府の大がかりな反米謀略工作の一翼を担っていたことになる。小田によれば、ウィロビーG2部長は元日本情報機関の高官から「実は、野坂参三はわれわれの極秘情報源であった」と知らされたという。

またジェームス・小田が野坂参三の助手として批判しているジョー・小出は、アメリカ戦略情報局（OSS）の対日謀略ラジオ放送コリングウッド・プロジェクト（ワシントン）に参加し、天皇制打倒とか天皇個人を茶化したり、攻撃することは逆効果になるとの一文をまとめて白人幹部に提出した。そして、これにOSSのモラール工作隊幹部が注目して複製、配布されて波乱を巻き起こしたという。小出はコリングウッド・プロジェクトとサンフランシスコのグリーンズ・プロジェクトのリーダー格となった（山本、二〇〇二）。小出の素性は次章で説明する。

2 朝日新聞社は「反日左翼」だったのか？

†ゾルゲ事件と朝日新聞社

後藤新平系の有力新聞社である朝日新聞社の元記者で、自らも後藤直系の台湾新聞人尾崎秀太郎（秀真《ほつま》）を父に持つ後藤系だった満鉄調査部嘱託の尾崎秀実《ほつみ》が連座し、後藤系人脈を継承・発展させた近衛文麿《このえふみまろ》・後藤隆之助の昭和研究会に大打撃を与えたゾルゲ事件は、「右翼」陣営が「朝日＝反日左翼」と攻撃する格好の材料となっている。しかし、ゾルゲ事件摘発後の政府の動きを見ると、いくつかの奇妙な点がある。その一つが、尾崎というスパイを出した朝日新聞社が、事件後にかえって政府へのコミットを深めたことである。

ゾルゲ事件の主任検事で、リヒャルト・ゾルゲを取り調べた吉河光貞検事は一九五一年八月九日、アメリカ下院非米活動調査委員会で次のような宣誓証言を行っている。

私はゾルゲが日本の政府高官と、そう大した関係にあったとは思いません。彼がつながりを持っていたのは、むしろ陸軍の参謀たちでした。独ソ戦が始まる前にベルリンから軍の高官が東京にやって来ました。防諜活動を担当していたドイツの〔ヴィルヘルム・F・〕カナーリス提督の特使も東京に参りました。そういった人たちはドイツから日本に来て、当然、〔オイゲン・〕オット・ドイツ大使とゾルゲにも会いました。そして、彼らはゾルゲと一緒に日本陸軍の高官と会うために参謀本部を訪ねました。

オット大使は日本陸軍参謀本部を訪ねて、ドイツ軍のシンガポール攻撃作戦計画を示し、この計画通りに行えばシンガポールは極めて容易に陥落するであろうと、日本人相手に語りました。当時、ゾルゲはドイツ大使の補佐役を務めていました。

これに対して同委員会スタッフのF・S・タベナー・ジュニア法律顧問は、

その計画はドイツ大使館で、フォン・クレチメルが作成したもので、そうですよね？当時、ドイツ大使館付武官全員が、その研究目的で動員されたのですよね。

と吉河検事に質問し、「私はそのことを聞いたことがありません」という返事に、タベナーは、

提示された計画は、結局、実現された通りの陸上侵攻計画だったのです。

と述べている（白井編、二〇〇七）。

一九三七年一二月に日本海軍機がアメリカ海軍の河川砲艦パネー号を撃沈した事件の時、海軍省でアメリカのジョセフ・C・グルー大使との対応に当たったのは海軍次官山本五十六《いそろく》中将だったから、参謀本部でオット大使に会ったのは参謀次長塚田攻《おさむ》中将であろう。そして陸軍少将で、大使館付武官から昇格したオット大使と、このような作戦上のやり取りをするのであ

れば、少なくとも第一部長田中新一少将（一〇月一五日付中将昇進）が同席し、第二課長（作戦課長）服部卓四郎大佐もいたかもしれない。オット大使側近のゾルゲは補佐役として同席していた模様である。ゾルゲは地政学者としても有名だったから、日本陸軍の参謀本部高官やオット大使のような軍人とは違った立場からの意見も求められたであろう。ゾルゲは日本陸軍の戦略構想を直に知りうる立場にあった。

ゾルゲはノモンハン事件の頃から陸軍省軍務局長武藤章中将、陸軍省軍務局付（タイ・仏印国境画定委員）馬奈木《まなき》敬信《たかのぶ》少将（一〇月一五日付昇進）、侍従武官山県有光《やまがたありみつ》中佐（公爵山県有朋元帥の養嗣子で枢密顧問官だった山県伊三郎の養子で男爵）、参謀本部付兼陸軍省軍務局付（ドイツ出張）西郷従吾《じゅうご》中佐（侯爵西郷従道元帥の孫）ら親独派の陸軍将校たちと親しく、情報源としていた。

ゾルゲは海軍出身の元台湾総督小林躋造《せいぞう》大将、第二次近衛内閣外相松岡洋右、東條内閣外相東郷茂徳《しげのり》、駐独大使大島浩中将、元駐伊大使・外務省顧問の白鳥敏夫、玄洋社系の東方会衆議院議員中野正剛とも親しかった。ゾルゲの部下のフィンランド人、アイノ・クーシネンは秩父宮雍仁《やすひと》大佐と親しかった。しかし検事局・特高警察では、彼らに対する捜査は避けられ、事件の全体像は明らかにされなかった。ただし憲兵隊長にゾルゲの希望する情報を提供するよう命じていた武藤軍務局長は一九四二年四月、南方占領地域視察の出張から帰国した立川飛行場で、スマトラ島西北部を警備する近衛師団長へ転出の命令書を渡された。

一方、一九四三年四月には朝日新聞社社長村山長挙の実兄岡部長景が東條内閣文相となった。次の小磯内閣では、村山社長との朝日新聞社内の権力抗争に敗れて主筆を解任され、副社長に祭り上げられていた緒方竹虎が国務大臣兼情報局総裁となり、鈴木内閣では元朝日新聞社副社長の日本放送協会会長下村宏が国務大臣兼情報局総裁となった。敗戦直後の東久邇宮内閣では緒方が国務大臣兼内閣書記官長兼情報局総裁、元東京朝日新聞社論説委員の前田多門が文相となり、首相東久邇宮稔彦《なるひこ》大将が皇族のため、「内閣の大番頭」緒方内閣書記官長が内閣を切り回した。前田文相は幣原内閣にも留任し、一九四六年一月四日の「公職追放令」で一三日に第一高等学校校長の安倍能成《よししげ》と交代するまで、その地位にあった。

†朝日新聞は政府上層部と宮中の弱味を握った?

以上の流れから次のことが推測される。検事局・特高警察がゾルゲ事件の捜査範囲を限定し、日本人では元朝日新聞社記者の尾崎秀実一人だけを絞首刑とすることで、朝日新聞社は日本政府・軍部の上層部と宮中（特に秩父宮雍仁）に極めて大きな貸しを作り、致命的な弱味を握った。そのため日本政府は閣内に朝日新聞社に縁のある者を大臣として置かなければならなくなり、短命に終わった東久邇宮内閣では緒方内閣書記官長が国政全体を切り回すまでになった。これがゾルゲ事件後から一九四六年年明けまでの日本政府上層部の実情ではないか。日本人は通信社が報道機関だと信じ込まされているが、世界常識で見れば、外国で外交官が行えない情報を収集する情報機関の性格を色濃く持つ。緒方と下村は同盟通信社を監督する情報局総裁経験者である。

ただし陸軍寄りの内務官僚で東條内閣期に情報局次長だった村田五郎によると、東條内閣の閣議では、閣僚はほとんど誰一人発言しなかった(村田、二〇一一、下)。これは東條内閣期の全期間で東條首相が陸相を兼任しただけでなく、一時的に内相、外相、文相、商工相→軍需相まで兼任したため、満洲国以来の側近である内閣書記官長星野直樹が司会し、腹心の陸軍次官兼人事局長事務取扱富永恭次《きょうじ》中将が出席する次官会議で実質的な政府方針決定が行われていたからだろう。

加藤友三郎《ともさぶろう》内閣期の海軍省副官兼海相秘書官岩村清一《せいいち》少佐の日記によると、加藤兼摂海相が海軍省で省務をみることは滅多になかった。平時内閣でも首相が軍部大臣を兼任して職務をこなすのは困難だったから、戦時ならなおさらである。実際、東條内閣総辞職間際に村田次長が富永次官と対立した時、東條陸相名義で東京憲兵隊長四方諒二《しかたりょうじ》大佐に村田の逮捕命令が出され、憲兵隊に出頭したところ、東條はこの間の事情を知らず、星野内閣書記官長とともに村田に謝罪した(同前)。したがって岡部文相の政府内での発言力は小さかったと思われる。

また、築地警察署に逮捕されて取調室から飛び降り自殺を図り、ゾルゲ事件摘発のきっかけを作ることになったアメリカ共産党員である沖縄出身の画家宮城与徳《みやぎよとく》に旅費二〇〇ドルを渡して日本行きを命じた「ロイ」が誰かについては諸説あり、ジェームス・小田と佐藤正らは野坂参三、渡部富哉（一九九八）は汎太平洋労働組合書記局助手ジャック・木元（木元伝一《でんいち》）とし、加藤哲郎（二〇一七）は宮城にとっての「アメリカ共産党の闇」全体が「ロイ」であり、汎太平洋労働組合書記局指導者ハリソン・ジョージやアメリカ共産党第一三区（カリフォルニア地域支部）書記長サム・ダーシー、野坂参三、ジョー・小出、ジャック・木元らを含む「ウラの共産党」「野坂機関」の集合名詞だとしている。加藤は、アメリカ共産党は「オモテ」と「ウラ」の二重組織になっており、宮城は「ウラの顔」から国際工作要員としてリクルートされたので「オモテの顔」をよく知らず、ジェームス・小田は「オモテ」の人間で、アメリカ共産党日本人部については多くの事実を隠しているか無知であるとしており、今後、真相が判明することはないのではないか。

ただし伊藤律がゾルゲ事件発覚の発端を作った警察のスパイであるとする「伊藤律＝スパイ説」は渡部富哉（一九九三）によって粉砕されている。「伊藤律＝スパイ説」を広めて通説化したのは、尾崎秀実の異母弟の尾崎秀樹《ほつき》と、「ベトナムに平和を！市民連合」（ベ平連）の有力メンバーの一人だった作家の松本清張である。尾崎秀樹が伊藤を「生きているユダ」とまで攻撃したのは、尾崎秀実が、ゾルゲと関係のあった参謀本部関係者や武藤軍務局長ら陸軍中枢の高官のほか、海軍高官、外務省高官、秩父宮雍仁らを検事局・特高警察の捜査から守り抜いて、日本人としてただ一人絞首刑となるに際して、日本政府から見返りの提供を受ける約束がなされたからではないか。この点からも、ゾルゲ事件に関する「右翼」の朝日新聞社、尾崎秀実攻撃には疑問が生じる。なお「ロイ＝野坂参三説」を採る佐藤正は、伊藤律が二七年間、中国で秘密監禁された最大の理由は、宮城与徳を日本に派遣したのは野坂だったことが、日本政府の最高機密の一つだったからとしている。

第二章　後藤新平人脈と天皇家

1　「後藤・新渡戸神話」の実態

†学者としての新渡戸を評価していなかった後藤

日本が日清戦争・日露戦争によって植民地にした台湾と朝鮮の統治については、朝鮮では失敗して反日感情を極度に強めたが、台湾では一定の成果を収めて親日感情を醸成した、というのが戦後日本における一般的な理解であろう。「成功した」台湾統治を象徴するものとして、台湾総督児玉源太郎中将と台湾総督府民政長官後藤新平の「児玉・後藤神話」があり、その下に、後藤民政長官と臨時台湾糖務局長新渡戸稲造の「後藤・新渡戸神話」がある。つまり後藤が新渡戸をブレーンとして登用して、台湾統治に成功したという神話である。

しかし拙著『後藤新平をめぐる権力構造の研究』（南窓社、二〇〇七年）で明らかにした通り、

「後藤・新渡戸神話」には、「表社会」で活動する政治家・官僚の世界に関する限りでは実態がない。

たしかに後藤民政長官は、『武士道』が評判になっていたアメリカ留学中の農政学者の新渡戸を、五等官だったにもかかわらず一等俸を支給する破格の待遇で総督府技師に迎え(一九〇一年二月)、さらに民政部殖産課長(同年五月)、民政部殖産局長心得(同年一一月)、臨時台湾糖務局長(一九〇二年六月)として台湾の製糖業発展に当たらせた。

ところが新渡戸が一九〇四年六月に京都帝国大学法科大学教授の専任となって以降、組織の中で新渡戸が後藤の直接の部下になったのは、拓殖大学における後藤学長-新渡戸学監の関係だけである。しかも新渡戸が学監となったのは、後藤の前任者である小松原英太郎の時代で、後藤の人事ではない。

台湾を去った新渡戸の地位・威信向上と人脈拡張に大きく作用した第一高等学校校長と国際連盟事務次長への就任は、いずれも牧野伸顕《のぶあき》周辺によるもので(第一高等学校校長就任時の牧野は文相、国際連盟の時はヴェルサイユ講和会議全権)、特に後者について後藤は関知していなかった。新渡戸は黒田清隆が北海道開拓長官だった時期に札幌農学校を卒業して開拓使御用掛となり、母校で教鞭を執った。この経歴から見て、人事閥としては後藤系というより薩派と直接結んだ存在だろう。後藤自身、熊本紫溟会(後の熊本国権党)の岳父安場保和の関係から熊本、福岡の郷党閥との関係が深い。東北・岩手出身で九州系の郷党閥と結んでいたという点では、後藤と新渡戸は似た境遇にあった。

新渡戸を京都帝国大学へと手放して以降、後藤が新渡戸をブレーンとして利用した形跡はない。熊本出身の岡松参太郎が台湾時代以降、長年にわたって後藤のブレーンを務めたのとは対照的である。農政学者としての新渡戸の評価は高くないので、「一に人、二に人、三に人」が口癖だったという後藤は、学者としての新渡戸の能力には早々に見切りを付け、高等教育機関における人材スカウトに期待して、「新渡戸四天王」と呼ばれた鶴見祐輔、前田多門、岩永裕吉、田島道治《みちじ》を若手側近官僚としたのだろう。

†表社会と裏社会

後藤新平と新渡戸稲造の周辺は、「表社会」の政治家、官僚、学者たちの世界と、後藤の黒幕と言われた玄洋社の杉山茂丸や、杉山の子分格だった黒龍会主幹内田良平、拓殖大学教授大川周明ら「右翼」・浪人たちの「裏社会」に分かれている。そして筆者が『後藤新平をめぐる権力構造の研究』を発表するまでは、学界・言論界で後藤人脈の「裏社会」部分は黙殺され、「表社会」部分だけで後藤が論じられて来た。しかし新渡戸人脈の「裏社会」部分は、今もって謎に包まれている。

京都帝国大学法科大学教授、第一高等学校校長、東京帝国大学農科大学教授、同法科大学教授、同経済学部教授、拓殖大学学監、東京女子大学学長などを歴任した新渡戸稲造の門下生グループは、「表社会」グループと、拓殖大学の「裏社会」グループとに峻別されており、「表社会」グループは戦前から新渡戸の拓殖大学関係の事項について完全に沈黙していた。戦前に出版された石井満による正伝『新渡戸稲造伝』に拓殖大学関係の記述は一切ないし、追悼文集の前田多門・高木八尺《やさか》編『新渡戸博士追憶集』では誰も拓殖大学に言及していない。

後藤新平の追悼文集は「表社会」版の東京市政調査会編『都市問題』「後藤伯爵追悼号」と「裏社会」版の三井邦太郎編『吾等の知れる後藤新平伯』が出されたが、新渡戸の「裏社会」版追悼文集はないため、新渡戸の拓殖大学人脈の情報はなく、新渡戸の英文日記も遺族が非公開にしている。『新渡戸稲造全集』は拓殖大学関係の文章を全く載せず、『全集』編集委員佐藤全弘《まさひろ》の『新渡戸稲造』にも当然、拓殖大学関係の記述はない。『全集』「月報」を集めた佐藤全弘編『現代に生きる新渡戸稲造』でも、誰も拓殖大学に触れていない。そのため拓殖大学関係者以外の新渡戸研究は、新渡戸が拓殖大学学監だった事実を黙殺し、年譜でも落として来た。

拓殖大学側は、『全集』が無視した『台湾協会会報』、『東洋時報』、『東洋』、『台湾時報』に掲載された新渡戸の論考の一部を収録した拓殖大学創立百年史編纂室編『新渡戸稲造』を刊行したが、戦後民主主義に反感を抱く同大学は「これまで、拓殖大学関係の刊行物に発表されていた新渡戸稲造の諸稿は、日本における西暦一九四五年（昭和二〇年）八月敗戦以後から始まる占領以降の半世紀においての近代史研究では、三代学長後藤新平の諸稿と同様に、その一切が無視されていた」、「新渡戸の弟子たちは、戦後の占領政策下と左翼的風潮の中で新渡戸の復権を果たすためには、植民政策の専門家としての新渡戸像をできるだけ表に出したくなかったのではないだろうか。そうであれば、拓殖大学との関わりにはあまり触れたくはなかったであろう」という誤った事実認識に立っている。

「表社会」の新渡戸門下の系統が新渡戸の拓殖大学学監の経歴に言及するようになったのは、藤原書店が二〇〇四年から一連の後藤新平関連書籍を出版するようになって以降であり、拓殖大学名誉教授（元副学長）草原克豪《くさはらかつひで》の『新渡戸稲造』も藤原書店から刊行された。

†「左右」両陣営から隠蔽された新渡戸の思想

ところが皮肉なことに、拓殖大学サイドから出された二冊の新渡戸本は、「新渡戸は軍部の行動をすべて支持するわけではない。軍の独走には批判的であった」と、新渡戸に関する限りは戦後民主主義的価値観を受け入れている。しかし新渡戸が戦後民主主義的価値観に適合する思想の持ち主だったか、実は怪しい。

国際連盟事務次長を辞任して帰国した新渡戸は『文藝春秋』座談会（一九二七年五月号）で、

「ムツソリニのやうな人物は、選挙して得られる訳でもなければ、教育して得られる訳でもない。日本に誰がゐるか」、「僕はムツソリニはワシントン以上の人だと思ふ」と述べ、鶴見祐輔の「そこで先生は、ムツソリニだけの、偉い政治家が、ビスマーク以後出てゐないとお感じですか」という問いに「さう思ふ」と答えたムッソリーニ賛美者だった。さらに新渡戸は「僕は所謂デモクラシーに愛想をつかしてゐる」と民主主義を否定し、「従来も言つてゐるんだが、次の文明は露西亜ではないかと云ふことを、……露西亜が文明になる時には、西洋の文明を壊す方だらうか、西洋の文明に反対する方だらうか、西洋と云ふのは西欧の文明です」とマルクス・レーニン主義下のロシア文明が西欧文明を圧倒することを期待していた。一方、矢内原《やないはら》忠雄は『余の尊敬する人物』の戦前版にあった新渡戸稲造の「朝鮮併合肯定論」を戦後版では削除している（太田、一九八六）。つまり「左右」両陣営とも、新渡戸の思想の実態を隠蔽している。

また日本では新渡戸稲造らクエーカーが宗教的に平和主義者とされているが、これも怪しい。後述するSCAPマッカーサー元帥の軍事秘書ボナー・F・フェラーズ准将もクエーカーだが、フェラーズは極右団体ジョン・バーチ・ソサエティに加入した反共主義者で、戦略核爆撃機増強論者である。日本のクエーカー人脈はアメリカの極右勢力ともつながっている可能性がある。

新渡戸稲造が一九一七年四月から一九二二年四月までの拓殖大学学監在職中に何をしていた

かの資料は全く公開されていない。しかし学監就任が後藤新平の学長就任前であること、杉山茂丸が後藤の黒幕的存在だったこと、新渡戸が茗荷谷《みょうがだに》の拓殖大学に近い小日向台町《こひなただいまち》に住んでいたこと、第一高等学校校長時代には「新渡戸四天王」を後藤側近官僚としてスカウトしたこと、拓殖大学が植民地事業に従事する人材養成学校であることから推測すると、戦前の価値観においてさえ表沙汰にできないような仕事を杉山や内田良平の下で行う人材をスカウトしていたのではなかろうか。

後藤新平の「左翼」人脈については、拙著『後藤新平をめぐる権力構造の研究』で詳しく分析し、「日本海軍の北樺太油田利権獲得工作」で佐野学について補足した。本章では、その要約と、戦後の「左翼」人脈および拙著出版後に明らかになった事柄を見る。

戦間期の日本において最も有力な反米親ソの政治家だった後藤新平は、以下で見るように、親族に多くの著名な「左翼」活動家を持つ反米「左翼」の庇護者であり、その影響力は後藤の死後、現在まで続いている。そのため、米ソ対立の冷戦イデオロギーの下、親ソ派であるか否かが、その人物に対する優劣・善悪の判断と直結しがちだった戦後日本の学界において、後藤を実績以上に高く評価する方向へ学界世論が導かれたのではないか。このことは、後藤直系官僚から、岩永裕吉（同盟通信社社長）、下村宏（朝日新聞社副社長）、岡実《おかみのる》（大阪毎日新聞社会長）、正力松太郎（読売新聞社社長）、前田多門（東京朝日新聞社論説委員）が中央マスメディア企業の幹部に転じ、杉山茂丸の玄洋社における後輩緒方竹虎が朝日新聞社主筆として社長をしのぐ実力を持ったことにより、後藤系の勢力がマスメディア業界に牢固たる地盤を築いたことと相俟って、戦後の言論界で後藤が過大評価される原因になったのではないか。また、日本で「左翼」というと「反皇室」というイメージを抱かれがちだが、以下の鶴見和子と鶴見良行の事例で見られるように、後藤新平に由来する反米「左翼」勢力は、上皇后、秋篠宮文仁《ふみひと》をはじめとする皇族と太いパイプを持っている。

2 後藤新平の「左翼」人脈

†佐野学

獄中転向で有名な日本共産党中央委員長佐野学は、後藤新平の女婿佐野彪太の弟で、東京帝国大学法学部、大学院で学び、日本勧業銀行に勤めた後、後藤の伝手で満鉄東亜経済調査局嘱託となり、さらに早稲田大学商学部講師となった。佐野学は一九二二年七月に日本共産党（第一次共産党）に入党し、翌年二月の党大会で執行委員・国際幹事に選出された。そしてソ連の駐華全権代表アドリフ・ヨッフェ来日中の同年六月、第一次共産党事件による検挙を逃れてソ連に亡命したが、その際、後藤（当時、日露協会会頭）は、佐野学の亡命に関する情報をヨッフエ経由でソ連に流し、亡命を援助した。『現代史資料（31）満鉄（一）』に以下の資料がある（ポコージンはソ連の東三省駐在特別代表）。

庶調情第一九二号

大正十二年六月十二日　哈爾賓大塚情報（三四）

社会主義者佐野学の行動

（哈爾賓労農代表公館調）

佐野学は東京より北京に密航し十一日同地発十四日哈爾賓着の予定。佐藤、岡田の両名も同行する筈である。彼等の露名如左。

佐　野　　ガウリイル・ソロビヨフ

佐　藤　　サ　ハ　ロ　フ

岡　田　　ア　ル　キ　ス

更に在東京ヨツフエ秘書役より十一日夜ポコージンに達した電報に依れば、佐野は六月七日日本を出発し十二日北京到着の予定で六月十四日、五日頃北京を発し哈爾賓を経て知多及莫斯科に向ふべきを以て査証其他の準備を請ふ。

大正十二年六月十四日　哈爾賓大塚情報（三五）

社会主義者佐野学の行動

六月十三日ポコージン着電

佐野学は六月十二日北京に到着六月十六日北京発哈爾賓を経て知多に向ふ。

哈爾賓労農側の言に依れば同氏は六月二十五日より知多に開会せらるる第三国際共産党会議に列席し併せて日本社会主義結社より莫斯科第三国際共産党に対する資金の供給、事業の指導並に重要書類を目的として居る模様である。

「日露国交回復交渉一件　東京ニ於ケル予備会議　「ヨッフェ」代表一行ノ動静及状況　第三巻」（外務省記録）によると、六月八日、九日に後藤新平が秘書の森孝三とともにヨッフェと会見しており、この時に佐野学の亡命ルートがヨッフェに伝えられたとしか考えられない。

佐野学が第一次共産党事件の検挙を免れたことについては、当時から、怪文書ばかりでなく、議会でも政友会の小川平吉が「彼ノ共産党ノ組織者タル佐野学ナル者ノ逃亡事件ノ如キ、世人ハ此佐野某ノ逃亡ニ関シテ、或ハ後藤子爵ガ之ヲ援助シタルガ如ク言倣ス者ガ少クナイ」と後藤内相を攻撃していた。

佐野学は一九二五年七月に帰国して共産党を再建（第二次共産党）。同年一月の日ソ基本条約調印によりソ連大使館が開設され、そこに商務官の肩書きで派遣されていたコミンテルン代表のカール・ヤンソンから活動資金を得て、『無産者新聞』の主筆を務めた。一九二六年三月、第一次共産党事件で禁錮一〇カ月の判決を受け、同年末まで下獄した佐野学は、一九二七年一二月に共産党中央委員長に就任、労働運動出身の鍋山貞親とともに党を指導した。さらに佐野学は、一九二八年の三・一五事件でも、その前日に日本を発って訪ソして一斉検挙を逃れ、コミンテルン第六回大会に日本共産党首席代表として出席。後藤最後の訪ソ時にもモスクワにおり、その半年後にコミンテルン常任執行委員となった。この頃のことについて佐野学は、ヨッフェの「自殺のまへ、ヨッフエの困つてゐる最中に、ジノヴィエフは私をよびつけてヨッフエの滞日中の生活態度を根ほり葉ほり聞いた。私はヨッフエに同情してゐたので知らないの一点ばりをやつた」、またスターリンに面会し、「二七年テーゼをプラウダに出してくれるやうに頼んだが、後藤新平が今モスコーに来てゐるから見合せておく」と言われたと回想している。

しかし後藤死去直後の一九二九年六月に中国・上海で逮捕され、一九三二年一〇月に東京地方裁判所で治安維持法違反により無期懲役の判決を受けた。翌一九三三年六月に鍋山貞親とともに共同転向声明を発表した佐野学は、一九三四年五月の東京控訴院判決で懲役一五年に減刑されて控訴審判決が確定し、一九四三年一〇月に出獄した。出獄後の佐野学は、鍋山貞親らとともに陸軍の謀略将校、岩畔豪雄《いわくろひでお》大佐が貰い受けて謀略活動に使った(岩畔、二〇一五)。

†佐野碩

「インターナショナル」の訳詞者の一人として知られる共産党系の演劇人、佐野碩《せき》は佐野彪太の長男で、後藤新平の初孫であるため可愛がられた。鶴見俊輔は、後藤が佐野碩をどう見ていたかについて、こう証言している。「自分の孫がマルクス主義者として大正時代、女装して逃げ回っていたんですからね、おもしろいじゃないですか。そういうことをとても喜んでいた」。後藤の生前、稽古場として佐野碩らの「左翼」演劇活動の拠点となったのは、小石川駕籠町《こいしかわかごまち》にある佐野彪太邸で、彪太は息子の活動に資金援助も行った。

しかし後藤が死去した翌一九三〇年五月、佐野碩は「共産党シンパ事件」で治安維持法違反容疑により逮捕された。碩の父彪太と母静子(後藤新平の長女)は、まだ没して間もない後藤の息のかかった政界・検察関係者に裏工作を行い、「直接にも間接にも日本共産党を支持する行為あるいはこれに類する行動を一切しない」と誓約して、他の逮捕者とは別に、一人、起訴猶予で保釈された。そして一九三一年六月からモスクワで始まる国際労働者演劇同盟(IATB)第一回拡大評議員総会への出席を求めるドイツ共産党員の演劇人千田是也《せんだこれや》(姉嘉子の夫が後の陸軍大将古荘幹郎《ふるしょうもとお》)からの手紙を機に、同年五月に出国し、以後、二度と日本に戻らなかった。

ソ連に亡命した佐野碩は、ロシア・アヴァンギャルドの中心的存在だった演出家フセヴォロド・メイエルホリドに師事した。しかしこの頃からレフ・トロツキーに近いと見られていたメイエルホリドへの批判が強まり、トハチェフスキー事件などスターリンの粛清が頂点を迎えていた一九三七年八月、佐野碩は土方与志《ひじかたよし》（伯爵。築地小劇場創設者）とともに国外追放となってパリへ向かった。佐野碩は土方と別れてアメリカへ向かい、ニューヨーク・エリス島の移民局で足止めされたが、アメリカ共産党員である石垣栄太郎・綾子夫妻らの尽力で上陸して半年間の活動の後、メキシコに「亡命」した。

そのメキシコで、佐野碩はトロツキー暗殺に関与したという説がある。噂の源泉は複数あるが、その一つとして、アメリカ滞在中の佐野碩を世話した石垣綾子が、佐野のメキシコ入国に、メキシコ共産党員の画家ディエゴ・リベラやダヴィッド・アルファロ・シケイロス（トロツキー館を襲撃した機関銃部隊隊長）が尽力したと回想していることがある。

佐野碩のトロツキー暗殺関与疑惑を否定していた加藤哲郎らは、二〇一一年七月に開かれた「桑野塾　第九回　佐野碩スペシャル」で、否定の根拠としてきたメキシコ在住の田中道子に、「佐野がトロツキイ襲撃に関係していたとも、していなかったとも言い切ることができない」と明言された。

岡村春彦『自由人佐野碩の生涯』の原稿を編集した菅孝行《かんたかゆき》は、同書の「解説」に「今回の整理に当たっていろいろご教示願った田中道子氏は、〔中略〕セキがソ連の秘密警察の手先である可能性を否定する根拠が存在するとし、自著でより全面的に論じると述べられている。また、同じくいろいろご教示戴いた加藤哲郎氏からも、ソ連崩壊後に明らかになった資料や証言、および田中氏や加藤氏が収集した資料によって、セキ＝モスクワのスパイ説が事実に反することを証明できる、スパイ説がいまだに流布しているのは遺憾だとのご意見を頂いた。両氏の資料や知見に基づいて一日も早く真実が世界に開示されることを祈ってやまない」と書いたが、田中の言葉で佐野碩＝モスクワのスパイ説否定の根拠を失い、「「うん、大丈夫そうだ、これはトロツキイ殺害には直接関わってはいないようだ」という線で解説をまとめたのですが、「ちょっと危ない」というのが今日のお話で」という立場に後退した。

また、佐野碩を研究しているラテンアメリカ演劇史の吉川恵美子は同じ会で、佐野の妻だったこともあるアメリカ人舞踏家で左翼活動家のウォルディーンに、佐野のメキシコ入国事情に関する質問への回答を拒否されたことを明らかにした。そのため菅孝行編『佐野碩』では、加藤哲郎も菅も佐野碩のトロツキー暗殺関与を否定していない。それどころか田中道子は、駐米日本総領事からの情報に基づく「佐野碩はKGB〔＝国家保安委員会〕のエージェントで、シケイロスを唆してトロツキー暗殺未遂事件を起こした。このことを報告しようとしたが、政府幹部に制止された」というメキシコ市警察署長が一九四一年四月末に統治省長官ミゲル・アレマン宛てに出した情報を、同書収録の「佐野碩の演劇と世界」に引用している。

したがって佐野碩がトロツキー暗殺に関与したモスクワのスパイであることを否定するのは、現在では難しくなっている。

ところが元東京大学理学部教授水島三一郎《さんいちろう》の遠戚で、陸軍士官学校五五期の元陸上自衛隊幹部自衛官である軍事史研究者、土門周平（本名・近藤新治）を義理の伯父とする作家で市民運動家の森まゆみは、二〇一四年三月八日の「森まゆみブログ　くまのかたこと」で、「佐野は一時、スターリンのスパイで、トロツキー暗殺に関わっているという説が石垣綾子などによって唱えられたが、加藤哲郎などによればその疑惑には証拠がない」と佐野碩のトロツキー暗殺関与疑惑を否定している。森は水島三一郎の筋から上皇后と縁続きであり、土門周平は日本軍事史学会副会長、戦略研究学会会長を務めた大物軍事史研究者である。

鶴見俊輔は佐野碩が「スターリンから追放されても独立のコミューニストであることをやめなかった」と賞賛し（御厨編、二〇〇四）、鶴見和子も同時期に「佐野碩は、天才的な演出家でした」と称えている（鶴見和子、一九九八）。そして鶴見俊輔は、佐野碩が敗戦後も日本へ帰国しなかった理由を「敗戦後になっても、特高警察が日本になくなったことが信じられなかったためらしい」（鶴見俊輔、一九七五）、「お金のことは重大な問題ではなかったと思います」（鶴見俊輔、一九九六）、「敗戦後といえども断じて日本に帰ってこなかった。日本を信用しないからです。

彼の直観は現在の日本から見るとあたっているね」（御厨編、二〇〇四）と述べている。一方、岡村春彦は、日本では国崎定洞《くにざきていどう》、杉本良吉、岡田嘉子たちの名誉回復が佐野碩没後の一九七〇年代まで一般に明らかにされなかったため、「彼〔＝佐野碩〕の「過去」を潔白と明言しない戦後の日共の不透明さへの警戒心もあった。日本ではメイエルホリドはまだ「スパイの風説」は払しょくされず、演劇としても再評価されていなかった。それは佐野にとって許しがたい危険な屈辱だった」ことを挙げている（岡村、一九九六）。

しかしジョン・アール・ヘインズ、ハーヴェイ・クレア『ヴェノナ』第九章では、KGBがアメリカ大陸のトロツキストたちを執拗に追跡し、トロツキー暗殺も、メキシコ共産党は規模が小さく、アメリカ共産党の秘密機関との連携に頼るところが大であったことを明らかにしている。アメリカ共産党経由でメキシコに入国した佐野碩は、トロツキー暗殺後もトロツキストたちを監視する任務を帯びていた可能性がある。

なお、上皇・上皇后は皇太子時代の一九六四年五月にメキシコを訪問した際、佐野碩と会っている。

✝佐野博

田中清玄とともに武装共産党を指導した佐野博は佐野学の甥で、佐野碩は従兄、鶴見和子・

俊輔姉弟は従妹弟にあたる。京都帝国大学在学中にソ連へ渡ってレーニン学校に学び、二四歳でコミンテルンの青年組織である国際共産青年同盟（キム）執行委員に選ばれ、レーニン学校を終えてからはコミンテルン本部で勤務した。コミンテルン第六回大会後にコミンテルン幹部の佐野学も加わった日本委員会が設けられると、佐野博は、ここで作られた方針を持たされて帰国を命じられ、一九二八年一二月にモスクワを出発。上海でカール・ヤンソンに連絡を取った後、一九二九年一月に帰国した。同年四月一三日に後藤新平が没した直後の四・一六事件で共産党中央が壊滅すると、逮捕を免れた佐野博は、共産青年同盟（共青）とクートベ（東洋勤労者共産大学。各国共産党の下級幹部養成教育機関）の線から党再建の道を探り、田中清玄と連絡がついたことから、田中を委員長として党再建をスタートさせた。佐野博は一九三〇年四月に逮捕され、佐野学・鍋山貞親の転向後に転向した。

†平野義太郎

「講座派三太郎」の一人である平野義太郎は、後藤新平の岳父安場保和の孫娘で後藤にとっては義理の姪にあたる嘉智子の夫で、平野は後藤の「晩年屢々《しばしば》鍼灸する機会をもつた」という。平野は第一高等学校時代、後藤の女婿鶴見祐輔の弟で外交官となる鶴見憲（鶴見良行の父）と同期で、弁論部に入り、鶴見憲と一緒に、鶴見祐輔が自宅で開いた「火曜会」に出席した。平野に嘉智子との結婚を勧めたのは鶴見憲だった。一九二一年三月に東京帝国大学法学部を卒業し、同年五月に同学部助手、一九二三年六月に同学部助教授となった平野は、一九二七年からフランクフルト大学社会研究所に留学し、ソ連に傾倒するヘンリク・グロスマンに師事した。しかし後藤が死去した翌一九三〇年一月に帰国した平野は、佐野碩と同様に同年五月の「共産党シンパ事件」で検挙され、七月に依願免官となった。

平野は鶴見祐輔の下で後藤の正伝『後藤新平』全四巻編纂作業に参加し、鶴見祐輔の太平洋協会では企画部長、弘報部長などを務め、敗戦で同協会が解散する際には、元調査部長山田文雄と協会の資産を二分した。これが、鶴見和子・俊輔姉弟らが雑誌『思想の科学』を刊行する機構的・財政的基盤となった。平野は一九五八年、後に鶴見俊輔らがべ平連事務局長に起用した、当時、共産党専従活動家の吉川《よしかわ》勇一が結婚する際の仲人を務めている。

3　後藤人脈と天皇家の関わり

†鶴見和子

後藤新平の女婿鶴見祐輔の長女である社会学者の鶴見和子は、戦後、武田清子、武谷三男《たけたにみつお》、都留重人《つるしげと》、鶴見俊輔、丸山眞男、渡辺慧《さとし》らが思想の科学研究会を結成する中心人物となり、共産党に入党して一九五〇年ごろまで党員だったが、その後、親中派に転じた。鶴見和子は「私は後藤新平さんから受け継いだのは、反面教師としては権力志向は嫌いというのですが、もう一つは中国への関心ですね。後藤新平さんは、中国を安定させるためにロシアと結ぼうとしたのです」と、自らの親中的スタンスが後藤譲りであると述べている（鶴見和子、一九九八）。そして反米主義者で北朝鮮シンパの武者小路公秀《むしゃこうじきんひで》を所長として上智大学に国際関係研究所が設立される際、武者小路の招きを受けて、一九六九年四月に成蹊大学文学部助教授から上智大学外国語学部教授・国際関係研究所員に転じ（鶴見和子、一九九九）、一九八九年三月の定年までその職にあった。

同年六月の天安門事件における中国共産党政府・人民解放軍の民主化運動武力弾圧を西側諸国が強く非難し、日本政府も対中借款停止などの外交制裁を実施して日中関係が悪化すると、鶴見和子は同年八月末から九月にかけていち早く、江蘇省小城鎮研究会の招きで、宇野重昭、石川照子とともに訪中している（同前）。また一九四九年に新制東京大学の第一期生として入学した吉川勇一は、世田谷区成城の自宅に柳田国男が創設した「民俗学研究所」に通っていたが、その柳田邸の真向かいに住んでいたのが鶴見祐輔・和子父子で、鶴見和子もしばしば柳田邸を訪ね、もてなしを受けていた。

二〇〇七年七月に新宿中村屋本店で催された鶴見和子の一周忌の集《つど》いには、美智子皇后も臨席した。鶴見和子本人も生前、上皇后への深い尊敬の念を語っていた（武者小路・鶴見、二〇〇四）。美智子皇后はその後も、鶴見和子を偲ぶ「山百合忌」に出席している（「皇后さま「山百合忌」ご出席」二〇一七年八月一日付『産経新聞』）。鶴見俊輔によれば、「美智子皇后は姉の和子に対して、彼女の学友だった女官を通して「宮中まで来てほしい」とお呼びになったことがありました。そのとき、「あなたがこのあいだの講演で慰安婦の問題を取り上げてくださって、とてもありがたかった」とおっしゃった。姉が倒れて宇治の施設に入ったときも、「京都に行くから来てくれないか」と連絡が来た。当日は妹に託して、車椅子で姉を御所に上げました。天皇、皇后と姉と三人だけでお話をしたわけです。それだけ今上天皇、皇后は姉に共感をもっておられたんですね」とのことである（鶴見・上坂、二〇〇八）。

†鶴見俊輔

鶴見和子の弟である哲学者の鶴見俊輔は、六〇年安保時には政治学者の高畠通敏《たかばたけみちとし》とともに「声なき声の会」を組織して岸内閣による日米安全保障条約改定に反対した。「声なき声の会」のデモは日ソ協会（現：日本ユーラシア協会）が指揮した（『回想・日ソ協会のあゆみ』）。ベトナム戦争期には高畠らと「声なき声の会」を母体にベ平連を結成。代表に小田実を迎え、事務局長には共産党から除名処分を受けていた吉川勇一を据えて、自らもその中心的人物となり、KGBの支援も得て（Koenker and Bachman, eds., 1997, 春名、二〇〇三、下）、活発な反米運動を展開した。その際、鶴見俊輔は、杉山茂丸の孫の杉山龍丸《たつまる》を「玄洋社国際部長」の肩書きでべ平連に取り込んだ。「黙れ事件」で有名な元陸軍省軍務局長の佐藤賢了《けんりょう》も反米の立場からべ平連に参加している。佐藤は一九六五年八月のべ平連討論集会に講師として出席。アメリカを糾弾する演説で会場の拍手を浴び、アメリカが強気なのは「中ソ対立のすきをねらってのことと思われる」として、共産党代表の上田耕一郎（党政策委員会中央委員候補）に「中ソの対立をやめさすように、日本の共産党は、努力なさいませんか」と呼びかけた（『文芸』一九六五年九月増刊号）。

吉川勇一は新制東京大学文学部社会学科の第一期生で、同期に朝日新聞社常務取締役からテレビ朝日社長となった伊藤邦男がいる。そして旧制東京帝国大学文学部社会学科の最後の学年に朝日新聞社社長となった中江利忠がいる。当時は学制の旧制から新制への移行期で、中江と伊藤はともに一九五三年、朝日新聞社に同期として入社した。

吉川は共産党所感派の活動家で、旧国際派は役職に就かせないという共産党中央の指示で東京大学学生自治会議長に就任した。中江は『クローネ会　東京大学社会学研究室同窓会　会報』第一号に、「在学中は全学連の運動ばかりやっていた」と書いており、共産党には関わらなかったがマルクス主義者だったと認めている（長谷川熙《ひろし》、二〇一五）。中江は松本重治《しげはる》の再従弟で松方正義一族に連なり、朝日新聞社の上野社主家とも親戚で、緒方竹虎、緒方貞子も遠縁に当たる。この姻戚関係をまとめると、次頁の図のようになる。

系図にある松方幸次郎は、後藤が台湾総督府民政長官時代から庇護し、その政治資金源と言われた鈴木商店の金子直吉のビジネスパートナーだった。松方幸次郎は、川崎造船所社長時代にソ連船の修理を請け負ったことなどが縁で、鈴木商店救済問題で発生した金融恐慌による経営危機で同社を追われた後、自らモスクワに乗り込んで松方・リャバヴォル協定を結び、ソ連製ガソリンの輸入を行うための「松方日ソ石油販売事務所」を開設した。その際に松方は、反英米勢力の立場から対ソ提携を説く姿勢を鮮明にしていた（松方、一九三四、a、b）。また松方幸次郎はアメリカ留学中からコミンテルン常任執行委員会幹部会員となる片山潜《せん》と交流があった。松方らの薩派は海軍とともに、ロシア革命・シベリア出兵後の日ソ国交樹立を推進した二大勢力だった。

不破《ふわ》哲三《てつぞう》（一九九三）は吉川勇一について「ソ連大使館での六回にわたる会談とセナトロフ〔ソ連大使館二等書記官〕・メモが雄弁に語るように、吉川〔一九六三年当時、日本平和委員会常任理事〕と吉田〔嘉清《よしきよ》。同、原水協事務局主任〕は、もっとも密接な連携のもとに、ソ連と内通しての秘密工作をはじめた二人でした」と激しく非難している。吉川はべ平連事務局長就任後の一九六六年、吉川と同時期に親ソ派として共産党を除名された志賀義雄らの「日本のこえ」に参加した

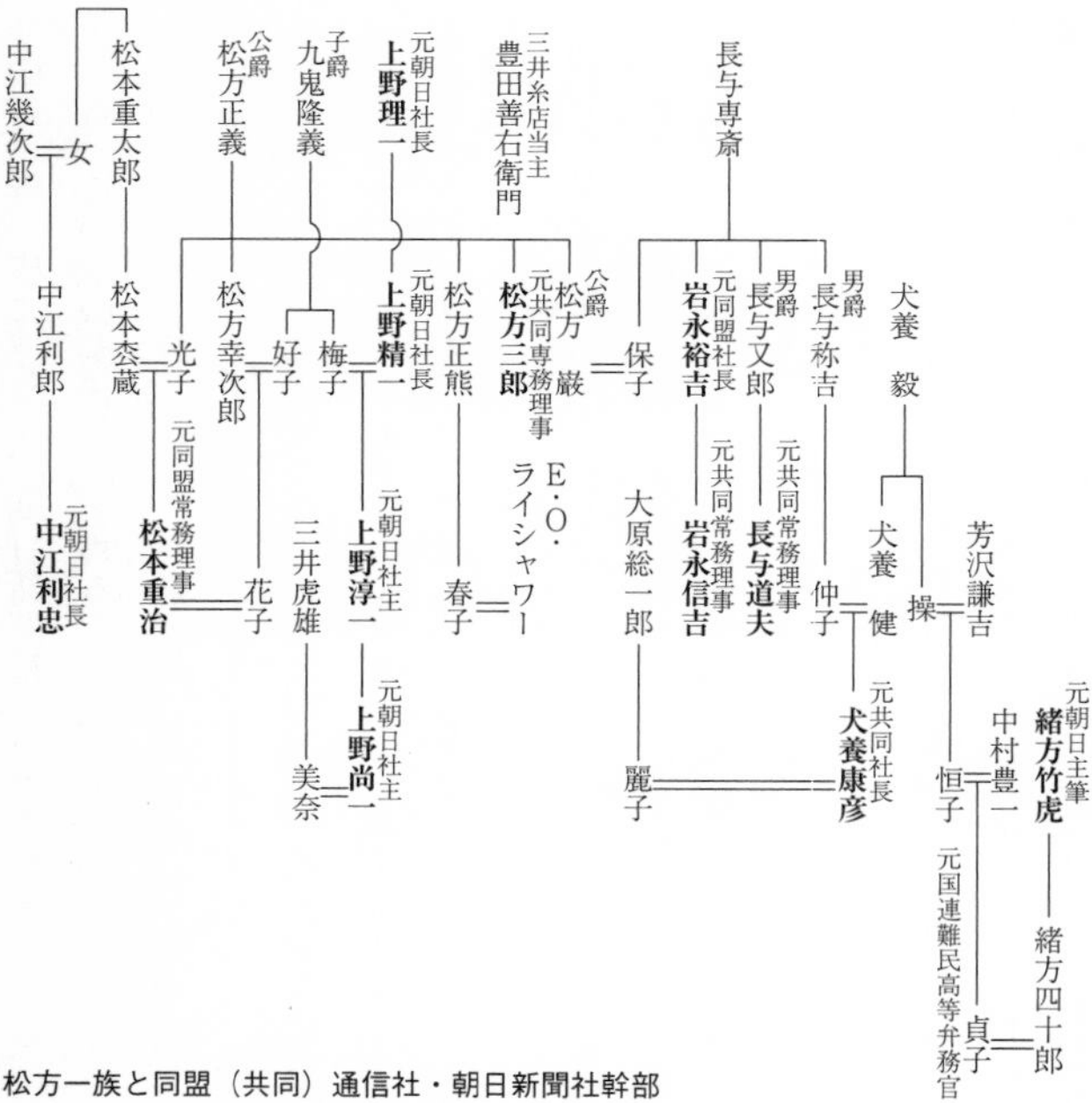

松方一族と同盟（共同）通信社・朝日新聞社幹部

（吉川勇一公式サイト「略歴」）。また中江は現在、ロシア文化フェスティバルの日本組織委員会委員である。

†鶴見良行

アジア学者・人類学者の鶴見良行は、鶴見祐輔の弟の外交官鶴見憲の息子で、鶴見和子・俊輔姉弟の従弟である。日本の知的風土にある親ソ的傾向を是正して日米関係を改善するためにロックフェラー財団などが資金提供して設立された国際文化会館の企画部長であるにもかかわらず、鶴見良行がべ平連の「英語使い」、「外務省」として反米運動の有力活動家になったことに「左右」両陣営から文化会館への批判が相次いだが、鶴見良行はベトナム戦争反対の世論をバックに突っ張った。

これに窮した国際文化会館理事長松本重治は一九七三年三月、鶴見良行を企画部長から外して嘱託とする代わりに、一九八六年四月に満六〇歳となるまで机と手当を与えた。べ平連結成時には「新渡戸四天王」の一人である前田多門の長男陽一の友人で、松本重治の従妹ハル（松方春子）を妻とするエドウィン・O・ライシャワーが一九六六年八月までアメリカ大使だったため、鶴見俊輔・良行らは自分たちが安全圏にいると考えていたのかもしれない。

元老松方正義の孫である松本重治はアメリカ政治学の高木八尺（松本重治の親戚）門下で、新渡戸稲造の孫弟子であり、やはり松本の親戚で「新渡戸四天王」の一人である岩永裕吉の伝手で同盟通信社の前身、新聞聯合社《れんごうしゃ》に入社。聯合→同盟の上海支局長を経て同盟通信社初代編集局長となり、敗戦時には同社常務理事を務めていた後藤系マスメディア人だった。秋篠宮文仁は鶴見良行のファンで鶴見良行に直接教えを受け、強い影響を受けた（江森、一九九八）。

†前田多門とロックフェラー

東久邇宮内閣と幣原内閣で文相を務めた前田多門は、「新渡戸四天王」の一人に数えられる内務官僚でクエーカーである。前田は一九二七年二月、国際労働機関日本代表兼駐仏大使館参事官を最後に退官して東京市政調査会専務理事となり、後藤新平最後の訪ソに随行した後、一九二八年一一月に東京朝日新聞社論説委員となったが、一九三八年六月に退社。同年一〇月、国際文化振興会(国際交流基金の前身)が日本の孤立化を避ける情宣活動の基地としてロックフェラー・センター(ニューヨーク)のインターナショナル・ビルに開設した日本文化会館の館長となった。

前田は東京朝日退社の理由について、二・二六事件で東京朝日主筆緒方竹虎の修猷館《しゅうゆうかん》・玄洋社の先輩、広田弘毅の内閣が成立した直後、社長上野精一も参加した論説会議で広田内閣支持が決定され、「正しい論議を燃焼させるのには、段々と酸素が欠乏して来た」ためであるとしているが(前田、一九四七)、業界紙『新聞之新聞』や河合勇《いさみ》『小説朝日人』によると、当時の東京朝日編集局では構造的要因から記者たちが人事の不満を募らせていたことが分かる。

社長村山龍平は関東大震災で社屋を焼失した東京朝日新聞社の再興にあたり、編集局長を空席にして編集委員四人の合議制をとっていたが、一九二五年二月に編集局長制を復活させ、三七歳の編集委員会幹事兼政治部長兼支那部長緒方竹虎を編集局長兼政治部長兼支那部長とし、三八歳の編集委員兼整理部長美土路昌一《みどろますいち》を編集主幹兼整理部長兼論説委員にした。これ以降、「白虹事件」前後の朝日や、大阪毎日新聞社(現:毎日新聞社大阪本社)と東京日日新聞社(現:毎日新聞社東京本社）の「城戸《きど》事件」のような派閥抗争が、一九四三年一二月に社長村山長挙が緒方の朝日新聞社主筆を解任する頃まではなかったため、東京朝日新聞社→朝日新聞社東京本社では、緒方が編集部門のトップ（村山龍平没後の一九三四年四月に東京朝日新聞社主筆。二・二六事件後の筆政一元化で一九三六年五月に朝日新聞社主筆）、美土路がナンバーツー（一九三〇年一一月編集総務兼論説委員。一九三四年四月編集局長。一九四〇年八月編集総長）という体制が続く。そのため東京朝日の編集局では、上がつかえて昇進できない状態になった。

その一方で緒方は、前田多門ら社外の人間を論説委員に迎えて部長待遇で優遇した。これに対し編集局では「緒方さんは自分の好きなものをつれて来て入社早々で部長待遇にする。わしらのように十数年も毎晩夜中まで働いているものがやっと次長だよ」という不満が出ていた。この東京朝日編集局の不満は前田退社から八カ月後の一九三九年二月に爆発して美土路局長では統制が取れなくなり、緒方主筆が乗り出す事態に発展した。

こうした社内情勢を見ると、前田の退社には、叩き上げの記者たちの反感が強まっていた時に、「国際文化振興会から、ニューヨークに新設する日本文化会館の世話を見ないかとの誘ひがあつた」からという側面も否めないだろう。なお、この館長ポストはもともと鶴見祐輔が望んで活動していたが、外務省と齟齬を来して前田が起用されたため、二人の交友関係は決裂したという（上品、二〇一二）。しかし同館の日本文庫整備に関わったアメリカ連邦議会図書館東洋部日本課長坂西志保は、ONI次長も務めたエリス・M・ザカライアス少将が「日本のもっとも有能なスパイの一人」と評した日本海軍のスパイでもあり、日米開戦直後に投獄され、交換船で強制送還された(『坂西志保さん』、春名、二〇〇三、上)。帰国後の坂西は、鶴見祐輔の太平洋協会でアメリカ研究室主幹となり(研究室に福田恆存《つねあり》、清水幾太郎、鶴見和子ら)、戦後はGHQ勤務の後、内務省、文部省、参議院などの各種委員や国家公安委員を歴任。国際文化会館が発足すると評議員・図書室運営委員となった。

前田は日本文化会館館長時代に、ロックフェラー財団の支援でコロンビア大学に設置された中国・日本学部で日本語を教えていたハロルド・G・ヘンダーソンと親友になった。ロックフェラー・センターはコロンビア大学が所有するマンハッタン中心街の再開発プロジェクトで作られたものである。そして日米開戦により交換船で帰国すると、一九四三年七月に新潟県知事(地方行政協議会設置県)、一九四五年二月に貴族院議員となり、敗戦直後の東久邇宮内閣で文相に起用され、幣原内閣でも留任した。留任はヘンダーソンが来日してGHQ民間情報教育局(CIE)教育課長になったことが大きいであろう。前田によれば、

九月十五日、丁度、教育新方針を世間に発表した日、その記事を掲載した新聞紙を片手に、ニューヨーク以来の辱知、コロムビア大学講師のヘンダーソン氏、今ではヘンダーソン少佐

(後に中佐)が、莞爾としながら、大臣室に這入つて来た。久闊を敍して話し合ふと、世間は狭いもの、これから同氏が、司令部の教育係り主任官として、文部省の世話を焼くのだとのことに、こん後の堅き協力を、こゝに約したのである。これにつけても、ニユーヨークに於ける私の仕事も、まんざら無駄でもなかつたことを、その際、感じたことであつた。爾来、同氏は、極めて好意を以て、指導連絡の事に当られ、文部省所管の事務に就いては、司令部との関係は、常に良好円満といふのが概評であつた。

という。日本文化会館がロックフェラー・センターにあったことを考えると、両者の関係にはロックフェラー財団の縁も働いていそうである。昭和天皇の「人間宣言」は、宮中とCIEの連絡役をしていたイギリス人レジナルド・H・ブライス(一九四六年四月から皇太子の英語教師)の依頼でヘンダーソン教育課長が草案を書いたもので、前田文相も病臥中の首相幣原喜重郎に代わって昭和天皇に奏上するなど深く関与した。

一九四六年一月四日に「公職追放令」が出され、幣原内閣では前田文相のほか内相堀切善次郎、農相松村謙三、運輸相田中武雄、内閣書記官長次田大三郎が該当して辞表を提出したが、昭和天皇が「指令該当を軽くするべく」SCAPマッカーサー元帥に幣原「首相より説明する事」を求めたのは、前述したように前田多門だけだった。

前田文相は日本文化会館館員だった元大阪商科大学教授嘉治真三《かじしんぞう》（経済地理学）を秘書官とした。真三は、緒方主筆が満鉄東亜経済調査局（大川周明、佐野学、松方三郎もいた）から東京朝日新聞社論説委員に引き抜き、佐々弘雄とともに副主筆とした嘉治隆一（上田敏《びん》の女婿。敗戦時の論説主幹）の弟である。嘉治真三は前田の後の安倍能成、田中耕太郎（修猷館卒、新渡戸・内村門下、松本烝治《じょうじ》の女婿）の両文相にも秘書官として仕え、その後、東京帝国大学社会科学研究所教授、獨協大学経済学部長となった。また社会教育局長には元東京朝日論説委員関口泰《たい》を据えた（国立教育研修所所長と兼任）。なお、嘉治隆一の息子、嘉治元郎《もとお》は元東京大学教養学部教授（経済学）・放送大学副学長で、一九四七年に高木八尺や松本重治が立ち上げたアメリカ学会会長、国際文化会館の第四代理事長（嘉治以前の理事長は樺山愛輔、松本重治、永井道雄）になっている。

†前田陽一とライシャワー

前田多門の長男の元東京大学教養学部教授前田陽一（フランス文学）は、皇太子時代の上皇のフランス語の師匠で、前共産党中央委員会幹部会委員長不破哲三のフランス語の師匠でもあった。ハーバード大学名誉教授入江昭（国際政治史）は長女光子の婿で、エドウィン・ライシャワー門下生であり、ロックフェラー財閥初代のジョン・D・ロックフェラー・シニア（福音派）が創設したシカゴ大学で歴史学部教授を務めたこともある。

一九三四年三月に東京帝国大学文学部仏蘭西文学科を卒業した前田陽一は同年一〇月にフランス政府招聘留学生として渡仏、パリ大学文学部に入学。パリ大学にはエドウィン・ライシャワーも中国・日本史研究のため留学していた。

エドウィンの父オーガスト・K・ライシャワーは長老派の宣教師として明治学院で神学と英語を教え、一九一六年から欧米のプロテスタント各派が共同で資金を出す東京女子大学創立に設立代表者として奔走した。一九一八年三月に文部省が同大学の設立を認可するとオーガストは常務理事になり、新渡戸稲造を学長に迎え、一九四一年三月に妻の病気治療のため日本を退去するまで大学運営に当たり、前田多門の友人だった。一九五六年六月には長老派教会から東京女子大学にライシャワー館が寄贈されている。

エドウィンは一九一〇年一〇月一五日に明治学院大学構内の宣教師用住宅で生まれたＢＩＪ(Born in Japan)である。エドウィンは前田陽一夫婦のアパートを訪問するなど親しく交流し、パリ留学「二年目に受けた最も有益な教育」と述べている(ライシャワー、一九八七)。エドウィンはハーバード大学に戻って日本語教師となり、前田多門の日本文化会館でも講演した。前田陽一はジュネーブの国際労働会議での日本政府代表部嘱託、駐仏大使館臨時嘱託、フランス在勤外交官補となる一方、パスカル研究でフランス国家文学博士号を取得したが、連合国軍のノルマンディー上陸でフランスを脱出して駐独大使館に勤務。ドイツ敗戦を迎えてアメリカ軍に抑留され、日本降伏後の一九四五年一二月に帰国した。帰国後のことについて前田陽一は次のように回想している（読売新聞戦後史班、一九八二）。

翌二十一年三月まで〔終戦連絡中央事務局第一部第四課員として〕通訳みたいなことをやっていたが、おれ、こんなことのために英語を習ったんじゃない、という強い思いもあり、早く辞めたいと考えていたところ、（旧制）一高の教授の席があいたというので四月からそちらへ行くことになっていた。その三月に教育使節団がやって来た。しかも旧知の〔国務省文化局極東課長ゴードン・T・〕ボールス〔ズ〕さんが、事務長格でやって来た。

いやあ、彼の家と私の家とは古い付き合いなんです。というのは彼のお母さん〔ミネ・ボールズ〕は東京・三田の普連土女学校で先生をしておられたが、私の母親もいなかから出て来てあの学校にいた関係で、私たちは子どものころからの付き合いなんです。ですから、教育使節団のときは、私はボールスさんのお世話をしたわけです。

ゴードン・ボールズの父ギルバート・ボールズは、一九〇一年に「フィラデルフィア・フレンド婦人外国伝道協会」から普連土《ふれんど》女学校の第二代理事長として派遣されたクエーカーの宣教師で、日米開戦が迫った一九四一年四月に辞任（八月に帰国）するまでその地位にあった。一九二三年には前田多門を会長として普連土女学校後援会が発足している。ゴードンは三田で生まれたBIJで、一時帰国でアーラム・カレッジ卒業後に第一高等学校で英語を教え、東京帝国大学理学部の授業を聴講。ペンシルベニア大学、ハーバード大学の大学院で人類学を専攻した後、ハワイ大学准教授となり、日米開戦で国務省に勤務した。一九五一年一月、ハリー・S・トルーマン大統領が対日講和条約締結のため日本に派遣したロックフェラー財団理事（後に理事長）のジョン・F・ダレス特使一行に文化顧問として加わったジョン・D・ロックフェラー三世の提唱から、一九五二年八月に財団法人国際文化会館が設立認可されると、理事長樺山愛輔、専務理事松本重治、常務理事ゴードン・ボールズという首脳陣になった。松本は後藤系における前田多門の後輩である。

前田陽一は一九四六年七月に第一高等学校教授となり、学制改革による一九四八年六月の東京大学教養学部設立で同学部助教授、一九五一年一二月教授。一九七二年三月に定年退職後は、国際文化会館で松本理事長の下に専務理事となり、一九八七年一一月二二日に没するまで務めた。またユネスコにも深く関わり、一九七〇年一〇月のユネスコ総会では日本政府代表となった。

パリ大学で前田陽一の留学生仲間だったエドウィン・ライシャワーは一九四一年夏に一時的に国務省極東課に勤務し、日米開戦後、ハーバード大学に日本語講座を開設。一九四二年夏には陸軍通信隊の日本軍暗号解読者養成プログラムの教師となり、一九四三年八月には少佐の階級で陸軍情報（G2）将校になって日本軍の暗号解読に当たった（後に中佐）。一九五六年一月には松本重治（死去直前にカトリックの受洗）の従妹でクリスチャン・サイエンス派の松方春子と再婚している。つまり前田家は、アメリカの対日政策形成に関与する人々と戦前から交流を持っていた日本のエスタブリッシュメントの一員だった。またロックフェラー財閥四代目のジョン・D・〝ジェイ〟・ロックフェラー四世は、ハーバード大学入学後、ライシャワー教授の助言で国際基督教大学に三年間学んでいる。

ロックフェラー家は共和党支持で、第三世代の次男ネルソン・A・ロックフェラーがニューヨーク州知事（四期）、ジェラルド・R・フォード政権副大統領、四男ウィンスロップ・ロックフェラーがアーカンソー州知事（二期）と共和党の政治家として活動したが、ジョン四世は民主党から政界入りしてウェストバージニア州下院議員、同州務長官、同州知事（二期）、連邦上院議員（五期）を務めた。またロックフェラー財団は太平洋問題調査会（IPR）への助成を行っていた。

†ノーマン家

後藤新平の人脈に連なるもう一人のBIJの有名人に、カナダの外交官エジャートン・ハーバート・ノーマンがいる。

ハーバートの父ダニエル・ノーマンは一八九七年にカナダ・メソジスト教会から宣教師として日本に派遣されたキリスト教社会主義者である。農場主兼行商人の家に生まれたダニエルは農村での活動を望み、長野地方部付宣教師となって「長野のノルマン」と呼ばれるようになる成功を収めた。ダニエル・ノーマンとオーガスト・ライシャワーは軽井沢に別荘を構え、賀川豊彦、吉野作造、鈴木文治、安部磯雄、片山哲ら日本人キリスト者のリーダーたちと研究会などで意見を交わした。一九四八年から一九六五年まで侍従長を務めた三谷隆信《みたに》（新渡戸門下）の姉、女子学院院長三谷民子《たみこ》（オーガスト・ライシャワーが一九二〇年から一九二七年まで女子学院院長）も軽井沢に別荘を持っており、エドウィン・ライシャワーは三谷家のつながりで皇室情報を豊富に得ることができた。

ダニエル・ノーマンは一九三四年、軽井沢に引退したものの、日米関係の悪化で一九四〇年の大晦日に、外交官としてカナダ公使館に勤務していたハーバートを除く一家で神戸港を発ってカナダに帰国したが、一九四一年六月に死去した。

ハーバートの兄ハワード・ノーマンは一九〇五年、軽井沢に生まれ、トロント大学神学部などで学んだ後、妻グエンと日本へ派遣され、神戸で活動後、金沢孤児院園長となった。一九三八年から翌年にかけてニューヨークのユニオン神学校で修士論文を書いて金沢に戻ったが、一九四〇年末に両親、姉夫婦（メソジスト派宣教師）と日本を退去した。ハワードは一九四七年に再度日本へ派遣され、戦争でダメージを受けた関西学院大学神学部教授として再建に努めた。エドウィン・ライシャワーとハルの結婚式を行ったのはハワードである。

ハーバート・ノーマンについては、アメリカ共産党で野坂参三の助手だったジョー・小出（本名：鵜飼宣道《うがいのぶみち》）との関係に大きな謎がある。前章で書いた通り、野坂も小出も戦争中に天皇制存続で動いている。

小出の父は青山美以《みい》教会（後に銀座教会と合併）、中央美以教会（後の銀座教会）、鎌倉メソジスト教会（現：日本基督教団鎌倉教会）、日本メソジスト銀座教会（現：日本基督教団銀座教会）の牧師だった鵜飼猛《うがいたけし》で、小出の自伝と大森実のインタビュー、春名幹男の研究によれば、青山学院を出た小出は山形県立酒田中学校の英語教師を経て一九二五年に渡米し、コロラド州のデンバー大学で英文学を専攻。卒業後はニューヨークのユニオン・スクエアの側にあったレーバー・テンプルに通った。ここはフェビアン協会のアメリカ派出所のようなものだったという。

アメリカン・フェビアン協会はキリスト教社会主義運動家ウィリアム・D・P・ブリスによって設立された。青山学院の前身、東京英学校は一八八二年にアメリカ・メソジスト教会日本宣教部が設立したが、翌年、青山に移転して東京英和学校と改称した際の委託人会（学校管理の責任機関）にはカナダ・メソジスト教会宣教師も入っており、一九〇七年にはアメリカのメソジスト教会、南アメリカのメソジスト教会、カナダのメソジスト教会が合同して「日本メソジスト教会」が設立された。ダニエル・ノーマンとオーガスト・ライシャワーの軽井沢の別荘に、多くの日本人キリスト者が宗派を超えて集まっていたこと、小出がフェビアン協会に共鳴していたと見られることからすれば、メソジスト派宣教師でキリスト教社会主義者だったダニエルの影響を受けていないと考える方が不自然である。ただし北米でハーバートと小出の接点の有無は不明である。

小出は戦後、戦略爆撃調査団の一員として四カ月余、日本に滞在した。元京城帝国大学教授・東京大学社会科学研究所所長・国際基督教大学学長の鵜飼信成《のぶしげ》（憲法・行政法）はジョー・小出の実弟である。またハーバートは戦後、南原繁と高木八尺の紹介で三笠宮崇仁《たかひと》の英語の家庭教師となった（三笠宮、一九八四）。

戦後の学界・言論界で後藤新平と玄洋社系勢力の関係に触れられなくなったのは、ハーバート・ノーマンが戦争中、「福岡こそは日本の国家主義と帝国主義のうちでも最も気ちがいじみた一派の精神的発祥地として重要である」（ノーマン、一九七七）と糾弾したためと推測される。和田小六《ころく》（木戸幸一の実弟）の女婿、都留重人はハーバード大学留学中に共産主義者となってハーバートと親しく、マッカーシズムの際、都留のアメリカ連邦議会証言でハーバートが自殺した。

†神谷美恵子と上皇后

「上皇后の相談役」として知られる元津田塾大学教授神谷美恵子（精神医学・フランス文学）は前田多門の長女で、鶴見俊輔は「神谷美恵子は、聖者である」としている（みすず書房編集部編、二〇〇四）。死の床にあった「新渡戸四天王」の一人である元宮内庁長官田島道治は神谷美恵子に「私のことはね、心配しないでいいから、あのことだけは頼みますよ、いいですか」と美智子皇太子妃の心のケアを依頼した（神谷、一九八二）。

前田美恵子は小学校から英語を教える聖心女子学院小学部に二年生で編入した。岩永裕吉の娘愛子だけが聖心での友人だったという。前田多門の国際労働機関赴任で二年後にジュネーブのジャン＝ジャック・ルソー教育研究所付属小学校に転校、ジュネーブ国際学校中学部に進学し、一年生の二学期で帰国。自由学園に編入したがなじめず、成城高等女学校に転校し、キリスト教無教会主義の伝道者である叔父金沢常雄の聖書研究会に参加するようになった。一九三二年、津田英学塾本科入学。鶴見和子の四年先輩である。一九三五年四月に津田英学塾大学部に進学したが肺結核を発病し、療養生活に入った。

療養中に三谷隆正（三谷隆信の兄）と文通が始まり、後に直接会って教えを受けるようになる。一九三七年にはほぼ治癒し、津田梅子奨学金でギリシャ文学を学ぶためアメリカ留学を決め、翌年、日本文化会館館長として赴任する前田多門は、フランス留学中の長男陽一を除く一家揃ってニューヨークに渡り、美恵子はブリンマー大学に籍を置いてコロンビア大学大学院で学んだ。この時期について神谷美恵子は次のように書く（神谷、一九八〇）。

私も折々大学を休んでふりそでを着こみ、よく知りもしない生花、茶、日本音楽、人形、版画など、一夜づけの知識で説明させられた。こういうことはすべて苦手だったが、この会館に出入りした人の中から現在に至るまで親しく交流しているアメリカのユダヤ人の友がある。

一九四〇年七月に東京女子医学専門学校に入るため帰国して翌年六月、本科へ編入。一九四四年九月に繰り上げ卒業して、東京帝国大学医学部精神医学教室医局に入局した。教授の内村祐之《ゆうし》はスイス時代からの知り合いで、美恵子が興味を持ち始めたハンセン病関係へ行くのをやめさせるために母房子が内村に依頼したものだった（同前）。

敗戦で前田多門が文相に就任すると、美恵子は医局を休んで文部省で書類の翻訳などを行い、一九四六年一月に前田文相の公職追放で安倍能成が後任になると、大臣官房総務室事務嘱託となり、「私は文部大臣または文部次官の通訳としてお供をし、占領軍司令部教育情報部（ＣＩ

E）へしばしば行った。使いとしてひとりで行くこともあった」。勅任官用の机を与えられ、文部省での俸給は大臣に次ぐものだった（同前）。

同年五月の安倍文相辞任で医局に戻った美恵子は七月に東京帝国大学理学部講師神谷宣郎《のぶろう》（交換船での帰国組）と結婚。一九五一年七月には、大阪大学理学部教授として単身赴任していた夫と同居のため東京大学の医局を辞して芦屋に転居し、翌年一一月に内村教授の紹介で大阪大学医学部神経科に研究生として入局した。神戸女学院大学英文科助教授、同社会学部教授、津田塾大学教授として精神衛生・精神医学を講義する傍ら、長島愛生園精神科長として診療し、邑久光明園《おくこうみょうえん》でも診察した。ハンセン病と神谷美恵子の関わりについては判断を保留する。神谷は、ハンセン病患者の強制隔離やらい予防法の推進者として強く批判される元愛生園園長光田健輔の側に立つ人間で、神谷自身も患者側から批判が浴びせられ、部外者には実情が不明だからである。

美智子妃が、「東宮様の御縁談について平民からとは怪しからん」という香淳皇后《こうじゅん》（『入江相政日記』一九五八年一〇月一一日条）をはじめ、秩父宮妃勢津子《せつこ》、高松宮妃喜久子、女官長保科武子《ほしなたけこ》（北白川宮能久《きたしらかわのみやよしひさ》の三女）、東宮女官長牧野純子（男爵鍋島直明《なおあきら》長女・伯爵牧野伸顕の嫁）以下の女官、秩父宮妃勢津子の母で常磐会会長の松平信子、大正天皇の従妹柳原白蓮《びゃくれん》らから排斥されていたのは広く知られている。

柳原白蓮は宮崎龍介（宮崎滔天《とうてん》の長男）との駆け落ちで有名だが、一九五八年一一月六日に「右翼」関係者を都内のホテルに集めて「皇太子様ともあろうものが、高かが粉屋の娘にほれて騒ぐとは外国に聞えても恥しい、皇后様は皇后様と崇められる様なお方でなければ私共は皇后様とは戴けない、松平信子さんが私の処に来て泣いて話すことは、皇族方にもずい分の反対があったのだが、岸が皇族方をなだめてやっとあの会議を終わらせたのです」と訴え、出席者からは「皇太子様にお退きになって頂いて義宮〔現：常陸宮正仁《ひたちのみやまさひと》〕様に立って頂こう、正田家に対して辞退する様に進言しよう」という発言もあった。正田美智子《しょうだ》以前に皇太子妃候補の本命とされていたのは保科女官長の大姪北白川肇子《はつこ》だった。この動きは浜口雄幸《おさち》狙撃犯の佐郷屋嘉《さごうやよし》昭《あき》や「室町将軍」三浦義一《ぎいち》が「天皇、皇后両陛下御出席の皇室会議において決定し、御聖許を仰ぎ奉った今日においてとやかくいうのは臣下の分際としてはあるべからざるもの宜しく聖慮を仰いで八千五百万国民と喜びを共にすべきである」と鎮めた（荒原、一九七四、『入江相政日記』一九五八年一一月二二日条）。

この件には二つの伏線がある。

一九五三年に邦訳が出版された皇太子の元家庭教師でクエーカーのエリザベス・G・ヴァイニング夫人『皇太子の窓』に次の一節がある。

家へ帰ると間もなく〔副官ローレンス・E・〕バンカー大佐から電話がかかった――「あなたがお聞きになりたいだろうと思ってお知らせするのですが、殿下は物の見事に元帥の試験にパスされたようです。元帥は部屋から出て来るとすぐ、殿下から実によい印象を受けた、殿下は落ち着いて、まことに魅力的なお方だった、と言っていましたよ」

これが、昭和天皇に皇族を離脱させられた伏見宮系元皇族や、旧軍関係者などに強烈な衝撃を与えたことは想像に難くない。一方、この時期には、後述する旧海軍の皇統護持作戦が継続していたが、彼らが担ぐことを想定していたのは肇子の兄、北白川〔宮〕道久だった。この皇統護持作戦関係者の一部が、旧陸軍関係者らのクーデター未遂事件「三無《さんむ》事件」〔さんゆう〕に参加し、三島事件にも影響を与えた。また敗戦時の陸軍によるクーデター未遂事件「宮城事件」首謀者の発言を見ると、彼らは降伏を決めた昭和天皇の正統性を認めていなかった形跡がある。

さらに軽井沢で正田美智子と出会った皇太子が正田家への密使とした学習院の後輩織田和雄の父織田幹雄（アムステルダムオリンピック三段跳金メダリスト）は早稲田大学卒業後、朝日新聞社に記者として入社して一九四三年東京本社体力課長、戦後は運動部長として一九五一年まで朝日新聞社員だった。

香淳皇后以下による美智子妃排斥は結婚後も続き、侍従入江相政《すけまさ》は一九六二年一〇月二〇日、美智子「妃殿下に国民の九割九分迄は絶対の支持をしてゐること申上げ」たが、一九六七年一一月一三日には美智子妃から「皇后さまは一体どうお考へか、平民出身として以外に自分に何かお気に入らないことがあるか等」質問された。一九六三年三月に精神的疲労から流産した美智子妃は、葉山御用邸や軽井沢のホテルで静養するなど精神的危機を迎えていた。田島道治の日記によれば、宮中で美智子妃の味方は東宮大夫鈴木菊男だけで、女官長、女官、侍医長らはすべて敵対的だったようである（加藤、二〇一〇）。香淳皇后らは、あと一歩のところまで美智子妃を追いつめていた。

田島は元陸将・北部方面総監松谷誠《せい》（鈴木貫太郎首相秘書官）と相談して神谷美恵子に美智子妃のカウンセリングを依頼し、虎の門病院院長沖中重雄（元東京大学医学部教授・内科）にも協力を要請した。神谷美恵子は一九七一年まで東宮御所に通った（宮原、一九九七）。

香淳皇后以下にとって美智子妃を助けた神谷美恵子は許し難い存在だったろう。美智子妃に好意的な昭和天皇は叩けないので、反美智子妃派の憎しみは「織田和雄は朝日の織田幹雄の息子！」、「神谷美恵子は朝日の前田多門の娘！」、「また朝日！」となった可能性が高い。「朝日叩き」は理屈ではない。朝日新聞を糺《ただ》す国民会議編『朝日新聞を消せ！』のタイトルは文字通りに読んだ方がよいだろう。朝日の内容が気に入らないから朝日が憎いのではない。朝日が憎いから、朝日に書かれている内容は何であろうと気にくわない。少なくとも一九九〇年初頭まで、産経新聞社の「特ダネ」記者の多くが高給の朝日新聞社に引き抜かれていた事実を、反朝日の読者は知らないだろう。アントン・チェーホフが「共通の憎しみほど人間を団結させるものはない」と言うように、反上皇后派は「朝日叩き」をすることで多少の利害対立があっても団結できるし、憎しみに理屈は通用しない。

一方、平成時代に江尻美穂子『神谷美恵子』（一九九五年）、神谷美恵子東京研究会『神谷美恵子の生きがいの育て方』（一九九七年）、宮原安春『神谷美恵子　聖なる声』（一九九七年）、柿木ヒデ『神谷美恵子　人として美しく　いくつもの生　ただひとつの愛』（一九九八年）、太田雄三『喪失からの出発　神谷美恵子のこと』（二〇〇一年）、野村一彦『会うことは目で愛し合うこと、会わずにいることは魂で愛し合うこと。　神谷美恵子との日々』（二〇〇二年）、太田愛人『神谷美恵子　若きこころの旅』（二〇〇三年）、みすず書房編集部編『神谷美恵子の世界』（二〇〇四年）、佐々木勝彦『愛の類比――キング牧師、ガンディー、マザー・テレサ、神谷美恵子の信仰と生涯』（二〇一二年）と、神谷美恵子の伝記類が相次いで出版された。

これらの書籍には顕著な特徴がある。宮原本には書かれていた前田一家とヘンダーソンらとの戦前からの交流に関する記述が、柿木本（柿木ヒデは東京女子医学専門学校で神谷の同期生）以降、一切、姿を消し、神谷美恵子の特殊な地位を、CIE幹部らと前田一家が持つ戦前からの交流ではなく、神谷個人の能力に由来するものにしようとしている。唯一の例外は、ハンセン病患者側から神谷美恵子を批判する鈴木禎一『ハンセン病　人間回復へのたたかい――神谷美恵子氏の認識について』（二〇〇三年）である。

†内村祐之

神谷美恵子と美智子皇太子妃の関係を見るためには、前田多門と田島道治が「新渡戸四天王」だったこと以外に、神谷を東京帝国大学医学部精神医学教室医局に迎え入れた教授内村祐之の存在が欠かせない。内村は日本精神医学界の大御所だが、従来の上皇后・神谷美恵子論では見落とされているので、経歴を説明する。

内村祐之は一八九七年一一月一二日、内村鑑三の長男として東京府に生まれた。第一高等学校を経て一九二三年三月に東京帝国大学医学部卒業、四月同学部副手、五月東京府立松沢病院医員（兼任）。翌年七月、北海道帝国大学医学部に精神病学講座が増設されると、札幌農学校を卒業した父鑑三の縁から、助教授三宅鉱一の推薦で一二月に同講座担当者として北海道帝国大学助手医学部勤務に卒業一年半で抜擢。一九二五年一月、文部省から精神医学研究のため二年間ドイツ、スイス、アメリカ在留を命じられて脳組織病理学などを学んだ。スイスでは前田多門一家と交流があった。一九二七年七月に帰国。医学部精神病学講座の助教授として北海道帝国大学に着任し、翌年四月、三〇歳で同講座の初代教授となる。定年退官した三宅教授の後任として一九三六年五月、東京帝国大学医学部教授精神病学講座担任となり、一九五八年三月に定年退官するまで在任二二年に及んだ。東京帝国大学教授就任と同時に日本精神神経学会理事長(〜一九六〇年四月)。翌六月東京府立松沢病院長(〜一九四九年二月)。

戦後は大川周明の精神鑑定と治療に当たり、一九五〇年日本精神衛生会会長兼理事長、一九五一年二月財団法人神経研究所長(〜一九七七年三月)、一九五二年一〇月日本精神衛生連盟会長。一九五三年七月には精神医学教室教授から初の医学部長となり、一九五七年三月まで二期三年九カ月務め、伝染病研究所教授も併任した。一九五九年四月第一五回日本医学会会頭、一九六一年一〇月国立精神衛生研究所長(〜一九六二年四月)、一九六五年一月日本学士院会員、一九六八年四月勲一等瑞宝章。また第一高等学校野球部の左腕エースで野球界に大きな影響力を持ち、一九六二年五月に日本野球機構の第三代コミッショナーとなり、一九八〇年九月一七日没後の一九八三年に野球殿堂入りした。

以上の内村祐之の経歴を見れば分かるように、神谷美恵子−前田多門−新渡戸稲造−内村鑑三−内村祐之の札幌バンドに発するラインがなければ、神谷が美智子妃に接近することはあり得なかった。

†日本共産党設立事情

日露協会会頭の後藤新平が、後藤・ヨッフェ交渉の最中にあった第一次共産党事件の検挙を逃れた女婿の弟である日本共産党執行委員・国際幹事佐野学のソ連亡命を援助したことは前述した。日本共産党は前年の一九二二年七月一五日にコミンテルン日本支部として結党した四カ月後に荒畑寒村《あらはたかんそん》をヨッフェ駐華全権代表への使者に派遣して招致工作に参加し、ヨッフェ来日直後に佐野学を執行委員・国際幹事に選出した。非合法活動家が集まって意思確認をしながら進めたにしては手回しが早すぎる。さらに佐野学のソ連亡命に後藤が関与した事実から見て、日本共産党は日ソ国交樹立に積極的な後藤新平、杉山茂丸、内田良平ら玄洋社系勢力の対ソ交渉窓口として設立されたとしか考えられない。

中国へ目を向ける者が多い玄洋社にあって、内田良平は東洋語学校でロシア語を学び、日清戦争後にシベリア横断を行ったロシア通で、内田は黒龍会から「内田〔康哉《やすや》〕外相の諒解を得て露国代表ヨッフェと旧知なる会員駒井喜次郎を北京に派し、之れと会見して詳細に其の真意を叩かしめた」（黒龍会編、一九三二）。駒井は同年一一月二五日にヨッフェと北京郊外湯山で会見。その報告を受けた内田良平は「国策樹立ニ関スル意見書」に「西伯利ハ其主権露西亜ニ存在スル以上ハ我邦ノ農業移民モ商工業ノ発展モ一ニ彼国トノ条約ニ従ヒテ之レヲ行ハザルベカラズ候処露国革命以後国交断絶ノ間柄ナルガ故ニ現在ノ儘ニテハ到底其発展ヲ期スベカラズ候ニ付速ニ日露ノ国交ヲ回復シテ我ガ農漁商工者及ビ鉱業者等ノ移住ニ関スル自由的基礎ヲ確立シ列国ニ率先シテ優越的地歩ヲ占ムルコト最モ肝要ノ事ト存ジ候。当局ハ速ニ重ネテ彼ト会商ノ方法ヲ取リ尚ホ飽ク迄テ此方針ヲ以テ其折衝ヲ遂ゲラレタキモノニ候」、「単独承認モ亦タ列国ニ対シ何等躊躇スルニ及バザルベキ儀ト存ジ候」と書いた（『内田良平関係文書』六巻）。

ヨッフェへの日本共産党の使者となった荒畑寒村の自伝には、

十一月下旬、日ソ国交回復に関する日本の世論をききたいというソヴェトの駐支外交全権ヨッフェの招請に応じて、私はひそかに北京におもむいた。この話を上海のコミンテルン代表マーリングから、党に伝達したのは吉原太郎という男だが、彼の素性についてはまったくわからない。〔中略〕

彼は日本に現われてからも、特別使命のために独自の行動が必要だと称して、党には直接に加わらず、右翼団体の内情を探るために黒竜会に出入しているといっていたが、満洲へ行ったり中国へ行ったり、変幻出没ほとんど端倪すべからざるものがあった。〔中略〕

私には太郎が同行した。彼の目的は黒竜会から北樺太を政府に買収させる工作を依頼され、ヨッフェと交渉するためであるというので、党は彼の行動に責任をもたないが同行を幸い、私は彼に通訳を依頼することにした。〔中略〕

ヨッフェとの会見は、郊外の湯山という温泉地でおこなわれた。〔中略〕

私は出発前、あらかじめ準備して来た日ソ国交回復に関する情報を伝えた。これが太郎のかなり乱暴な英語に通訳され、それをまたマーリングがロシア語に重訳するのだから、時間をとることおびただしい。しかしヨッフェは熱心に耳を傾け、そして最後に「君の情報は非常に興味がある。それをモスクワへ送りたいから、文書に認めてもらいたい」といった。私は北京にもどってから、太郎の助けをかりて英文に翻訳して渡したが、翌春モスクワで外務次官のカラハンに会った時、彼は「ヨッフェから送って来た君の情報は大いに参考になった」と私に語った。して見ると、ヨッフェの言はまんざら外交辞令でもなかったらしい。

と書かれている。「徳田球一予審訊問調書」(第一一回)には、

〔日本共産党第二回大会の後〕帝国主義者ノ対露干渉ニ対シテハ、党指導ノ下ニ対露非干渉同盟ガ此決議後組織サレ、聽テ同志ヨッフェノ来朝トナリ、日露交渉ハ漸次労働者ノ勝利ニ帰スル事ニナツタノデアリマス。

とある(山辺編、一九六八)。日本共産党第二回大会は一九二三年二月四日で、ヨッフェの長崎

到着は同年一月二九日のため事実関係の正確さを欠くが、日本共産党が組織としてヨッフェ招致に関与していたことは分かる。この第二回大会で佐野学が執行委員・国際幹事に選出された。来日したばかりのヨッフェに関する問題担当としか考えられない。荒畑寒村の自伝は、日ソ国交樹立へ向けて日本共産党周辺が黒龍会と連絡を取っていたことを示している。玄洋社系衆議院議員の中野正剛は、ヨッフェの日本到着と前後して、一月二四日に革新倶楽部を代表した衆議院本会議の質問演説で日ソ通商条約締結を要求し、三月二〇日には革新倶楽部提案の決議案「政府ハ速ニ露西亜政府ヲ承認シ対露国策ノ根本方針ヲ確立遂行スヘシ」の趣旨説明に立った(決議案は否決)。一九二〇年代前半の玄洋社・黒龍会は「反ソ反共」ではなく「親ソ容共」であり、このことからも冷戦期日本のような「左右」対立は当時存在しなかったと言えよう。

第三章　朝日新聞社と保守本流

1　朝日新聞から保守本流へ——緒方竹虎

†メディアの中枢を支配した緒方竹虎一族

戦前の日本に冷戦期のような「左右」対立は存在しなかったことを前章で見たが、冷戦期以降の日本では、漠然と朝日新聞社が「左」、読売新聞社と産経新聞社が「右」とされてきている。そして一九五五年一一月に自由党と日本民主党が合同して自由民主党を結成したことを「保守合同」、社会党と共産党が推した京都府知事蜷川虎三《にながわとらぞう》や東京都知事美濃部亮吉《りょうきち》たちを「革新首長」と呼び、長らく「右翼＝保守」、「左翼＝革新」とされた。ソ連崩壊後、「左翼」は「革新」より「リベラル」を自称することが多くなったが、現在も「革新」を名乗る共産党系の「平和・民主・革新の日本をめざす全国の会（全国革新懇）」もある。

ところが拙著（一九九六）で明らかにしたように、吉田茂から池田勇人の宏池会《こうちかい》に始まる戦後の「保守本流」と最も近い関係にある新聞社は朝日であり、読売、産経は遠い。昭和研究会の昭和塾塾生だった朝日政治部の「書かざる大記者」で、常務取締役兼東京本社代表在職中に没した後藤基夫について宮沢喜一《きいち》は「一番親しい友人」と呼んでいる（『政治記者　後藤基夫』）。

朝日新聞社は明治一四年政変後に政府の主導権を握った伊藤博文・三井財閥から経営資金の援助を受けて経営基盤を確立し、西原借款で三井財閥の利害と対立していたとみられる寺内内閣期の白虹事件で打撃を受けたものの、そこから立ち直る過程で、玄洋社系人脈をバックに持つ緒方竹虎と、陸軍長州閥を継いだ宇垣一成《うがきかずしげ》と同郷（岡山県）で側近の一人である美土路昌一が台頭し、緒方は代表取締役兼主筆として一時は社長の村山長挙を凌ぐ力を持った。

太平洋戦争中に村山社長らとの社内派閥抗争に敗れて失脚した緒方は小磯内閣国務大臣兼情報局総裁として政界入りし、敗戦処理の「宮様内閣」東久邇宮内閣では「内閣の大番頭」国務大臣兼内閣書記官長兼情報局総裁として内閣を切り回した（情報局総裁は九月一三日に河相達夫）。同内閣では文相に元東京朝日新聞社論説委員の前田多門、首相秘書官に論説委員太田照彦（村山事件時の取締役兼東京本社編集局長木村照彦）、緒方の秘書官に政経部員中村正吾（後に常務取締役兼大阪本社代表）、内閣参与に元記者の田村真作《しんさく》と朝日新聞社関係者が多数起用されて「朝日内閣」の観を呈した。東久邇宮首相が最初にＳＣＡＰマッカーサー元帥と会見したときの通訳は、朝日の鈴川勇記者（日本の主権回復後、朝日の初代北米総局長。娘が元駐米大使・最高裁判事下田武三の息子と結婚）である。

また緒方は、重光葵《まもる》の後任外相として吉田茂を引き出したことで吉田に政界進出の恩を売り、公職追放が解けると吉田の後継者として政界に復帰する。さらに海軍航空本部の委嘱で戦略物資の買い付けを行っていた児玉誉士夫《よしお》（東久邇宮内閣参与）の児玉機関（上海）が集めた金の延べ棒やプラチナ、ダイヤ、ヒスイ、ラジウムなどを日本に運ぶときには朝日新聞社の飛行機二機が使われ、その一部が鳩山一郎の自由党結成資金に使われた。内閣総辞職で下野した緒方は、一九四五年一二月にA級戦犯容疑者に指名されなければ、敗戦で社内の緒方派と反緒方派の対立が再燃し、村山社長が辞任していた朝日新聞社の社長に就任するはずだった。そして頭山満の葬儀委員長だった広田弘毅が東京裁判で絞首刑となったことにより、副委員長だった緒方が玄洋社系勢力の最高実力者となった。

朝日新聞社は歴代二三人の日本放送協会会長にOB四人（下村宏・古垣《ふるがき》鉄郎・野村秀雄・前田義徳《よしのり》）を送り込んでいる（毎日新聞社OBは阿部真之助一人。読売新聞社OBはゼロ）。地方紙や民放テレビ局に全国ニュースを配信して報道をコントロールし、広告部門で絶大な影響力を持つ電通と密接な関係にある共同通信社は、同社の前身である同盟通信社の設立に緒方竹虎が尽力したうえ、朝日・共同両社の主要幹部が松方正義一族を軸とした親戚関係にあることから（六二頁家系図参照)、日本のマスメディア業界の中枢に位置している。以上のことを「左右」両陣営とも語りたがらない。山本七平(一九八三、上)が「発表した部分と隠した部分を対比さえすれば、相手の意図、目的、実情、希望的観測、潜在的願望といったものが、手にとるようにわかる」というように、重要なことは「語られること」より「何を語らないか」の中にある。

†CIAの緒方政権擁立工作

緒方竹虎については拙著出版後、二〇〇五年にアメリカ中央情報局(CIA)が「ナチス・日本帝国政府戦争犯罪情報公開法」で機密解除した「緒方竹虎ファイル」がある。山本武利(一橋大学・早稲田大学名誉教授)・加藤哲郎(一橋大学名誉教授)・吉田則昭(立教大学社会学部兼任講師)がこれを複写して緒方竹虎三男の緒方四十郎《しじゅうろう》(元日本銀行理事)・貞子(元国連難民高等弁務官)夫妻に全て渡し、その了承を得ながら吉田により緒方竹虎の伝記が執筆された。

加藤哲郎(二〇〇九b)によれば、「緒方ファイル」の文書日付は概ね一九五二年から五七年までのもので、戦前から五〇年代初頭までの記録はほとんどないという。それについて加藤は「占領期、GHQのマッカーサーは、CIAをその草創のころから嫌い、信用していなかった」としているが、アメリカ軍の指揮系統や対日戦略への無知による誤解である。SCAPマッカーサー元帥の司令官職の性格とGHQの構造についての誤解や、G2部長ウィロビー少将の過小評価、軍事秘書フェラーズ准将の過大評価は、他の日本の占領史研究の「大家」たちにも広く見られ、「左右」両陣営の戦略情報局（ＯＳＳ）陰謀論の原因ともなっている。これは「左右」両陣営が共有する日本人の民族的自尊心に深く根差していると見られる問題であるため、第六章で基本から説明する。

山本・加藤・吉田は、ウィロビーＧ２部長の下に置かれた第二次世界大戦中の連合国軍最大の情報機関、連合国翻訳通訳課（ＡＴＩＳ）の重要性を知らないのと、加藤が書いている理由により、アメリカの情報当局がいつ頃から緒方と接触し始めたかは不明である。それでも「緒方竹虎ファイル」は五分冊一〇〇〇頁近くあり、三分冊の「正力松太郎ファイル」などと比較し、日本人のＣＩＡ個人ファイルの中では群を抜いて多いという。

加藤によれば、ＣＩＡは緒方を「我々は彼を首相にすることができるかもしれない。実現すれば、日本政府を米政府の利害に沿って動かせるようになろう」と最大級の評価で位置付け、緒方と米要人の人脈作りや情報交換などを進めていた。民主党の首相鳩山一郎がソ連との国交回復に意欲的であるうえ、左右両派社会党の統一をソ連が後押ししていると見たＣＩＡは、保守勢力の統合を急務と考え、一九五五年五月には緒方竹虎にポカポン（ＰＯＣＡＰＯＮ）のコードネームをつけ、緒方の地方遊説にＣＩＡ工作員が同行するなど、政治工作を本格化させた。読売新聞社社主正力松太郎のコードネームはポダム（ＰＯＤＡＭ）で、ＰＯは日本を指すカントリーコードである。

CIAは同年一〇～一二月にはほぼ毎週、緒方と接触する「オペレーション・ポカポン」（緒方作戦）を実行。「反ソ・反鳩山」の旗頭として、首相の座に押し上げようとした。緒方は情報源としても信頼され、提供された日本政府・政界の情報は、CIA長官アレン・W・ダレスに直接報告された。緒方も同年二月の衆議院議員選挙直前、ダレスに選挙情勢について「心配しないでほしい」と伝えるよう要請。翌日、CIA担当者に「総理大臣になったら、一年後に保守絶対多数の土台を作る。必要なら選挙法改正も行う」と語っていた。

自由民主党は首相の民主党総裁鳩山一郎、同総務会長三木武吉、自由党総裁緒方竹虎、同総務会長大野伴睦《ばんぼく》〔ともちか〕の四人を総裁代行委員とする体制でスタートし、翌一九五六年四月の公選で総裁を選出することになった。旧民主党の方が人数は多いものの、「反吉田」勢力の寄り合い所帯だったため緒方に流れる可能性のある票も少なくなかったのに対し、旧自由党の方は結束が固く、公選では緒方有利と見られていたが、緒方は五六年一月二八日に自宅で急死し、ダレス長官は遺族に弔電を打った。

しかし「左翼」陣営がポダム正力松太郎をCIAの手先として糾弾することはあってもポカポン緒方竹虎を攻撃することは滅多にないし、「右翼」陣営が緒方とCIAの協力関係に言及することもまずない。グーグルを使って「正力松太郎　ポダム」で検索すると一一七件がヒットするのに対し、「緒方竹虎　ポカポン」でヒットするのは五三件である（二〇二〇年二月一〇日現在）。

2　安保改定に賛成した論説主幹――笠信太郎

†六〇年安保改定賛成派として攻撃された笠信太郎

代表取締役兼主筆の緒方竹虎が戦前の朝日新聞社を代表する「顔」だったのに対し、戦後の一九六〇年代初頭までの「顔」は常務取締役兼論説主幹の笠信太郎である。笠はもともと大原社会問題研究所にいた労農派マルクス主義経済学者で、ゾルゲ事件の尾崎秀実らとともに近衛文麿・後藤隆之助の昭和研究会の有力メンバーであり、戦後は朝鮮戦争となっても全面講和論を主張してGHQの反発を買ったことから、現在では「左右」両陣営とも笠が反米で、六〇年安保時に改定反対の論調をリードしたかのように扱われている。

たとえばオピニオンサイト「アゴラ」を運営する株式会社アゴラ研究所代表取締役の池田信夫は二〇一五年三月三一日の「「翼賛体制」をつくった知識人たち」と題するブログで「笠はベルリン特派員になって逮捕を免れ、一九六二年まで朝日の論説主幹をつとめ、戦後は一国平和主義に転向して「全面講和」や「安保反対」の論陣を張った」と書いている。

ところが、元共同通信社専務理事・編集主幹原寿雄が「小和田次郎」のペンネームで新聞労連や日本ジャーナリスト会議などの機関紙類における反日米安保記事を集めた『総括　安保報道』（大沢真一郎との共著）で、笠論説主幹は安保改定賛成派として繰り返し攻撃されている。六〇年安保当時、東京都中央区京橋の田口ビル四階にあった新聞労連事務所には日本ジャーナリスト会議の事務所も同居しており、一九五九年一〇月に学者・文化人らが結成した「安保批判の会」事務局も置かれて三位一体の反米運動を展開した。原は一九五八年六月から六二年一〇月まで新聞労連副委員長（専従）を務めており、その中枢部署にいた。

『総括　安保報道』の原の担当部分は日本新聞労働組合連合発行『安保体制とマスコミ――新聞を国民のものにする闘いの記録Ⅲ』を下敷きにしており、これには一九五九年一〇月五日の岡山集会（原も講師として出席）で日ソ協会役員の発言記録があることから、この運動はソ連の影響下にあったと見られる。前述のように六〇年安保で鶴見俊輔らの「声なき声の会」のデモを指揮したのは日ソ協会である。

新聞労連事務所に同居していた日本ジャーナリスト会議は、ＫＧＢエージェントたちのコントロール下にあった国際ジャーナリスト機構（プラハ）から招待された一九五六年六月の「世界ジャーナリスト集会」に日本から代表を派遣するため、一九五五年二月に岩波書店常務取締役兼『世界』編集長吉野源三郎を初代議長として結成された。中ソ対立から中国が国際ジャーナリスト機構第六回大会への不参加を声明した一九六六年一〇月に小林雄一議長ら親中派が脱退して「日本ジャーナリスト同盟」を結成。日本ジャーナリスト会議は一九六八年に国際ジャーナリスト機構へ加盟した。

原は社会部次長時代、朝日新聞社社長広岡知男に親中路線を批判する手紙を書いていること から(原寿雄、二〇一一)、中ソ対立ではソ連寄りの立場だったと推測される。その後、原は『社会新報』編集局長に勧誘されたこともあったが、晩年は共産党と急接近し、同党系団体からNHK会長に推薦され、二〇一七年一二月二四日付『しんぶん赤旗』に掲載された追悼記事では、「日本ジャーナリズム界の至宝」、「メディアの灯台」と最大級の賛辞が用いられている。

†原寿雄の朝日新聞糾弾

新聞労連の専従副委員長として、マスメディア業界労組による反米闘争の中枢にいた原の、朝日新聞と笠信太郎に対する攻撃ぶりを見よう。

笠論説主幹は一九五九年一〇月一八日に朝日新聞西部本社で開かれた第七回全国支局長会議で、一九五八年秋から「改定はいろいろの観点から欠くことのできないもの、ということが一つの基本方針でわれわれは考えておった」とし、「平和条約とともに安保条約ができた以上は、多少の欠陥があってもこれを誠実に守ってゆかなければならぬというのが私どもの立場で、そして、今日まで来たわけであります」と述べた。原はこれを「既成事実への屈服を追認した」と糾弾して、「安保条約は少くとも現在までは、やはり相当にその役割を果したと思っています。いままでのところは、それが非常に邪魔になったというふうに思いません」と言う笠は「積極的に安保条約を肯定する姿勢をみせたのである」と非難し、「『朝日新聞』の態度は、安保改定に基本的には賛成であった」と位置付けている。

六〇年安保時の朝日新聞社首脳陣は代表取締役会長村山長挙（社長空席）、代表取締役兼専務取締役信夫《しのぶ》韓一郎《かんいちろう》（国際法学者信夫淳平の長男で、政治・歴史学者信夫清三郎の兄）、笠常務取締役兼論説主幹、常務取締役兼東京本社業務局長永井大三《だいぞう》で、俗に信夫・笠・永井の「トロイカ体制」と呼ばれていた。敗戦後の朝日の内紛で主導権を握った緒方派の反緒方派粛清と、公職追放を解除されて経営に復帰した社主村山長挙の緒方派経営陣追放をくぐり抜けて代表取締役兼東京本社編集局長となった信夫は、東京での取材経験が皆無で政財界に知人がいなかったため、新聞代値上げのための政界への根回しや社屋増築のための交渉ごとは永井が、社論などは笠が受け持ち、信夫は社の内政面を担当したと言われている。六〇年安保での社論も信夫は笠にすべてを委せて異論を出したことはなく、役員会で笠から事後報告を聞いただけだったという（『新聞人　信夫韓一郎』）。そして社内の会議で笠論説主幹が安保改定支持を明言した朝日は、原が糾弾する新聞の筆頭となっている。

原は、「『朝日新聞』は、この時〔＝北海道新聞が社説で安保改定反対の社説を載せていた時期〕「安保改定を抗争の種にするな」（五九・七・三〇）と社説で主張し、重要な外交問題については国内で抗争したりせず国民的合意をはかれ、と述べたのである」と糾弾する。

さらに原は朝日攻撃を重ねる。「警職法闘争以後のマスコミの反動期で一番目立ったのは〝『朝日』の右旋回〟であった。しかし、〔一九五九年〕四月の新聞代値上げに反対する運動が発展するにつれて、紙面への批判も強くなり、その批判は『朝日』の安保問題に対する消極的論調に集中した。社外の改定反対論が高まるにつれて、社内でも組合による五八年秋に決定された笠信太郎のいう『朝日』の基本方針に疑問が出され、その声は秋の九六時間ストに至ったベース・アップ闘争のなかで徐々に高まっていった。そして、「安保改定と新聞労働者」（朝日労組東京支部機関紙『前進』五九・一〇・三〇）をはじめ、組合機関紙に紙面についての批判が載りはじめた」。

続けて、「『朝日新聞』は、警職法のときにあれほどとりあげた学者、文化人の動きについても、きわめて冷淡であった。〔中略〕安保問題研究会は〔一九五九年〕一〇月一七日に「藤山外務大臣への公開質問状」を出して、安保改定がはらむ危険性を的確に衝いた。しかし『朝日』は、これを完全に黙殺した。そして、藤山外相の回答が出された翌一一月八日付朝刊の一面トップで、「全面〔的：原文〕軍縮は困難　バ〔ヴァンデンバーグ〕決議趣旨違憲でない　中立政策は非現実的」という見出しで、紙面の約三分の一を使い、政府見解である藤山回答をくわしく載せた。〔中略〕藤山回答が研究会側の質問の論点をはぐらかしているにもかかわらず、『朝日』はそれを追及しようとしなかったばかりでなく、政府のチョウチンもちの記事を書いていたのである」と原は糾弾している。

†「恐怖にかられた権力者の発想」

原の朝日攻撃はさらに続く。

一九五九年八月二三日社説「安保改定に更に一段の慎重を望む」が「〝事前協議〟を〝事前同意〟とせよ」とし、一〇月一九日社説「条約期限の短縮を実現せよ」、一一月一九日社説「〝外相の真意〟に残る疑問」は「〝条約の目的〟を〝日本の安全〟にしぼれ」とする内容で、「『朝日新聞』はこのように述べながら、安保改定に関する政府の真意を、つとめて〝信じよう〟と努力した」と、朝日が政府寄りだと非難している。

そして社会党書記長浅沼稲次郎らの指導でデモ隊一万二〇〇〇人が国会に乱入した翌一一月二八日の社説「デモ隊国会に入る」が、「ついにデモ隊が、国会構内正面玄関にまで乱入して座りこむという常軌を逸した行為をひき起すにいたった。〔中略〕これでは、自民党の思うツボに入るのみならず、この行動を主導した総評や全学連、社会党、共産党は、国民の多数からきびしく批判されることになろう。まことに思慮なきハネ上りといわねばならない」と書いているのを、「ここにみられるのは、恐怖にかられた権力者の発想」と罵倒する。

その後の一二月一四日社説「安保改定と与党の責任」、一九六〇年一月一二日社説「国民の不安は消えない」、一月一四日社説「最小限度の必要」は「安保条約の改定内容が多少ともよい方向に変り得る、という幻想を国民に与えることにほかならなかった」としており、一月二一日社説「真に安全を保障するものは何か」は「「新条約が純然たる防衛的なものであることに、いささかの疑いも持たない」(一・二一、社説)という新安保条約についての誤った認識が前提とされている」と断罪する。

五月一九日深夜に衆議院で新安保条約が自民党単独で可決された後、異例の一面トップとなった五月二一日社説「岸退陣と総選挙を要求す」について原は、「一読してタイトルと中身に大きなギャップを感じないわけにはいかない。ここではまず、国会が「最悪の事態に突入した」と書かれている。が、その理由は岸首相と自民党の暴挙だというのかと思うと、与野党が〝戦術〟ばかり練っていたこと、つまり「改定安保条約をただ通すだけのための戦術と、これをただ阻むだけのための戦術に〔、:原文〕明け暮れて……自分たちが、どんな大きな間違いを犯しつつあるかが、まるで見えなくなってしまっている」ことであるというのである。しかし、事実経過を調べれば明らかなように、改定安保条約が持っている問題の解明をさまたげてきたのは、岸政府であり、自民党であった。にもかかわらず「からだを張った議事の阻止、野党を無視した単独審議、内には警官隊、外には大衆行動」の「無責任〔意味：原文〕」な「激突」が「肝心の議会民主制に墓穴を掘っている」としかいわないのである。なぜこのようなデタラメをいうかといえば、この社説を書いた目的が政府・自民党の暴挙に対する批判にあるのではなく、もっと別のところにあったからであろう」とした。

さらに「『朝日』のこの社説は、表面上の進歩的ポーズにもかかわらず、本当は大衆行動の高揚に対する恐怖に、より強く動機づけられていたのではなかったろうか。大衆行動が事態の動向にイニシアティブを発揮しつつあったのに対してマスコミはそれを体制全体の危機と感じ、「良識」によるイニシアティブによって、その危機を救い出そうとしたのである。その尖兵が『朝日新聞』であった」と朝日を政府の手先と位置付け、その後の朝日の社説が、五月二二日「デモの行き過ぎを警戒せよ」、五月二六日「節度のある大衆行動を」、五月二八日「再びデモに節度を求む」とデモ隊に反対の立場であることを示している。

†「大衆行動に脅しをかけた」とされた朝日新聞

六月四日の総評のストライキで国鉄が運休するなどした翌六月五日社説「統一行動の評価を

誤るな」が、「抗議ストという形の行動は、一歩誤れば、内閣打倒の直接的な革命行動に発展するか、あるいは爆発的な〝一揆行動〟に陥りやすいことは、諸外国の経験が教えるところである。それは、強力な反動政権に道を開くことになる」と書いていることについて原は、「〝世論〟をタテに大衆行動に脅しをかけたのである」と、朝日が「反大衆」であるとしている。

六月一〇日には共産党系の全学連反主流派デモ隊約一〇〇〇人が、ドワイト・D・アイゼンハワー大統領訪日準備のため来日したジェームズ・C・ハガティー大統領新聞係秘書の乗用車を包囲・暴行した「ハガチー事件」が起きたが、朝日はこれに先立つ六月八日社説「薄れゆく議会主義」で「「社会党は〔、：原文〕反岸を反米に転ずるようなことがあってはならない〔るまい：原文〕」」と社会党をさとした『朝日』は、一〇日のアイクの新聞係秘書、ハガチーの到着を前に、さらに一〇日の社説で「ハガチー氏への大衆行動を慎め」と勧告した」とし、事件発生を受けて書かれた一一日社説「国民の誇りを傷つける行動」については、「「対外的な機会に、このような常軌を逸した、暴徒的行動を展開して、果たしてだれの支持を期待しようというのであるか」とデモ隊を非難した」としている。

原は新聞労連の調査『安保体制とマスコミ』、すなわち原たちの調査を出典として、全学連主流派が国会構内に乱入した六月一五日の朝日新聞東京本社社会部のデスクには取締役兼編集局長広岡知男や編集局次長木村照彦が陣取っていたとしている。この指示が信夫専務取締役と笠常務取締役のどちらから出されたのかは分からない。この編集態勢で作られた六月一六日の朝日新聞紙面について原は、「十六日の〔毎日新聞〕朝刊を見た本田〔親男・毎日新聞社〕会長は『きょうの社会面は極左が作ったのか』と編集局長をしかりつけた。局長はさらに社会部デスクをしかり『今朝の紙面では朝日が最も慎重でよかった。朝日を見習うべきだ』といったとのことである」という七月二二日の毎日労組東京支部機関紙『なかま』の記事を引用している。朝日はこの六月一六日紙面に社説「許せぬ国会乱入の暴力行動」を載せた。

原は「六・一五の翌日から〔中略〕『朝日』や『東京』の記者は、国会周辺ではげしい非難をあび、社の腕章をはずして取材するという事態さえ起こった。銀座を通るデモ隊は、朝日新聞社の前で「新聞は真実を書け」「マスコミの幹部は権力と手を組むな」「新聞労働者ガンバレ」とシュプレヒコールを行った」と書く。笠信太郎の主導で「暴力を排し　議会主義を守れ」の七社共同宣言が出されたのは六月一七日である。

†最初から安保改定賛成だった

笠信太郎が最初から安保改定賛成だったとする原寿雄の批判は、升味《ますみ》準之輔の政治史研究および春名幹男のＣＩＡ研究の結果と一致する。

升味（一九八五）によれば、当時総評議長の太田薫が、社会党からの西尾末広追放、民主社会党結成について、「笠信太郎さんの名前も何回かでてきた。『朝日新聞』の論説主幹だった笠さんは西尾を支持し、シンパみたいな立場にあったからである」、「『朝日新聞』は、笠さんがよく知っていたためか、〔民社党結成決定を〕トップ記事で大々的に報道した。西尾さんのために援護射撃をやったのだと思う」と述べている。民社党結成を支持する朝日について原は「他方一面トップと三面全頁をさいて、社会党から分裂した民社党の綱領案を大々的に報じた。安保問題で党内がゆれていた前年の一〇月、西尾末広らは社会党を脱党したのであるが、その「民社新党暫定綱領案」を『朝日』は一面トップで紹介し「自衛に最小限の措置─武力均衡による平和」という見出しをつけ、社説においても、この綱領案に大方の賛意を表した。これは、一面と社会面トップに扱われた全学連の羽田デモに対する、意識的なチェックであった」と非難している。

一方、春名(二〇〇三、下)は「CIAは一九五八年以来、西尾や全労(=全日本労働組合会議)の指導者に資金を提供し、社会党からの分裂を働き掛けた」、「CIAは、西欧スタイルの社会民主主義政党のような政党を日本にもつくる、という目的で、西尾末広民社党委員長や穏健派社会主義者への支援を強めた」というアリゾナ大学マイケル・シャラー教授の言葉や、一九五九年六月一一日に国家安全保障会議(NSC)が採択した「米国の対日政策」NSC6008/1の「主要政策指針」第三項の「保守の支持を疎外することなく、穏健で責任のある政治的野党の展開を奨励する」から、CIAが民社党へのテコ入れ工作を行っていたとしている。

CIAは岸信介とともに笠信太郎のファイルも公開していないため、確認はできないが、これは同じ流れでの動きであろう。

六〇年安保時のダレスCIA長官と笠信太郎は、第二次世界大戦中、笠がヨーロッパ特派員としてスイスのベルンに滞在し、ダレスがOSSベルン支局長だった時代からの付き合いで、笠は終戦工作のダレス工作にも関わった。

春名によれば、CIA初代の東京支局長は、OSSベルン支局でダレス支局長の右腕だったポール・C・ブルームで、一九四八年夏に着任。翌四九年から毎月第二火曜日に著名人を自宅に集めて夕食会「火曜会」を開き、常連の笠信太郎（朝日新聞社論説主幹）、松本重治（元同盟通信社常務理事）、松方三郎（共同通信社専務理事）、浦松佐美太郎（評論家）、東畑《とうはた》精一（東京大学農学部教授）、蠟山《ろうやま》政道（元東京大学法学部教授）、前田多門（元文相）、佐島《さじま》敬愛《よしなり》（信越化学工業取締役）をブルームは「八人のサムライ」と呼んだ。佐島以外の七人は、昭和研究会に参加するなどした近衛文麿ブレーンの経験を持ち、佐島も戦後に後藤隆之助との縁から昭和同人会メンバーになっている。火曜会に吉田首相が出席したことも、吉田がブルームらを大磯の別邸に招くこともあった。火曜会は一九五三年三月頃まで続けられた。

なお、新安保条約に調印して帰国した岸首相が解散総選挙を断念したのは、岸の回想類や原彬久《よしひさ》の研究（一九八八）で自民党幹事長川島正次郎の反対によるとされてきたが、春名（二〇〇三、下）は、日本の国会の批准を待ってアメリカ上院で批准するスケジュールから、アメリカ政府が解散に反対の意向を岸に伝えたためとしている。

以上で見たように、マスメディア業界で六〇年安保を「反米闘争」にしようとしていたのは総評傘下の新聞労連やKGBの系統の日本ジャーナリスト会議で、朝日新聞社常務取締役兼論説主幹としてこれを抑えようとしていたCIAに近い笠信太郎を機関紙類で攻撃し続けていた。七社共同宣言は、マスメディア業界の反米勢力を抑え込むために笠が執った最終手段といえよう。したがって「右翼」陣営が六〇年安保騒動で笠に浴びせている非難や攻撃は全く筋違いだが、「憎い朝日」の象徴的人物が実際にどのような言論・政治的活動を行っていたかはどうでもいいことであり、「左翼」陣営も笠のそうした側面は見たくないのだろう。

†反安保だったのは産経新聞

六〇年安保で実際に反対の論調を取っていた全国紙は「左」とされる朝日新聞ではなく、「右」の産経新聞社だった。当時、東京本社社会部次長としてデモ担当だった元産経新聞社取締役東京本社編集局長青木彰（二〇〇〇）は「いま口にすれば、多くの人が怪訝な顔をするか、笑い出すに違いない。六〇年安保当時の産経新聞は、革新陣営の運動家、〝進歩的文化人〟はもとより、デモに参加した一般市民からも熱い支持を受けていた。私自身、デモ隊の脇を社旗をつけた自動車で通り抜ける時、隊列の中から「産経ガンバレ」の声援や熱のこもった拍手を浴びたことが何度かある」と書いている。

当時の産経新聞社社長水野成夫は共産党員からの転向組で、水野は同じ転向組の南喜一《みなみきいち》が発明した古紙再生の特許を利用し、陸軍省軍事課長岩畔豪雄大佐と朝日新聞社東京本社経済部長丹波《たんば》秀伯《ひでお》の支援を得て一九三八年一月、朝日新聞社と繊維業界の出資により国策パルプ工業（社長宮島清次郎＝日清紡績社長。日本製紙の前身の一つ）を設立した。当時、日本の製紙業界で独占的地位を占めていた王子製紙は海軍と毎日新聞社に近く、二・二六事件後の陸軍中央は朝日を援助するようになっており、王子製紙への対抗会社をつくることで両者の利害が一致したためである。六〇年安保時の産経新聞社取締役で、ニッポン放送とフジテレビジョンの代表取締役専務取締役だった鹿内信隆は主計少尉として陸軍需品本廠で国策パルプ工業の監督官だった。水野と南は一九四〇年五月に国策パルプ工業の全額出資で大日本再生製紙を設立（社長石倉巳吉、南専務、水野常務）。同社の設立認可は商工次官岸信介と岸の側近である商工省総務局長心得椎名悦三郎も援助した（『人間・水野成夫』）。この時、丹波は朝日新聞社千葉支局長篠田弘作（後に衆議院議員）を大日本再生製紙に転じさせ、篠田は理事兼札幌支店長になった。岩畔は参謀本部第二部第八課（謀略課）の謀略主任を務めたこともあり、中野学校を設立した謀略将校である（岩畔、二〇一五）。岩畔は太平洋戦争中、南方軍（総司令官寺内寿一大将）の下のインド独立協力機関（岩畔機関）長としてスバス・チャンドラ・ボースを支援し、水野もシンガポールで岩畔機関の仕事をしていて大日本再生製紙どころではなかったという（桜田・鹿内、一九八三、上）。六〇年安保時に水野は国策パルプ工業社長でもあった。その水野社長の産経が反安保だったのである。前章で書いたように、元陸軍省軍務局長の佐藤賢了が、鶴見俊輔らのべ平連に反米の立場から参加していたことに留意されたい。

　朝日の信夫韓一郎と丹波秀伯は国策パルプ工業取締役を務めたこともあり、水野成夫の従兄に元朝日新聞社常務取締役で日本オリンピック委員会委員長となった田畑政治《まさじ》がいる。一方、青木彰は海軍兵学校を敗戦後に卒業した七五期生（同期に元共産党衆議院議員・国会対策委員長で画家いわさきちひろの夫松本善明、最高裁判所長官を務めた前日本会議会長三好達《とおる》がいる）で、ミッドウェー海戦で撃沈された時の空母赤城艦長青木泰二《たいじ》郎《ろう》大佐（海軍兵学校四一期）の息子である。青木彰の二冊の追悼文集にはいずれも、日本新聞協会職員から東京大学新聞研究所→社会情報研究所の教授となり、共産党支部長だった桂敬一が寄稿しており、一冊ではマルクス主義者の朝日新聞社社長だった中江利忠が巻頭の辞を書いている。六〇年安保に反対した産経新聞社編集局の中堅幹部と共産党、朝日では親ソ派の系譜の首脳の距離は近かった。共産党が機関紙『アカハタ』で、田中清玄と全学連主流派が「反米」闘争を「反岸」闘争にすりかえたと激怒したことは、そこに至る歴史的経緯を次章以降で説明した後、第七章で詳述する。

戦前・戦後の朝日新聞社の「顔」だった緒方竹虎と笠信太郎がCIAの協力者だったこと、六〇年安保で新聞労連や日本ジャーナリスト会議の反米闘争路線に笠が最初から反対の立場を取っていたこと、安保反対の全国紙は産経新聞だったことは、いずれも「左右」両陣営が「不都合な真実」として隠蔽している。一九六八年からの大学紛争、一九七一年の米中和解、一九七三年の第一次オイルショック、一九七〇年代半ばからの社共共闘解消と社公民路線などによって日本の「左右」陣営の地図が大幅に塗り替えられ、一九六七年一二月四日に故人となっていた笠信太郎を「反米安保闘争」のシンボルに仕立てることで、「左右」対立図式の継続を図ったのではないか。社共共闘では「左翼」の敵だった笠も、社公民路線ならば「左翼」に色分けすることに「左右」両陣営とも異論がなくなる。

ちなみに二〇〇七年六月、権限を大幅に弱められて復活した朝日新聞社主筆（取締役ポストではなくなった）に起用された船橋洋一もCIA上級オフィサーのロバート・T・クロウリーが遺した協力者リストに名前が載っている。

Ⅱ 天皇家vs.伏見宮系皇族・「右翼」

昭和天皇と伏見宮（『輝く海軍写真帖』省文社、1934年）

第四章 貞明皇后vs.久邇宮家――倒幕派と公武合体派の確執①

1 宮中某重大事件と第一次大本教事件

†「左右」対立図式に隠されているもの

第I部で、戦前の日本には冷戦期のような激しい「左右」対立は存在しなかったことを明らかにし、戦後もCIAが「左」寄りとされる朝日新聞社の元代表取締役兼主筆緒方竹虎の政権擁立工作を行ったり、これまで六〇年安保騒動を煽ったとされてきた、やはりCIAに近い同社常務取締役兼論説主幹笠信太郎が実際には最初から安保改定に賛成していて、ソ連の影響下で安保反対の反米闘争を展開した新聞労連や日本ジャーナリスト会議から激しく攻撃される一方、笠自身はCIAが関与していたと見られる社会党分裂・民社党結成工作に関わっていたこと、現実に六〇年安保に反対した全国紙は「右」寄りとされる産経新聞社だったことを明らかにした。五五年体制の確立後、漠然と「右翼＝保守」、「左翼＝革新」とされてきたが、朝日新聞社が日本の「保守本流」に最も近い新聞社であることも、拙著（一九九六）で詳細に論じた。

また「右翼＝王党派」、「左翼＝共和派」という世界標準の分類から、日本でも「右翼＝天皇支持」、「左翼＝反天皇制」というイメージを持たれがちだが、後藤新平に由来する反米「左翼」勢力が皇族と太いパイプを持っていることを第二章で詳しく見た。

「左右」対立図式は現代日本社会・政治を分析する上で本当に有効なのだろうか。

筆者は、幕末からの倒幕派（明治天皇擁立派）と公武合体派（久邇宮朝彦《あさひこ》・北白川宮能久派）の確執が、敗戦後の伏見宮系皇族一一宮家の皇籍離脱まで続いたとする小田部《おたべ》雄次《ゆうじ》と浅見雅男の一連の研究の方が、明治維新期から現代までの日本社会・政治対立を矛盾なく理解する上で有効と考える。

また以下で見ていくように、遅くとも一九二〇年代から現在に至るまで、国内勢力としては少数派の親英米派に対する多数派の反英米派による激しい攻撃が続いている。そこで、倒幕派と公武合体派の対立をX軸、親英米派と反英米派の対立をY軸に分けて捉えると、理解がしやすくなる（図1参照）。

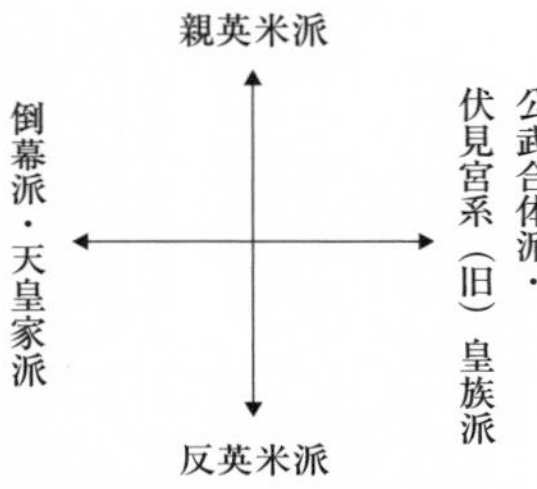

図1　倒幕派 vs. 公武合体派、親英米派 vs. 反英米派の２軸で表した対立図式

†久邇宮家

伏見宮系皇族のうち、倒幕派・天皇家と最も強い確執があったのは久邇宮家である。『入江相政日記』にも、昭和天皇の「浩宮御留学につき、秩父宮〔雍仁〕、〔三笠宮〕寛〔仁〕がうまく行かなかつたこと、久邇宮家との複雑な因縁がなか〳〵分つてくれない」という発言が記録されている（一九八三年六月三日条）。

久邇宮家の初代、久邇宮朝彦は伏見宮邦家《くにいえ》四男で、名は幼名の熊千代から親王宣下で成憲《なりのり》、得度して法諱《ほうい》を尊応《そんおう》の後、尊融《そんゆう》、還俗後の元服で朝彦と変わり、呼び名・宮号も青蓮院宮《しょうれんいんのみや》、粟田宮《あわたのみや》、獅子王院宮《ししおういんのみや》、還俗して中川宮、賀陽宮《かやのみや》、久邇宮と変わって煩雑なため、本書では久邇宮朝彦で統一する。

アメリカ東インド艦隊司令長官兼遣日特使マシュー・C・ペリー代将（代将は称号で階級は海軍大佐）が軍艦四隻を率いて来航したことにより政治的に活性化し始めた朝廷で、二三歳で攘《じょう》夷《い》派の孝明天皇は、七歳年上で同じ攘夷派の久邇宮朝彦を信頼した。朝彦は大老井伊直弼《いいなおすけ》による「安政の大獄」で失脚したが「桜田門外の変」の井伊大老暗殺で復権。国事御用掛として朝廷の中枢を占めた朝彦は、公武合体派の中心人物として会津藩、薩摩藩らに担がれ「八月一八日政変」を主導し、三條実美《さねとみ》ら七人の尊攘派公家と長州勢を京都から追放した。そのため第二次長州征伐が長州の実質的勝利となり、後ろ盾だった孝明天皇が急逝すると朝彦は急速に勢いを失って、王政復古で免職となり、さらに幕府再興を企てた謀反の疑いで広島に流罪となった。朝彦は一八七〇（明治三）年閏《うるう》一〇月に京都へ戻ることを許されて一八七二年一月に謹慎を解かれ、一八七五年五月に久邇宮の称号をもらって七月に皇族として初めて神宮祭主に任じられたが、新政府の要職には就かず、東京移住も拒否して京都で生涯を全うした。一八八二年には皇學館大学の前身、神宮皇學館を設立している。

第二代の久邇宮邦彦は香淳皇后の父親である。久邇宮邦彦は北白川宮成久《なるひさ》、朝香宮鳩彦《あさかのみややすひこ》、伏見宮博恭《ひろやす》とともに、皇族の数を制限しようとする元老山県有朋枢密院議長以下の政府首脳と対立し、これが伏線となって、昭和天皇（当時皇太子）と色覚異常の遺伝子が疑われる香淳皇后（当時久邇宮良子《ながこ》）の婚約取り消しをめぐって貞明皇后や山県枢密院議長らと久邇宮家が激しく対立する「宮中某重大事件」となり、その渦中で首相原敬《はらたかし》が暗殺され、山県も間もなく没した。

ところが皇太子と久邇宮良子が結婚した一週間後、今度は久邇宮朝融《あさあきら》（香淳皇后の兄）が旧姫路藩主・伯爵家の酒井菊子との婚約を解消しようと、宮中某重大事件と同じ構図のことが立場を逆転させて起きていることが発覚した。久邇宮邦彦・朝融父子は突っ張り通して酒井家側から婚約を辞退させ、貞明皇后や元老西園寺公望《さいおんじきんもち》、宮内大臣牧野伸顕を大いに呆れさせたが、海軍軍人だった久邇宮朝融は、昭和天皇の弟で海軍に入った高松宮宣仁大佐が「ドウモ特別ノコトデナケレバ早スギル」と驚くスピード昇進を遂げた（『高松宮日記』一九四五年五月一日頃？）。

なお香淳皇后も一九七〇年、昭和天皇の祭祀の負担を減らそうとする侍従長入江相政に「もつとお祭を大事に度数をふやした方がいゝ」と言い、「お身体におさはりになつたら大変」と答えた入江侍従長に「それでは私がやらうか」と言って「無茶苦茶とはこの事」と入江を怒らせている。当時、入江侍従長は、香淳皇后を後ろ盾とした女官今城《いまき》誼子《よしこ》を「魔女」と呼んで激しく対立し、「かうまで魔女にやられていらつしやるとは」と書いている（『入江相政日記』一九七〇年末補遺）。同年一一月二五日には、天皇を「祭祀国家の長」とする三島由紀夫の三島事件があった。

✝北白川宮家

倒幕派・天皇家との確執で次に重要な皇族は北白川宮能久である。伏見宮邦家九男の北白川宮能久は仁孝天皇の猶子で、明治天皇の義理の叔父に当たる。幕末に上野寛永寺貫主・日光輪王寺門跡となった能久（当時の法諱は公現）は、はじめ輪王寺宮《りんのうじのみや》と呼ばれた。江戸城が無血開城した後、能久は寛永寺一帯に立て籠もった彰義隊、さらに奥羽《おうう》越列藩《えつれつぱん》同盟に担がれて朝敵となった。奥羽越列藩同盟は能久を即位させて「東武皇帝」にしようとしていたが、新政府軍に敗北し、能久も謝罪降伏して仁孝《にんこう》天皇猶子の身分や輪王寺宮の宮号などを剝奪された。

能久は一八六九（明治二）年九月に許されて伏見宮家に復帰し、翌年一二月からプロイセンに留学。留学中、一五歳で早世した弟北白川宮智成《さとなり》の遺言で北白川宮家第三代当主となり、ドイツ貴族と婚約して大問題となったが、帰国後に仁孝天皇猶子に復帰して「王」から「親王」となった。北白川宮能久は陸軍中将・近衛師団長として日清戦争後の台湾征討中に病死（四八歳）。三男成久（能久の長男恒久は妾腹で新設の竹田宮家当主）は明治天皇七女房子を妻としたが、陸軍大佐でフランスのサン・シール陸軍士官学校に留学中、パリ郊外で自動車運転中に事故死（三五歳）。一三歳で北白川宮家を継いだ永久《ながひさ》は日中戦争期に駐蒙軍参謀（陸軍大尉）として従軍し、蒙古・張家口《ちょうかこう》で演習中に事故死した（三〇歳）。そのため戦前、北白川宮家は「悲劇の宮家」と言われた。

北白川（宮）家の存在感が増したのはむしろ戦後である。北白川宮道久は敗戦時に八歳のため、軍人になっていなかった唯一の宮家当主で、陸軍の中野学校と海軍の軍令部第一部長富岡定俊少将の命を受けた第三四三海軍航空隊（司令源田実《げんだみのる》大佐）がともに皇統護持作戦に担ぐ候補とした。皇統護持作戦とは、占領軍によって天皇を処刑される場合に備えて、皇統を護持すべく秘密裏に遂行されていた作戦である。自民党参議院議員となっていた源田が海軍の皇統護持作戦を解除したのは一九八一年一月である。

北白川宮永久の長女肇子（道久の妹）は、上皇の皇太子時代、「お妃候補」筆頭と言われていた。そして北白川家の実質的な女当主だった明治天皇七女の北白川房子は、一九四七年四月に女性初の神宮祭主、一九五二年五月には神社本庁総裁となって一九七四年八月に八四歳で没するまでその地位にあった。敗戦後の神道指令で一九四六年三月に廃学となった皇學館大学が、まず一九五五年四月に神職養成機関として神宮皇學館として再興された際、北白川房子は神宮祭主として開館式・入学式に臨席している。

また北白川家は靖国神社と縁が深い。靖国神社が一九五二年八月に宗教法人化されて間もなく北白川祥子《さちこ》（永久の妻）が総代一〇人の一人となり、翌年一一月に創立された靖国神社奉賛会の初代会長となった（女官長となった一九六九年五月に二つを辞任）。一九五九年一〇月には臣下のみが祀られることになっていた靖国神社に北白川宮能久と北白川宮永久が合祀された。A級戦犯合祀時の靖国神社総代には北白川宮成久二女の全国敬神婦人連合会会長東園佐和子（夫は当時宮内庁掌典長の東園基文）がおり、その後、東園の姪に当たるかつての「お妃候補」島津肇子も総代となっている。北白川道久は神社本庁統理として日本会議顧問だった。

†皇族数制限問題

日本で初めて皇族を法的に規定したのは七〇一年制定の大宝令にある継嗣令で、天皇の兄弟と皇子はみな親王（女は内親王）とし、それ以外は諸王とされ、親王より五世は王（女は女王）の名を得ても皇親ではないとされた。九六七年施行の延喜式式部省条に、姓を与えて臣籍に降下させる「賜姓降下」が入れられ、平安初期から二世以下の王が親王になる「親王宣下」も行われるようになって継嗣令の規定が崩れ、親王、内親王でも源氏の姓を与えて臣籍降下させるようにもなった。

鎌倉時代には宮号を賜って代々世襲する「世襲親王家」が誕生し、常磐井宮家《ときわいのみや》、木寺宮家《きでらのみや》、伏見宮家などが生まれた。常磐井宮家と木寺宮家は室町時代に消滅したが、伏見宮家は存続し、安土桃山時代に桂宮《かつらのみや》家、江戸時代初期に有栖川宮《ありすがわのみや》家、江戸時代中期に閑院宮《かんいんのみや》家が創設されて「四親王家」となった。

また室町時代以後には「宮門跡《みやもんぜき》」となって入寺得度（出家）する親王が増えた。親王が門主となる寺院としては、天台宗の輪王寺、青蓮院、梶井門跡（三千院）、照高院、妙法院、曼殊院、出雲寺（毘沙門堂）、天台宗寺門派の円満院、聖護院、真言宗の仁和寺、勧修寺、大覚寺、浄土宗の知恩院などがある。近世には、皇嗣にならず、宮家も嗣《つ》がず、臣籍降下して貴族の養嗣子にもならない皇親＝皇族は親王宣下を受けて入寺得度するのが原則となり、皇族の数を調節すると同時に仏教界からの経済的恩恵に与った。

しかし幕末維新期の朝廷の政権参与にともない、久邇宮朝彦が還俗したのを皮切りに、入寺得度していた親王たち八人が還俗した。還俗親王家は当初一代限りとされていたが、その後、明治天皇の勅旨により特例として宮家の継承が許され、宮家皇族を構成していった。これは明治天皇が皇統維持に不安を持っていたためと言われる。江戸時代中期の桃園天皇から後桜町天皇(桃園天皇の姉)→後桃園天皇→光格天皇(閑院宮家からの養子)→仁孝天皇→孝明天皇→明治天皇と、女性天皇、傍系からの養子、三代にわたる事実上の一人っ子と、皇位継承は際どい綱渡りをしていた。

帝国憲法をはじめとする法整備にあたっていた枢密院議長伊藤博文や内大臣三條実美、宮内大臣土方久元《ひじかたひさもと》、司法相山田顕義、枢密院副議長寺島宗則らは、永世皇族制で皇族数が際限なく増えるのに反対したが、明治天皇の意向で、一八八九年二月一一日の帝国憲法発布とともに制定された皇室典範では、天皇および皇族から出生した者は世数によらず皇族とするという永世皇族制が採用された。ただし男子嗣子がいない宮家は廃止とされたため、四親王家の中の桂宮家と有栖川宮家、維新後に設けられた華頂宮《かちようのみや》家と小松宮家は直系男子の後継者がなく廃止となった。しかし皇室典範制定前の一八七二年、当主不在だった四親王家の閑院宮家に伏見宮邦家の十六男載仁《ことひと》が養子に入って当主となっており、宮家皇族は全て伏見宮系となった。

†貞明皇后・山県有朋 vs. 久邇宮邦彦

伏見宮家は南北朝時代に設立以来、当主不在となった時に天皇家から養子を入れて天皇家との血縁を濃くすることが実質的になかった。第一六代伏見宮邦忠《くにただ》に男子がなく、桃園《ももぞの》天皇第二皇子の貞行《さだもち》が伏見宮家第一七代当主となったが、これに不満な伏見宮家側は、貞行が満一二歳で没すると幕府に働きかけ、伏見宮邦忠の弟で僧籍にあった勧修寺門跡の寛宝を還俗させて第一八代伏見宮邦頼《くにより》とし、実系に戻した。明治維新前、伏見宮家では「伏見宮」ではなく「伏見殿《どの》」と呼び、「御所も当御殿も同様である」として、四親王家でも別格を自負していた（浅見、二〇一二）。

伊藤博文らはその後も永世皇族制に反対し、伊藤は一九〇七年、帝室制度調査局総裁として、臣籍降下の規定を中心にした皇室典範増補案を明治天皇に提出して内閣に審議させ、明治天皇は山県有朋元帥を議長とする枢密院に諮詢、可決された。明治天皇が伊藤の意見を容れたのは、病弱だった嘉仁《よしひと》皇太子（後の大正天皇）が一九〇〇年五月に結婚した節子《さだこ》妃（後の貞明皇后）との間に裕仁（後の昭和天皇。一九〇一年生）、雍仁《やすひと》（後の秩父宮。一九〇二年生）、宣仁《のぶひと》（後の高松宮。一九〇五年生）の三人の皇孫が誕生して当面の皇位継承の心配がなくなり、さらに皇室典範制定後に五つの宮家が設立されて明治天皇を安心させたためと見られている。

しかし皇室典範増補では臣籍降下させられる皇族について具体的な定めを欠いたため、制定後に臣籍降下したのは北白川宮輝久が小松侯爵となった一例だけだった。そのため山県枢密院議長や宮内大臣波多野敬直《よしなお》らは、五世以下の王で、長子孫四世以外の皇族は自発的に情願しなくても天皇の命で臣籍降下させる「皇族ノ降下ニ関スル施行準則」を大正天皇の諮詢で一九二〇年三月一七日に枢密院本会議で可決した。これに対して多くの皇族たちが不満を持ち、五月一五日の皇族会議で北白川宮成久、久邇宮邦彦、朝香宮鳩彦、伏見宮博恭が反対意見を述べた。波多野宮内大臣の根回しで議長の伏見宮貞愛《さだなる》は採決をしなかったが、山階宮武彦《やましなのみやたけひこ》、朝香宮鳩彦以外の皇族は、会議後に裕仁皇太子も出席した大正天皇の賜餐を欠席してボイコットし、山県を激怒させた。九條公爵家出身の貞明皇后は皇太子妃時代から華族出身として女性皇族たちから軽んじられ、病弱な大正天皇の権威も低かった。

こうして「貞明皇后・山県有朋 vs. 久邇宮邦彦」という構図で宮中某重大事件が起きた。

†宮中某重大事件と大本教

木庭《こば》次守《つぎもり》(大本七十年史編纂会編集委員)編『新月の光　出口王仁三郎玉言集　下巻』に、宮中某重大事件に関する大本教聖師出口王仁三郎《おにさぶろう》の次の言葉が記録されている。

○山田春三

皇后陛下をえらぶのに予定、内定、確定という制度になっていた。久迩《ママ》宮良子女王の予定、内定、確定まで大本で御祈願申し上げた。養育係の山田春三という人は熱心な大本信者(大正八年五月十一日、聖師が自ら訪問された）で、お祝いの時には「私は貧しくて何もありませんからこれを読んで下さい」と言って、大本文献をさし上げていたから皇后陛下は小さい時から大本の本を読んでおいでになる。天皇陛下は〇〇〇〇〇〇〇（御存知のはずである）。神様は十分知らせるだけ知らせていられるのである。王仁は東京に行ったら山田さんとこへ行っていた。反対派が色盲だと言っていたので、鶴殿さんが（賀陽宮大妃殿下の妹の）が王仁に聞きにみえたので「色盲ではない」と王仁が言ったから決定したのである。

（昭和十八年三月十三日午後一時乃至三時）

山田春三は長州出身の内務官僚である。出口王仁三郎の孫（母は第三代教主出口直日《なおひ》）で宗教法人大本総長となった出口京太郎（二〇〇一）によれば、宮中某重大事件では久邇宮家宮務監督を務めた山田春三の方から王仁三郎を頼ってきたという。一九一九年一〇月九日に王仁三郎が千駄ヶ谷の山田邸に招かれて一泊していることから、二人の関係はその前頃から始まっており、山田はその年のうちに大本教信者になった。そして山田春三が王仁三郎に「極秘で色盲の当否を見抜いて示してほしい」と依頼し、「王仁三郎が「大丈夫」と答えたので、山田は勇気百倍してご成婚問題に奔走した」としている。

婚約解消には薩摩出身の元老松方正義も賛成していたから、宮中某重大事件は、旧薩摩藩主島津公爵家出身の母を持つ久邇宮良子が皇太子妃になるのを、長州閥の元老山県有朋が妨害したという通説の薩長対立図式ではなく、長州閥が分裂したと見る方が正しいようである。そう捉えると、政友会田中内閣期に始まる田中義一、久原房之助《くはらふさのすけ》、松岡洋右、岸信介ら反英米で親ソないし親独の長州閥有力者と、同じく長州閥で親英米の内大臣湯浅倉平《くらへい》を含む昭和天皇側近グループとの対立が理解しやすくなる。宮中某重大事件を記録した「辛酉回瀾録《しんゆうかいらんろく》」を発掘した渡辺克夫（一九九三）は、山田春三が山県について「大いに憤慨して「陰謀の首領が大頭なるを以て、戦い面白し」とさえ言い放った」と書いている。

出口王仁三郎の曾孫出口恒《ひさし》（父は宗教法人愛善苑の出口和明《やすあき》）らは近年、王仁三郎の『霊界物語』の分析から、「宮中某重大事件が〔第一次〕大本教弾圧事件のひとつの要因」とし、「第一次大本弾圧を企画したのは山縣有朋で、原敬が司法省と内務省に命令した」と主張している（出口・山本、二〇一二）。

†「大本事件の真因」

大本教は開祖出口なおが一九一八年一一月六日に没した後、なお教団幹部から必ずしも好まれていなかった王仁三郎が教団指導権を確立して、丹波の地方教団から急激に規模を拡大した。これは時期的に見て、皇族としては明治新政府と最も対立した久邇宮朝彦が東京移住を拒否して京都に残り、関西の反明治維新派の旧勢力を束ねていたものを、宮中某重大事件で久邇宮家から協力を依頼された出口王仁三郎が引き継いで傘下に入れたことによるのではないか。王仁三郎は博徒の世界にも出入りしていたから、裏社会との関係も深かったはずである。賭博の胴元に払う参加料を「テラ銭《せん》」と呼ぶ言葉に象徴されるように、博徒と寺社は縁が深い。

出口恒らの文章からすると、出口王仁三郎は「明治天皇すり替え説」を広めていたようである。明治維新政府と確執の深い久邇宮家の意向もあろう。大本七十年史編纂会会長だった出口栄二（一九七〇）は「「王仁三郎の有栖川宮（熾仁《たるひと》親王）落胤説」は公然の秘密とされていた」と書いている。出口恒らも「皇室典範が作成された時の、明治天皇がなくなった場合の皇位継承順位一位は、大正天皇ではなく有栖川宮熾仁親王であった」、「出口王仁三郎聖師が鶴殿親子（昭憲《しょうけん》皇太后の義理の甥の妹に当たる大本教信者で、夫鶴殿忠善男爵が有栖川宮幟仁《たかひと》の正妻広子のいとこ。姉の好子は久邇宮朝彦の次男賀陽宮邦憲の妃）の証言などで有栖川宮熾仁親王の落胤であることは、政府の中枢には知れ渡っていた」ため、「本当は執務ができる大正天皇をはやく排除して、次の天皇を確定させる必要があったと推理する。そのためには、出口王仁三郎聖師をはやく取り除くしかない。それが大本事件の真因ではなかったか」と結論している。

第一次大本教事件の控訴審が進行中で、教団施設取り壊し工事が終了した直後の一九二一年一一月四日に原首相が暗殺されたが、その時のことについて出口京太郎は次のように書いている。

当日、王仁三郎はだれかと面会中であったが、ふいに「アッ、原敬がやられた」とおどろきの声をあげた。人々がたずねると、「東京駅で青年におそわれた」という。人々が「いまから原首相に気をつけるよう知らせては」というと王仁三郎は、「霊界で先におきたことはやがて現実界にあらわれてくるから、いまから注意してもあかん」と答えている。原敬が遭難したのは、それから二時間ほどのちのことだった。

出口家側がこのように主張している以上、通説として第一次大本教事件につながったとされている教団急進派幹部の元海軍機関学校英語教官浅野和三郎《わさぶろう》や谷口雅春（「生長の家」創始者・初代総裁）らによる「大正維新」、「大正十年立替え立直し説」の宣教活動も宮中某重大事件との関連を見るべきだろう。一九二〇年九月現在の道府県別の大本教支部・会合所数は、関西三府県以外では出雲大社のある島根県が八で最も多い（『大本七十年史』上）。

原暗殺の翌日、貞明皇后は宮内大臣牧野伸顕に「原は何つもにこ〱して能くあの様の襟度が保てるものと考へ居りたり。日常容易ならざる心配重なりたらんに実に珍しき人なりし」と落涙しながら話した（『牧野伸顕日記』一九二一年一一月五日条）。翌一九二二年二月一日には元老山県有朋が没した。貞明皇后は久邇宮家との戦いで、政界の最有力者二人を相次いで失った。

2 親英米・天皇周辺 vs. 反英米・長州

†昭和天皇周辺と田中義一・久原房之助の確執

昭和天皇と側近たちが田中義一の率いる政友会内閣と内務省人事や植民地総督人事で対立し、張作霖《ちょうさくりん》爆殺事件の処分問題をめぐり、昭和天皇の田中首相に対する不信任表明で内閣総辞職する過程の研究は、昭和天皇側近たちの日記公刊により一時期盛んとなった。しかし、近代天皇を絶対君主とする講座派マルクス主義者たちと、天皇をイギリス型立憲君主制に近いとする伊藤之雄《ゆきお》、両者の中間で天皇をアジア的デスポティズムの近代的形態である「輔弼《ほひつ》親裁構造」下の受動的君主とする永井和との間のイデオロギー論争となり、なぜ両者が対立するようになったかは問題とされなかったようである。

政友会田中内閣は、金融恐慌の最中の鈴木商店破綻で、同社への貸付金三億七八八五万八五六九円があった台湾銀行からのコールマネー引き上げが殺到し、憲政会の第一次若槻内閣が緊急勅令で日本銀行に二億円の緊急融資をさせて救済しようとしたのを枢密院が否決して総辞職したことによって成立した。台湾銀行休業で金融恐慌は頂点に達し、公爵松方巌頭取の「華族銀行」十五銀行も取付で休業に追い込まれた。同行二三万の預金者中、三分の一は華族、預金二億円の二〇〇万円が華族の預金で、株主にも華族が多く（『西園寺公と政局』別巻、一九二七年四月メモ）、華族層は大打撃を受けた。宮内省が一八八五、六年頃、華族に十五銀行株券所有を命じ、世襲財産からの解除を承認しなかったことなどから、華族層は宮内省に非難を浴びせ責任を追及した（河井、一九九四）。島津公爵家は家政を縮小し、岩倉家は家政が行き詰まった（『牧野伸顕日記』一九二七年八月一三日条、一九二八年二月八日条）。華族層や財界関係者と対応を協議していた内大臣牧野伸顕は一九二七年八月一六日の日記に「十五閉鎖の前途実に憂慮の至りなり」と書いている。

一八六四（元治元）年六月二二日生まれの田中義一は、山口藩庁の諸隊解散に反発して起きた脱隊騒動鎮圧後もくすぶっていた反新政府派と元参議・兵部大輔《ひようぶたいふ》前原一誠《いつせい》らによる「萩の乱」に参加して捕まり、年少故にお構いなしと許された前歴がある。したがって田中は山口県内の反新政府派との関係が深かったと思われる。

一八六九（明治二）年六月四日生まれの久原房之助は藤田財閥（現：DOWAグループ）創始者の元奇兵隊士藤田伝三郎の甥である。久原は一九〇五年一二月に藤田組を退社して茨城県の赤《あか》沢《さわ》銅山を買収して日立鉱山と改称して鉱山業に乗り出し、一九一二年九月に久原鉱業を設立して社長となった。一九一八年七月に久原鉱業売買部を独立させて久原商事を設立して社長。一九一九年五月に西本願寺系の共保生命社長に就任するなど事業規模を拡大したが、第一次世界大戦の戦後恐慌で危機に陥り、政友会原内閣の救済を受けて規模を縮小した（『久原房之助』）。訪欧視察から帰国後の一九二八年二月に政友会へ入党し、同月の衆議院議員選挙で山口一区から初当選後、久原鉱業の経営を義兄鮎川義介に委ねて実業界から政界に転じた。政界入り後の久原は、ほぼ一貫して昭和天皇側近たちへの攻撃を続けた（柴田、一九九九ａ）。

一九三一年三月に政友会幹事長となった久原房之助は、満洲事変勃発後、民政党第二次若槻内閣の内相安達謙蔵、富田幸次郎らとの協力内閣運動を行ったが、元老西園寺公望が反対し、若槻内閣は総辞職した。また久原は大本教の出口王仁三郎と一九二九、三〇年頃から交流があり、出口は「わしの抱負も経綸も、みな、久原に語ってある」と言っていた。満洲事変直前に久原は出口と提携していたようで、久原が亀岡に出口を訪ねて「皇道経済」を論じた際、内務省は資金関係のことではないかと調査した（出口京太郎、二〇〇一、『人類愛善新聞』一九三一年七月二三日号、『大本七十年史』下）。

五・一五事件後の斎藤内閣期に久原は政民連携の政党大同団結による「一国一党論」を唱え、岡田内閣期に天皇機関説事件が起きると政友会主導の「重臣ブロック排撃」の先頭に立った。二・二六事件では浪人亀川哲也に五〇〇〇円を与え、事件後に亀川を蔵匿したとして憲兵隊に逮捕されたが無罪となり政界復帰。政友会分裂で一九三九年五月に政友会久原派総裁、一二月には阿部内閣参議となったが、米内内閣期に既成政党解消・新党樹立に動く中、一九四〇年六月に英米追従方針更改などを首相米内光政に進言して内閣参議を辞任し、近衛文麿の枢密院議長辞任と新体制運動出馬宣言で一九四〇年七月に政友会久原派を解党して参加した。同年一〇月に第二次近衛内閣で内閣参議に再任したが、外相松岡洋右を更迭する同内閣総辞職の際、辞任し、東條内閣の翼賛選挙には出馬せず、政界の第一線を引退した。

†反英米陣営の黒幕に

敗戦で公職追放となった久原房之助は、社会党推薦で山口県の初代公選知事となった田中龍夫（義一の長男）の後見人となり、追放解除後は総裁吉田茂の反対で自由党に入党できずに一九五二年一〇月の衆議院議員選挙に無所属で当選したものの、バカヤロー解散による翌五三年四月の選挙では落選。以後は日中・日ソ国交回復国民会議議長として活動し、一九五五年八月から一〇月の訪中で中国共産党中央委員会主席毛沢東、国務院総理周恩来らと、六〇年安保の翌一九六一年八月の訪ソで第一副首相アナスタス・ミコヤンと会見した。久原は一九六五年一月二九日に九五歳で没するまで反英米陣営の有力な黒幕だった。

日立鉱山経営者だった久原房之助は、炭鉱労働者を束ねる炭鉱ヤクザに似た、鉱山労働者を束ねる組織との関係が深かったと推測されるが、確認はできない。文献から確認できるのは、下関の興行系ヤクザ籠寅組《かごとら》（現：合田一家）初代組長の保良《ほら》浅之助と田中義一・久原房之助の関係である。内閣総辞職後の田中義一と久原房之助は下関に保良を訪ね、三〇〇円の祝儀を与えて助力を請い、保良は田中から兄弟分の杯を貰った。

保良は政友会入りし、田中の没後、一九三〇年の衆議院議員選挙で山口一区から全国最高点で、久原房之助、松岡洋右とともに当選した。保良はロンドン海軍軍縮条約問題で政友会が民政党浜口内閣を、議会の乱闘などで攻撃する有力な勢力となった（保良、一九六三）。憲政会→民政党には、杉山茂丸の子分で筑豊・遠賀川の「川筋者」ヤクザの大親分から衆議院議員となった吉田磯吉がおり、保良と吉田で西日本のヤクザの世界を二分した。

神戸の山口組初代組長の山口春吉は吉田磯吉の子分筋に当たる。山口組二代目組長の山口登は、浪曲師広沢虎造の興行権をめぐるトラブルで籠寅組に斬られて重傷を負い、二年後に死んだ。当時、殺人罪で服役中だった田岡一雄は、「この大事に、こうして自由のきかぬ刑務所にいる自分の身が、このときほど情けなく、もどかしく思えたことはない」、出獄後は「籠寅組への復讐の念に燃えていた」と自伝に書いている。宇部興産をめぐる田中龍夫・岸信介周辺と合田一家周辺の関係については、第八章で詳述する。

なお山口県下関市出身の郷土作家、古川薫は久原房之助の伝記の中で、日露戦争前にロシア陸軍歩兵第一四五連隊付だった田中義一少佐が、ウラジーミル・レーニン亡命後にシベリア流刑の刑期を終えて労働者のストを指導していたヨシフ・スターリンに革命運動資金一万ルーブルを渡しており、親近感を覚えていたとしている。一方、後藤新平は、日ソ国交樹立のためユダヤ人でトロツキー派のヨッフェを日本に招いた。田中内閣期の後藤訪ソに田中首相が久原を同行させようとしたのに後藤周辺が激しく反発したのも、日本国内におけるスターリン派とトロツキー派の対立だったのかもしれない。二〇〇八年七月の「後藤新平の会」（事務局：藤原書店内）シンポジウム後のパーティーで、後藤新平が妾に産ませた河崎武蔵（元バイエルジャパン副社長）が行ったスピーチによると、後藤新平自身がユダヤ人だという真偽不明の言い伝えが残っているという。

†入れ替わった会津と長州

幕末・維新期の討幕派といえば「薩長土肥」（薩摩藩・長州藩・土佐藩・肥前藩）、公武合体派といえば「一会桑《いちかいそう》」（一橋徳川家・会津藩・桑名藩）である。しかし原敬と山県有朋を失った貞明皇后は宮中某重大事件の後、旧会津藩主松平容保《かたもり》の六男で親英米派外交官松平恒雄の長女節子を昭和天皇の弟秩父宮雍仁の妃勢津子とし、秩父宮家周辺に親英米派を集めていった。戦後の保守本流の一翼を担ったのもこのグループである。駐日イギリス大使サー・ロバート・L・クレイギーと駐日アメリカ大使ジョセフ・C・グルーは貞明皇后を高く評価していた。そして、いわゆる「長州ファイブ」（伊藤博文・井上馨・井上勝・山尾庸三・遠藤謹助《きんすけ》）以来、親英派が主流派だった長州閥が分裂して田中義一・久原房之助・松岡洋右・岸信介ら反英米の親ソないし親独派が長州閥主流派となり、二・二六事件後に松平恒雄が宮内大臣となったことなどにより、天皇家をめぐる長州と会津の立場が入れ替わった。

皇族として幼年学校から陸軍に入った秩父宮雍仁は、中尉時代の一九二五年七月からオックスフォード大学へ留学した。これを提案したのは自身もオックスフォード留学経験を持つ式部官松平慶民《よしたみ》子爵（旧福井藩主松平慶永の三男）だった。関東大震災の翌一九二四年で守旧派の実力者たちは反対したが、元老西園寺公望、宮内大臣牧野伸顕、貞明皇后、摂政の裕仁皇太子が賛成して決定された（徳本、二〇〇七）。秩父宮は大正天皇重態の報で帰国。当初、帰国は一時的なものとされており、昭和に改元直後の一九二七年一月に陸軍きってのイギリス通である本間雅晴中佐が秩父宮とイギリスへ行く予定で秩父宮付武官となった。秩父宮と本間の関係は一九三〇年六月に本間が岡田資《たすく》少佐と交代してからも長く続いた（芹澤編、一九七〇）。イギリス国王ジョージ六世戴冠式に昭和天皇の名代として秩父宮が参列のため渡欧した際の陸軍随員は本間雅晴少将で、当時の駐英大使は吉田茂、陸軍駐在武官は辰巳栄一中佐と松谷誠少佐だった。

貞明皇后は秩父宮の結婚相手に松平節子を選んだ。節子の母信子は外交官だった旧佐賀藩主鍋島直大《なおひろ》侯爵の四女で、梨本宮伊都子《いつこ》の妹である。貞明皇后は皇太子妃時代、駐英大使館勤務を終えて松平恒雄一家が帰国すると信子から外国事情やマナーを習い、天津総領事勤務から帰国すると信子を御用掛として側近にした。また貞明皇后の父九條道孝は奥羽鎮撫総督として会津攻撃の総指揮官を務めた因縁があった。

貞明皇后は貴族院議員樺山愛輔伯爵を、当時、駐米大使だった松平一家へ派遣して説得させた。樺山愛輔は松平恒雄の、次女の樺山（後の白洲）正子は節子の親友だったが、松平夫妻に断られて帰国した。すると貞明皇后は「民間では、一度断わられると、それで引きさがるものですか」（寛、一九八七）と樺山を再度渡米させて松平家を口説き落とした。秩父宮は大正天皇重態で帰国の際、松平一家の駐米大使館に一泊したが、すでに貞明皇后が松平節子と結婚させる意思だったからといわれる。

親英米派の「ゴッドマザー」貞明皇后

貞明皇后は一九二八年九月、「納采の儀」が行われた日に山座《やまざ》賤香《しずか》を秩父宮家御用取扱とした。賤香は駐英大使館三等書記官だった松平恒雄の上司（代理公使）として節子の名付け親になった玄洋社の有力外交官、故山座円次郎の未亡人で、第二次松方内閣と第一次大隈内閣の法制局長官を務めた対露強硬論の政治家神鞭知常《こうむちともつね》の長女である。

昭和天皇が酒もタバコもやらず、科学者肌で生真面目な、やや「陰性」のキャラクターだったのに対し、秩父宮は「陽性」で貞明皇后のお気に入りであり、オックスフォード留学中にイギリス山岳会会員となった秩父宮周辺には、留学中の登山仲間である槇有恒《まきゆうこう》（初代防衛大学校長になる槇智雄の弟）、松方三郎、松本重治、細川護立《もりたつ》や、ボート、ラグビー、テニスといった上流階級のイギリス系スポーツ関係者、インテリが集う「秩父宮サロン」が形成された。秩父宮は一九二八年二月に日英協会の第三代名誉総裁となっている。

一九三七年一〇月二一日に貞明皇后に拝謁したクレイギー大使は、二三日の外相ロバート・アンソニー・イーデン宛報告に「貞明皇太后は、卓越した知性と強烈な個性を備えた女性である。皇太子時代の天皇が訪英できたのも、彼女の強い主張によるものだった」、「反英感情が高まる中、皇室が持つ英国コネクションへの忠誠は批判も呼び、われわれの古い友人松平恒雄も、外交政策で天皇に悪影響を与えると非難されている。／しかし、今後、この皇室が抱く英国への友好心は、われわれにとって重要な資産となるだろう」と書いた（徳本、二〇〇七）。

また一九四一年五月九日にグルー大使の妻アリス（ペリー代将の兄の曾孫）が貞明皇后に謁見したが、その時のことをグルーは『滞日十年』（下）で次のように書いている。

この謁見は結局非常に気持がよく、あたたかいものであった。二人はアリスの友人、女官の山中夫人を通訳として三十分間話しあった。〔中略〕アリスの話だと、皇太后はアリスのことを私自身（グルーのこと）以外のたれよりもよく知っておられるらしい。彼女はアリスが定期的に流行の本（ヴォーグその他）とジャズのレコードを秩父宮妃殿下に送っていることを感謝され、アリスが軽薄なものばかり上げて済みませんというと、皇太后はジャズのレコードを軽蔑してはいけません、秩父宮が葉山で病気をしていた時蓄音器にかけ、彼は非常にこれをよろこんだといった。

皇太后は前の晩、秩父宮妃殿下が一緒に食事をして、その時レコードのことと、妃殿下の弟が死んだ時、アリスが花を贈ったことが、話し《ママ》に出たといわれた。皇太后はまたアリスが聾唖学校に関心を持っていることを知っておられ、彼女がつくしたことを感謝された。アリスは皇太后がこんなにまで自分のことを知っておられるのに驚き、お礼の言葉に少々当惑したので、面白い話をいくつかしてあげ、皇太后は声を立てて笑われたというが、厳格な宮中にあって、これはすくなくとも気持のいい気晴らしだったろう。なお皇太后は私たちの子供や孫のことを、くわしく質問された。

〔中略〕皇太后はお庭に咲いた見事な蘭の花束をアリスに下され、その後山中夫人は萩原夫人に、この謁見が「大成功」で、陛下は大変およろこびになり、そもそも御自身で外国大使夫人に花を手渡されたなどというのは、歴史はじまって最初のことだと話した。皇太后は外国の貴婦人たちがもう一度ここに集り、花をながめて楽しむ時が早くくればいいといわれ、アリスがお別れの言葉を述べて部屋から退出する時、愛情深く彼女の手を長い間握りしめておられた。

クレイギー、グルー両大使の記述から貞明皇后は上流階級親英米派の「ゴッドマザー」的存在だったと推測される。

✝貞明皇后・秩父宮家周辺に継承された親英米派人脈

貞明皇后が松平恒雄一家説得の使者にした樺山愛輔は、海相、海軍軍令部長、枢密顧問官などを歴任した伯爵樺山資紀《すけのり》大将の長男で、妻常子の父は皇孫御養育主任として昭和天皇と秩父宮の養育に当たった元参議兼海軍卿・宮中顧問官・枢密顧問官の伯爵川村純義大将である。ウエズリアン大学（コネチカット州）とアマースト大学（マサチューセッツ州）に留学した樺山愛輔は、駐米大使より駐英大使の方が格上でアメリカよりイギリスに目が向き、親米派の層が薄かった戦前の日本で日米協会会長を務めた親米派の最有力者であり、吉田茂とともにグルー、クレイギー両大使の重要な情報源だった。樺山の次女正子（ニュージャージー州のハートリッジ・スクール留学）の夫は吉田茂の側近白洲次郎（ケンブリッジ大学留学）で、次郎の叔父白洲十平《じっぺい》は玄洋社社員である（石瀧、二〇一〇）。

元老松方正義の孫である松本重治（妻の花子も松方正義の孫）はイェール大学とウィスコンシン大学に留学しているが、ジョン・ロックフェラー三世との関係が深まったのは戦後である。新聞聯合社上海支局長→同盟通信社上海支社長時代の松本は、いずれもロスチャイルド系のロイター通信社中国支配人クリストファー・J・H・チャンセラー（のち社長）およびジャーディン・マセソン商会創業者一族のウィリアム・ジョンストーン（通称トニー）とジョンのケズウィック兄弟と親交が深く、三人の紹介でイギリス紳士階級中心の社交クラブ「上海クラブ」に入会した。

松本（一九七四）は「私の上海時代に、公私ともに少なからず助けてくれたのは、どの英国人よりも、この兄弟とチャンセラーの三人であった」と書いている。聯合専務理事の岩永裕吉が松本を上海支局長として入社させたのは、第一次上海事変後に外務省情報部が上海に設立した「プレス・ユニオン」が行き詰まり、同支局で吸収するためだった。松本の起用には海軍の意向もあった模様である（同前）。松本重治は戦後、アメリカ人脈を持たない兵庫県立第一神戸中学校（現：兵庫県立神戸高等学校）の後輩白洲次郎の依頼で吉田茂の側近に加わった（松本、一九九二）。

長州ファイブのイギリス留学を支援したのは、ジャーディン・マセソン商会のウィリアム・

ケズウィック（ケズウィック兄弟の祖父）と、同商会の長崎代理店を経営するトーマス・B・グラバーである。吉田茂の義父吉田健三はジャーディン・マセソン商会横浜支店長だった。吉田の岳父は大久保利通の次男牧野伸顕で、宮中某重大事件で辞任した中村雄次郎中将の後任として一九二一年二月から宮内大臣、病気辞任の平田東助の後任として一九二五年三月から三五年一二月まで内大臣を務めた。反英米派の攻撃で牧野が内大臣を辞任する際、「内大臣交迭《ママ》の上奏物を余が持つて出ると御裁可後お上はお声を上げてお泣き遊ばした」（『入江相政日記』一九三五年一二月二六日条）。

二・二六事件後に宮内大臣となった松平恒雄は、後述するように「親英米派の巨頭」として反英米派の攻撃の的になる。戦後、防衛大学校の前身である保安大学校設立時に、吉田首相は、槇有恒の兄でオックスフォード大学を卒業した元慶應義塾大学教授槇智雄（政治学）を初代校長に起用した。

長州ファイブのジャーディン・マセソン商会人脈は、長州閥主流派が反英米になったことにより、貞明皇后と秩父宮家の周辺に継承されたといえる。貞明皇后は、三菱財閥色の強い従来からの親英派である大隈重信、加藤高明（岩崎弥太郎の婿）、幣原喜重郎（同前）の系譜とは別の、薩派や玄洋社など九州郷党閥に近い親英派グループを秩父宮家周辺に形成しようとしたのであろう。実際、後述するように、吉田茂の駐英大使時代に宮中は外務省を介さない対英接近を図っている。

†秩父宮と昭和天皇

一九四〇年六月に結核を発病した秩父宮は翌四一年九月から御殿場で療養生活に入り、貞明皇后は太平洋戦争開戦直後の同年一二月一七日に沼津御用邸へ疎開した。しかし御殿場の秩父宮邸には白洲夫妻が出入りし（秩父宮妃、一九九一、徳本、二〇〇七）、秩父宮妃は自動車で約一時間半の貞明皇后をこまめに訪ね（篁、一九八七）、第七章で見るように、三島の龍沢寺《りゅうたくじ》住職山本玄峰《げんぽう》が沼津の貞明皇后と昭和天皇・枢密院議長鈴木貫太郎の連絡役を務めていた。開戦までの事情を見れば、吉田茂ら「ヨハンセン・グループ」の活動も貞明皇后らの意向と無縁ではあるまい。太平洋戦争開戦で抑留されていたグルー、クレイギー両大使が交換船で帰国することが決まると、秩父宮家では外務省アメリカ局第一課長加瀬俊一《としかず》を使者としてメッセージと贈り物を両大使一家に届けた（秩父宮妃、一九九一）。

秩父宮は陸軍士官学校で西田税《みつぎ》と同期で、二・二六事件反乱軍の主力となった麻布の歩兵第三連隊を原隊とすることから、元老西園寺公望らが皇道派青年将校との関係を当時から危惧しており、一九三五年八月に弘前の歩兵第三一連隊へ異動になったのも陸軍中央の派閥抗争から遠ざけるためだった。しかし貞明皇后や岳父松平恒雄ら親英派との関係が深い秩父宮が、青年将校らが心酔する北一輝的な国家社会主義の「御輿」になれたかは疑問の余地がある。

秩父宮は二・二六事件後の一九三六年一二月に参謀本部へ異動し、戦争指導課長石原莞爾《かんじ》大佐の部下となったが、翌三七年三月にイギリス国王戴冠式参列の途に就き、滞英中に盧溝橋事件が起きた。一〇月の帰国時には不拡大派の石原少将は第一部長から関東軍参謀副長に転出していたが、参謀本部は駐華ドイツ大使オスカー・P・トラウトマンの仲介による日中和平交渉を進めた。しかし第一次近衛内閣は翌一九三八年一月にトラウトマン工作打ち切りを決定して「国民政府を対手とせず」の第一次近衛声明を出した。

作戦課戦争指導班(作戦課が戦争指導課を吸収)の秩父宮中佐は参謀本部を代表する形で、トラウトマン工作打ち切り決定の前後、文相兼厚相木戸幸一(一九三八年一月一〇日頃)、昭和天皇(一月二五日頃、九月上旬)に日中和平を急ぐよう説き(『西園寺公と政局』六巻、七巻)、四月八日には細川護立邸を訪ねて、細川、木戸、原田熊雄に「右傾といふものが甚だけしからん」、「どうかならんかな」と語った(同前六巻)。

ただし秩父宮大佐が参謀本部で陸軍側文書起案に関わった日独防共協定強化問題では、日独伊三国同盟締結推進派に回ったようで、昭和天皇は戦後、「三国同盟に付て私は秩父宮と喧嘩をして終つた。秩父宮はあの頃一週三回位私の処に来て同盟の締結を勧めた。終には私はこの問題に付ては、直接宮には答へぬと云つて突放《ママ》ねて仕舞つた」と述べている(『昭和天皇独白録』)。

しかし第二次世界大戦勃発で英独が交戦状態に入ると秩父宮は親英派の立場に戻った模様で、排英運動が高まる中の一九四〇年三月二八日に開かれた、クレイギー大使夫妻も出席する日英協会主催の昼食会に出席した（徳本、二〇〇七）。

†貞明皇后と筧克彦

貞明皇后が一九一四年二月から「惟神の道《かんながら》」の神道思想家である東京帝国大学法学部教授筧克彦《かけいかつひこ》（行政法・憲法）を近づけたことは、貞明皇后の保守性の象徴として批判的に取り上げられることが多い。しかし平泉澄《きよし》が伊藤隆ら東京大学史のインタビューで筧克彦との関係について次のように語っている。（『東京大学史紀要』一五号）

○この筧先生の〔何を指すか不明〕は、これも何かご関係があったんでしょうか。

平泉　私どもは関係ありません。例のああいう古神道で、それはそれで結構でしょう。上杉〔慎吉〕先生は上杉先生で結構で、私どもと何か違いますわな。

○学生はそれぞれ重複しているということはなくて。

平泉　重複していません。全部きれいに違うんです。それぞれのにおいが違うんです。

平泉澄は元老西園寺公望を激しく憎んでいた。東京大学史の聞き取りでも、西園寺家の家系まで遡って西園寺が悪である理由を説明している。西園寺の秘書原田熊雄の側も平泉を嫌っており、平泉（一九八〇）は内大臣湯浅倉平も「暗雲」と呼び、「内大臣に疑われ、嫌悪せられ」、「執拗に私を憎悪」していたと書いている。したがって昭和天皇側近グループと平泉澄の関係は、少なくとも平泉と親交がある木戸幸一が内大臣になるまでは悪かったと推測できる。貞明皇后が筧克彦を頼りとしたことは、「においが違う」平泉一派が昭和天皇側近に近づきにくい結果をもたらしたのではないか。終戦時に松岡洋右内閣擁立を目指す陸軍徹底抗戦派が起こしたクーデター未遂事件「宮城事件」の中心となったのは平泉門下生たちだった（第八章参照）。

また三笠宮崇仁（二〇〇八）は「敗戦後、私は母（貞明皇后）から、私を軍人にではなく、文科のほうに進ませたかったという意味の話を聞き、そのときは「はあ」と言ったきりで終わってしまった」と書いている。貞明皇后は三笠宮を、学習院中等科卒業後に陸軍士官学校に入学させ、幼年学校へは行かせていない。

†岸信介と自動車製造事業法

岸信介は伊藤隆や原彬久の聞き取りに対し、自分が反米的になったのは敗戦後の巣鴨プリズン時代であるかのように語っている。しかし岸は満洲国へ行く前の商工省工務局長時代から日本政府有数の反米実力派官僚であり、アメリカのフォードを日本から追放する自動車製造事業法制定を推進して民主党ローズヴェルト政権の国務省を怒らせ、日中戦争でアメリカが日米通商航海条約を破棄し、さらに鉄や石油を禁輸とするきっかけになった。親英米派外交官の吉田茂と岸の対立も、この時に始まっていた。

岸は一九二〇年七月に東京帝国大学法学部（独法）を卒業して農商務省に入省した。東京帝国大学では、岸が卒業する前年から卒業席次をつけなくなっていたが、後に民法学の権威となる我妻栄《わがつまさかえ》との成績争いが戦後まで続く伝説になった。岸が民政党浜口内閣の官吏減俸への反対運動で官界のリーダーになっていくのも、東京帝国大学法学部の成績が官界で持つ重みを知らないと理解できない。内務省が憲政会→民政党系、政友会床次《とこなみ》竹二郎系、政友会鈴木喜三郎系に割れた原因の一つが東京帝国大学法学部での成績だった（升味、一九七九）。

自動車製造事業法制定過程についてはＮＨＫ取材班（一九九五）がよくまとまっている。

関東大震災の後、フォードが一九二五年横浜市に、ゼネラルモーターズが一九二七年大阪市に、クライスラーが一九三〇年横浜市に進出して、日本で製造・組立をされる自動車の九七パーセントをアメリカ車が占めるまでになり、国産自動車工業は発展の余地を失った。それでも日本陸軍の指導で製造された軍用保護自動車があり、関東軍野戦自動車隊の主力となっていたが、満洲事変の際、重い国産トラックは、民間から徴用した軽くてスピードの出るシボレー

（ゼネラルモータースのブランドの一つ）やフォードのトラックに敵わなかった。陸軍省はフォード、シボレー級の国産トラックを自力で生産しようと一九三四年一月から商工省に働きかけ始めたが、商工省では日本の自動車工業の現状から純国産は無理であり、外国系企業との提携で国産自動車工業のレベルアップを図るのが早道と陸軍案に批判的だった。

この商工省の態度を一変させたのが一九三五年四月一七日に発令された、工務局長心得に岸信介（五月二五日に局長）、工政課長に小金義照を据えた人事異動である。岸は工務局長となる際、小金に、化学肥料国産化と自動車製造事業法の二つを仕上げようと言ったという。

その頃、アメリカ国内でゼネラルモータースに追い抜かれたフォードは海外進出に力を入れ、特に日本に目を向けた。一九三四年夏から工場拡張の土地買収に乗り出し、陸軍省と商工省の妨害に遭いながらも一九三五年七月二四日、横浜市鶴見区に土地を取得した。岡田内閣が、自動車国産化のためにアメリカの自動車会社を日本から締め出すことを法律化する「自動車工業法要綱」を閣議決定したのは、その二週間後の八月九日で、岸工務局長が日本フォード支配人に閣議決定の骨子を通告した。つまりフォードに的を絞った閣議決定だった。フォード側は三菱財閥の岩崎小弥太、親英米派外交官の松平恒雄、吉田茂らに働きかけて対抗した。

†岸の反米思想の起源

陸軍省と商工省は同年秋から議会に提出する自動車製造事業法案作成にかかった。アメリカのグルー大使は、この法律は日米通商航海条約違反ではないかと国務省法律顧問極東部に通報して訓令を仰ぎ、国務省はアメリカ国民に条約で与えられている権利を明らかに侵害するものと結論した。アメリカ大使館と日本外務省との間で話し合いが行われ、国務省は日本政府に抗議の意志を伝えた。法案作成グループは、法律の目的とする「産業ノ発達」に「国防ノ整備」を加えてアメリカ国務省の抗議を封じ、フォードの工場建設工事妨害も行われた。

自動車製造事業法案は二・二六事件後、日本フォードが神奈川県に工場設置許可申請書を提出したのと同じ五月一九日に議会へ上程されて二九日に成立・公布された。商工相小川郷太郎《ごうたろう》は、小金工政課長が法案説明をする際、岸工務局長と小金工政課長が計画的に法案を進めたとして怒り、「これは天下の悪法である」と、しぶしぶ承認した。この法律はフォードの工場拡張計画を阻止するため、その効力を法律公布時点より九カ月前に遡らせる遡及法だった。一方、ゼネラルモーターズは一九三四年四月に鮎川義介の日産と提携契約を結んでいたが、これを阻止する陸軍の強硬姿勢で一九三六年一月に断念していた。

自動車製造事業法公布の二週間後、横浜のアメリカ領事館は「日本の取り組み方は、経済的意味にもとづいたものではなく、国防のためには費用をいとわないという、日本政府の考えにもとづいたものである。これには国のプライドがかかっている、という事実も付け加えなければならない」と国務省に報告した。

自動車製造事業法による許可会社は豊田自動織機の自動車部（現：トヨタ自動車）と日産自動車の二つだった。しかし国産自動車の性能は著しく劣っており、戦場ではフォード、シボレーが歓迎され、国産車は全く人気がなかった。

岸信介の反米思想は、一九二六年にアメリカ独立一五〇周年記念万国博覧会の博覧会事務官として初めて訪米した時に遡るようである。原彬久の聞き取りで、岸は次のように述べている。

日本は一年間の鉄鋼生産の目標を百万トンに置いていたのだが、百万トンなどは到底達成できなかった。ところがアメリカは、一カ月の生産が五百万トンぐらいあるんだ。全く違うんだよ。それから、日本では自動車の数がまだ非常に少なくて、しかも、ポンコツになるまで修繕して使っていた。しかしアメリカでは、使い捨ての自動車が原っぱに積み重ねられている。こんな光景は、日本にはもちろんなかった。日米の間にはそのくらい違いがあった。石炭や鉄鉱石その他の資源の産出量を比べると分かるが、日本がアメリカを目標にして経済政策を考えようとしたって、土台スケールが違っていた。アメリカ経済の偉大さに圧倒されちゃってね、むしろあなたのいうように、一種の反感すら持ったね。

二度の訪欧視察を経て商工省臨時産業合理局第一部長兼第二部長木戸幸一の下で首席事務官となった岸本人はドイツの産業合理化運動に学んだと言っている。しかしダイムラー・ベンツやアウトウニオンがあったドイツと違い、「ほとんど無から有を生ぜしめるような形で、自動車産業を作る」（岸の言葉。NHK取材班編、一九九五）ためにアメリカ自動車資本を排除した手法は、ナチス・ドイツの統制経済より、第一次五カ年計画後に外国資本締め出しにかかった後進国のソ連に近いといえよう。岸信介は東京帝国大学法学部生時代、北一輝の国家社会主義に強く惹かれていた。

3　第二次大本教事件

†大本教と満洲事変・十月事件

第一次大本教事件で責付出獄中だった出口王仁三郎は一九二四年二月、極秘裏に日本を脱出して、合気道創始者の植芝盛平《もりへい》ら数人の部下とモンゴルへ向かった。二〇〇八年に「玄洋社三傑」の一人、平岡浩太郎（内田良平の叔父）の曾孫田中健之《たけゆき》によって再興された黒龍会サイドの説明（内田良平研究会編、二〇〇三。田中健之も参加）によると、出口らの入蒙は、玄洋社社員の大陸浪人末永節《みさお》が三〇〇万人の朝鮮人安住の地を満蒙に求める「大高麗国」構想の実現を目指して作った団体「肇国会《ちょうこくかい》」の構想実現に向けた現地工作の性格が強いという。その準備に当たったのは大本教信者で兵器商を営む予備役海軍大佐矢野祐太郎、肇国会の現地工作責任者の満洲浪人岡崎鉄首《てつしゅ》、関東軍奉天駐在の貴志弥次郎《きしやじろう》少将、満洲里特務機関長橋本欣五郎大尉たちだった。

チベット仏教（ラマ教）の活仏ダライ・ラマを称した出口王仁三郎は、張作霖の部下で元馬賊の頭目である盧占魁《ろせんかい》（西北自治軍総司令・上将）の軍勢を引き連れて全モンゴルの統一と独立を目指して出発した。しかし張作霖の討伐で盧らは銃殺され、出口ら日本人一行も銃殺の危機を逃れて帰国した。だが帰国した出口は喝采で迎えられ、翌一九二五年一月には肇国会に参加している内田良平から出口に接近して面会した。内田は出口と親密になって行き、一九三〇年には大本教信者になった（リンス、二〇〇七）。第二次満蒙独立運動後は内田良平が大陸問題で現場の中心にいることは少なくなり、世代交代が起きていた（内田良平研究会編、二〇〇三）。

出口王仁三郎のモンゴル行きに決定的影響を与えたのは、一九二一年に山東省で設立された宗教団体、道院との提携だった。道院は一九二二年一〇月に慈善事業団体として世界紅卍字会《せかいこうまんじかい》を設立し、翌二三年の関東大震災で同会は日本に施設団を派遣。大本教信者の南京領事林出賢次郎の紹介で教主出口すみと王仁三郎に面会した。一九二四年三月には神戸市に神戸道院が設立され、大本教との関係が密接になっていった。林出は後に満洲国皇帝溥儀の秘書官となっている。

出口王仁三郎は岡崎鉄首らの協力を得て一九二五年五月、北京に総本部を置く世界宗教連合会を発足させ、亀岡に東洋本部を設置した。同会には頭山満、内田良平、田中義一、秋山定輔、元コサック軍統領のグリゴリー・セミョーノフらも参加した。翌六月には大本教の外郭啓蒙団体、人類愛善会を設立。一九二七年末には日本全国に一〇〇を超える支部が新設され、京城に満鮮分会、サンパウロやマニラに支部を置き、パリに欧州本部を設置して海外進出を図った。

この人類愛善会の機関紙『人類愛善新聞』記事を他の諸資料で補足しながら見ていくと、関東軍作戦主任参謀石原莞爾中佐らの満洲事変と同事変勃発直後に起きた参謀本部第二部ロシア班長橋本欣五郎中佐ら桜会のクーデター未遂事件、十月事件は、昭和天皇の正統性を認めず、綾部を「皇居」と呼ぶ出口王仁三郎が一気に政権掌握を狙っていたように見える。

一九二八年三月三日に満五六歳七カ月を迎えた出口王仁三郎は、弥勒菩薩が五六億七〇〇〇万年後に下生して衆生を救済するという弥勒信仰を元に、自らを弥勒菩薩として弥勒大祭を催し、弥勒神業のため現実活動に乗り出す姿勢を明らかにした。

翌一九二九年九月に世界紅卍字会の赴日団が神戸道院に到着し、出口は道院に赴いて面会した（『人類愛善新聞』一九二九年一〇月二三日「世界紅卍字会人類愛善会提携記念」号、『大本七十年史』下）。翌一〇月に出口王仁三郎は満鮮巡教の旅に出て、道院・世界紅卍字会との提携を一層深めた（『大本七十年史』下）。一九三〇年一月、三月、一一月には道院・世界紅卍字会関係者が亀岡に出口王仁三郎ら大本教幹部を訪れ、同年一一月には地方別に組織されていた大本教青年組織「昭和青年会」の第一回全国大会を開いた（同前、下）。

†柳条湖事件へ

一九三一年になると出口王仁三郎の言動は、早くから満洲事変と十月事件の準備に当たっていたとしか思えないものになる。『人類愛善新聞』一九三一年一月一三日号一面トップ記事は「卵殻を破つて／生れ出る新日本／秘められた封印は遂に絶たれ／神の道を宣揚すべき時は来た／日本民族の世界的地位」で、二面には「世界平和確立の／大先覚大聖雄現はる／人類愛善会出口総裁こそ／世界人類を救ふ神雄だ／内田（良平）氏＝惟神の道を説く」の記事がある。この年の初めに出口王仁三郎は「今年は西暦一九三一年で〝イクサノハジメ〟であり、紀元では二五九一年だから〝ジゴクノハジメ〟じゃ」と言ったという（出口京太郎、二〇〇一）。満洲事変勃発前からの大本教の動きを『人類愛善新聞』を中心に辿ろう。

一九三一年五月二三日から七月二日下関帰着まで、人類愛善会総裁補出口日出麿《ひでまる》（第三代教主出口直日の夫）が満蒙地方を巡遊し、道院・世界紅卍字会と深く交流した（一九三一年六月一三日号「日支親善に／多大の貢献／満蒙地方の愛善化／本会総裁補の巡遊」、七月三日号「ハルピンに於ける総裁補／全く文字通り／日支親善／ハルピンの日刊新聞が／何れも筆を揃へて報導《ママ》／紅卍字会の歓迎裡に／出口師ハルピン入／十日チチハルから満洲里へ」、七月一三日号「心から握り合つた／大きな手と手／本社長の満蒙巡遊」）。

出口王仁三郎の資金援助で六月二八日に大日本生産党を結成した内田良平は、七月二日、頭山満と亀岡に出口を訪ねて何事かを相談した。この時の出口の談話を『人類愛善新聞』は「国際的決裂は強腰外交の時には無いもので、フナ〳〵腰の時に起る、それは相手が弱いと高を括つてひた押に出る、と苦しまぎれに窮鼠は却つて猫を食むものである、さう…幣原とは死出原で軟弱外交の死出の旅する代物だらう。だから刻下の満洲問題は最も険呑なものだ」と伝える（七月一三日号「亀山の旧城址にて／国事を談ず三巨頭／総本部に総裁を訪問した／頭山満翁、内田良平氏」、『大本七十年史』下）。七月二三日号一面トップ記事は「一大転換の／機運は将に動く／内田氏、久原氏、紫雲荘主人（橋本徹馬）の／諸提唱に接して感あり」である。

八月三日には亀岡本部で昭和青年会が在郷軍人会所属会員の指導で団体訓練を開始し（同前、下）、九月八日に綾部に歌碑を建てた際、出口王仁三郎は「これから十日後に大きな事件が起き、それが世界的に発展する」と語った（同前、下）。柳条湖《りゅうじょうこ》事件前に書かれたと見られる『人類愛善新聞』九月二三日号一面トップ記事見出しは「満蒙問題解決の鍵は／武力や智力に非ず／先づ此地に我皇大神の神／徳を布き施さねばならぬ／議論より実行、実行は人」となっている。

そして九月一八日に柳条湖事件が起きると、出口王仁三郎は二四日に日出麿を満洲に派遣し、自らは二五日に東上して、秘密裏に軍人・政治家らと会談して二七日に亀岡へ戻り、二八日に川島浪速・芳子父娘らと面談した（一〇月三日号「本会の軍隊慰問使／出口氏一行渡満す」、『大本七十年史』下）。

西園寺公望の秘書原田熊雄は一〇月二日、「その後拓務省には、「宣統帝を擁立しようとする復辟運動には、大本教の出口王仁三郎なんかも働いてゐるし、また〔奉天特務機関長〕土肥原〔賢二〕大佐も力を添へてゐる」といふやうな報告が来てゐる。その他また、共和政体がいゝと言つて、共和党の組織を企てようとしてゐる連中もある、との噂もある。で、軍人は勿論、日本人が、かくの如く支那の内政にまで立入つて、かれこれするのは頗る面白くないので、陸軍大臣〔南次郎大将〕もひそかに憲兵を派して取締まるやうにした」と口述した（『西園寺公と政局』二巻）。

†陸軍と大本教の関わり

柳条湖事件首謀者の一人、奉天《ほうてん》憲兵分隊長三谷清少佐は大本教信者である。大連から関東憲兵隊本部（旅順）に報告される満洲独立運動について奉天からは何の連絡もないため、特高主任大谷敬二郎大尉が奉天に実態把握を要請しても、「満州独立運動は全く根のない風説」と返答した（大谷、二〇〇六）。三谷憲兵分隊長は、満洲国建国で予備役となって奉天省警務庁長になったが、事変のドサクサで東北軍閥張作相の弟の財産を横領していたことが発覚して東京憲兵隊に逮捕された。しかし一九三四年二月には大本教信者の満洲国執政府「行走」（皇帝溥儀の秘書官）林出賢次郎とともに人類愛善会満洲連合会本部顧問となり、一九三六年四月に吉林省総務庁長として満洲国の役職に復帰。三七年七月に同次長、三九年一二月牡丹江《ぼたんこう》省長、四三年一〇月には東満総省長に昇進した。三谷清は戦後も一九五三年一〇月に教団本部財務部長となるなど（『大本七十年史』下）、教団幹部に残っている。また満洲事変勃発前後には出口王仁三郎と参謀本部第一部長（作戦）建川美次《よしつぐ》少将が二、三回会合していた（『大本七十年史』下）。

『人類愛善新聞』は早くも一〇月一三日号の一面トップ記事で「輝き初めんとする／東方文化の黎明／満蒙独立諸運動と／日本の果すべき真使命」と満蒙独立運動の文脈で事変を取り上げ、満洲に派遣された出口日出麿の活動を、「事変の満蒙に／翻へる愛善旗／紅卍字会と一体になり／本会の愛善活動」（一〇月一三日号）、「本会満洲連合会本部／奉天に設置す／本部長は出口日出麿氏」（一一月一三日号）と報じる。日出麿は一〇月一七日、奉天信濃町に大本仮別院を設置して、二八日に浪速通りへ移し、人類愛善会満洲連合会本部を併置した（『大本七十年史』下）。「越境将軍」として有名になった朝鮮軍司令官林銑十郎《せんじゅうろう》中将の一〇月二七日の日記には、

此日、人類愛善会理事大島〔嶋〕豊来訪、其所談概略左ノ如シ。
一、目下蒙古独立ヲ急務トス、之カ為メ張海鵬ヲ助ケテ黒龍江省ニ入ラシムルコト必要
一、蒙古独立軍目下の《ママ》勢力ハ微弱ナリ、之ヲ救フ為メニハ日本ヨリ志士軍ヲ送ルノ要アリ、出口ノ出馬ヲ乞フツモリナリ
一、出口出馬ニ就テハ五六十万ノ資金ヲ要ス、之ヲ調達スル為メ帰国ス
一、紅卍字会ノミニテ満洲政権ヲ作ル可能性アリ、宣統帝擁立促進ノ為メニハ出口ノ力ニヨルコト必要ナリ
一、〔支那駐屯軍司令官〕香椎〔浩平〕中将モ同意ナリ、関東軍ニテモ同意ナリ、〔軍事参議官〕白川〔義則〕大将モ同意ナリト
彼ノ言ハ如何ナル程度マデ信ズベキヤ疑問ナルモ、漸次其成行ヲ見ルヲ要ス。

とある。大嶋豊は戦後に東洋大学理事長兼学長となった。一九三二年一月九日付で参謀次長に就任したばかりの真崎甚三郎中将の同月二五日日記にも、光明会主幹日高丙子郎の談話として「紅卍字教ノ利用ハ一時タルコト。之ノミニ依ルハ不可。本教ハ政治、宗教ノ両面ヲ有ス」と書かれており、出先軍だけでなく陸軍中央部も大本教・世界紅卍字会と連絡があったことが確認できる。

†満洲における大本教勢力拡大

『人類愛善新聞』一〇月一三日号は「風雲移り行く満蒙と／紅卍字会の動き／本会とは兄弟の関係／注目すべき今後の成行」で道院と世界紅卍字会について解説し、一〇月二三日号には道院服を着た出口王仁三郎の写真が一面に掲載された。同号の「満蒙事変の真只中に／大活動する紅卍字会／内田氏が政府へ意見書」に掲載された黒龍会主幹名義の一〇月一日付意見書で内田良平は「我が官憲は紅卍字会を庇護し更に会員中の有力者をして独立せんとする満洲政府部内に勢力を占めしむる上に意を用ゐらるゝ」ことを政府当局に求めた。

さらに内田は一一月一五日に世界紅卍字会日本総会会長名義の陸相南次郎・参謀総長金谷範三宛「満蒙対策緊急意見書」で「彼等〔中国各地の紅卍字会〕ノ神人トシテ世界紅卍字会総裁ニ推戴セル出口王仁三郎及ビ日本総会会長内田良平等ヲシテ渡満セシメ此ノ間ニ斡旋セシムルヲ

以テ最モ適任ナリト信ズ」とした（『内田良平関係文書』一〇巻）。内田は一二月一八日、先進社から『満蒙の独立と世界紅卍字会の活動』を出版し、「拾数年来の持論たる満蒙独立国建設の真諦を天下に公表」した（同前）。

満洲では『人類愛善新聞』一万部を関東軍が直接購入して各部隊に配布し（『大本七十年史』下）、同紙の発行部数は一九三一年秋には一九万部に達した（同前）。一九三二年五月一三日号には中隊全員が愛善会会員という「中隊全部が／愛善旗に励まされ／戦闘毎に大手柄／陣中一兵士の人格が感化し／全隊神に恵まれた第〇〇団／輝やかしい愛善会員」の記事もある。

一九三一年内の『人類愛善新聞』から主な満洲事変関連記事の見出しを挙げると、「天の大使命を覚つて／満蒙の時局に臨め／小日本主義と大日本主義／此両者を誤る者は天の賊」（一一月三日号一面トップ）、「一刻も早く救済せねばならぬ／在満同胞の惨状／鬼神も背を向くる匪賊の暴虐」（一一月一三日号）、「満蒙の天地に高く輝く愛善旗／本会の活動本舞台に入り鉄嶺龍首山に愛善堂」（一一月二三日号）、「満蒙問題の／真の解決者は／出口聖師の他になし」（同前）、「愛国の士は起て！　立つてこの大国難を打開せよ！／全国の会員が総動員を断行して／街頭に進出・愛善報国の大運動」（一二月三日号）、「皇軍の後方勤務に／本会員、大車輪の活躍／満洲と内地と相呼応して」（一二月一三日号）、「東亜の風塵は／世界大革命の兆／更に一段の高所に立つて／内を抱擁し外を抱擁せよ」（一二月二三日号）、「愛善旗と紅卍字旗の翻る処／断じて発砲せぬ／満蒙の随所に見る偉大なる働き」（同前）などがある。こうした動員が可能だったのも柳条湖事件以前から大本教が団体訓練などを始めていたからだろう。原田熊雄は一一月二七日のこととして、

その夜、自分が三井の連中に「新喜楽」に招ばれて行き、三井第一の支那通と言はれる物産の大村徳太郎に会つたところ、

「目下自分の手許で調べさせてゐるけれども、満洲における関東軍内に、大本教の出口王仁三郎が紅卍教の連中と一緒になつて非常な妖言を放つてゐる。たとへば、来る何年には日本に革命が起るとか、満洲に独立国を建てなければならんとか、中央部の言ふことをきいてはいかんとか、軍の統制を紊すやうな流言を放ち、或は宣統帝を立てるやうな独立運動をするなど、あらゆる意味において彼等の行動はけしからん話である。どうしてもあれはなんとかしなければならん。」

といふことを自分に話してゐた。かねて自分も多少はきいてゐたところへ、なほその話だつたので、これは一応政府に注意しておく必要があると思つた。（『西園寺公と政局』二巻）

と述べている。

†十月事件

満洲事変を拡大するため、福岡県出身の橋本欣五郎中佐と長勇《ちょういさむ》少佐ら参謀本部第二部（情報）幕僚を中心とした陸軍の桜会がクーデターを計画し未遂となったが（十月事件）、満洲里特務機関長として出口王仁三郎の入蒙に便宜を図って以来、親交を結んでいた橋本は、「愛国団体としては大川周明の行地社《ぎょうちしゃ》、岩田愛之助の愛国社等を指導し、共に優秀なる成績を示し、背後の予に対する援助者として神戸の松尾忠二郎、万俵喜蔵、藤田勇等大いに努むる処あり。又大本教出口王仁三郎は特に予に面会を求め、有事の際は東京に次で全国の信者を動員すべく、予の身辺護衛として植芝〔盛平〕剣士を捧げたり」と書いている。

この橋本手記について中野雅夫は「当時の国民は既に書いたように困窮の結果革命を待望していて、腐敗政治にあいそをつかしている。この社会的背景に桜会員が兵を率いて決起する、在郷軍人八十万がこれに呼応する、無産党三派は三月事件いらいの関係で労働者農民を率いて加わるだろう、これに加えて大本教四十万の信徒が蹶起する。満洲では戦闘中の関東軍が呼応する。こうなれば嫌でも革命は成功したであろう」と解説する（中野、一九六三）。

さらに中野雅夫は小説仕立ての『三人の放火者』で、

「貴方が藤田〔勇〕さんですか、私は矢野〔祐太郎〕という海軍予備大佐です、我々二十名の者は、今回、出口王仁三郎から、藤田さんの所へ行って死んでこい、といわれました。ここで死なして頂きますから、どのようにでもお使い下さい。」

藤田はどきっとした。漏れたな、と思ったのだ。同時に彼は綾部で出口に会った時の茫洋とした化物のような出口の顔を思い出した。東京毎日新聞の社長をしている時だ。藤田は三日間、出口の邸に泊りこんで彼と宗教論をたたかわした。そのとき大本教は天皇制をはっきり否定しているのを知ったのだ。

「今の天皇は偽物だよ、あれが天皇なら、国民の一人一人も天皇だし、勿論おれだって天皇だよ。」

と出口はうそぶいて、

「皇后が子供に乳を飲ましたといって恐懼感激している新聞の気がしれんね、母親が子供に乳を飲ますのは当りまえだよ、そんなことに恐懼感激しとれば、裏長屋は恐懼感激で歩けんなあ。」

彼は公然と綾部を皇居といっている。

と書いている。「皇居」云々について第二次大本教事件後、内務事務官永野若松〔一九三六〕

は「教祖自ら国祖の直系又は再現者などと僭称し、若は自己を以て超人間的神人なりと自称して、日常の起居を皇室に模し奉らんとする不敬不遜の所為に出でんとするものすらなしとせないのである」と書いている。矢野祐太郎は後に大本教を離れて神政龍神会を創始した。藤田勇は後藤・ヨッフェ交渉に裏方として参加しており、そこでソ連から得た金が満洲事変・十月事件に使われた（拙著、二〇〇七）。

政友会犬養《いぬかい》内閣陸相となった皇道派の荒木貞夫中将の下で、一九三二年二月末、大本教信者の秦真次《はたしんじ》中将が憲兵司令官に就任し、憲兵が皇道派の私兵化した「皇道派憲兵」と呼ばれる時代を迎えた。同年五月二五日には出口日出麿が事変勃発後二度目の渡満をし（『大本七十年史』下）、『人類愛善新聞』七月三日号は「万難を排して／満洲国を承認せよ／天は自ら助くる者を佑く／信念さへあれば躊躇は無用」の記事を掲載した。

†国体明徴運動と第二次大本教事件

大本教は一九三二年八月に大日本武道宣揚会を組織し、同年一一月には女性活動分野を昭和青年会から分離して昭和坤生会《こんせいかい》にして団体訓練を開始した。

『人類愛善新聞』の発行部数は一九三三年七月に四七万部、翌三四年一月に七三万部、同年三月には一〇〇万部に達した。当時の『大阪朝日新聞』が発行部数六三万五〇〇〇部、『読売新聞』が五二万九〇〇〇部である（『大本七十年史』下、『人類愛善新聞』一九三四年三月二三日号）。出口日出麿は同年五月末から満支巡教に出発して満洲国要人や各地の世界紅卍字会支部などを訪ね、八月一五日に帰国した（『大本七十年史』下）。また『人類愛善新聞』一九三三年六月二三日号には久原房之助の「政党相争ふ結果／惟神の大道を失ふ／私心なき奉公は一国一党で」が掲載されている。

一九三四年七月に帝人事件で斎藤内閣が退陣して岡田内閣が成立すると、大本教は『人類愛善新聞』七月二三日号「自由主義政策を克服して／皇道政治の確立へ／新官僚派内閣出現して／国際危局は更に加重す」で、「岡田大将とは〔中略〕ロンドン条約締結当時に於て、財部大将と共に最も軟弱論者であつたことは、既に国民の周知の事実であり」、「所謂新官僚派とは、即ち自由主義者の亜流である、自由主義は日本的なる一切の精神と対立し、内にあつては赤匪共産主義を助長し、外に対しては国際協調、即ち敗北主義であり事勿れ主義である／現下の日本は、思想的見地に於てすら甚だしく非日本的である、満洲事変によつて覚醒を見た国民的緊張は斎藤内閣の事勿れ主義に依つて自然に、徐々に、その解消へと運ばれ、思想的分野は混沌として帰趨に迷ひ、事態は愈々悪化するの一途を辿つてゐる／この時に於て、新官僚派の台頭と共に自由主義政策の危機が、我が国民の頭上に掩ひかぶさつて来たのである、かくして吾らの要望し主張する所の「皇道政治の確立」に向つて、岡田新内閣の成立は一歩をも進むるものでないのみならず、却てそれを阻止するものであると断ぜざるを得ない」と、首相岡田啓介大将と内相後藤文夫を筆頭とする新官僚、内閣そのものへの敵意を剝き出しにした。

後藤文夫は、憲政会→民政党系内務官僚の最高実力者伊沢多喜男が台湾総督時代、総務長官に起用した腹心で、伊沢の進言で後藤が岡田内閣組閣の中心になった（大西、二〇一九）。また日本会議などが「敗戦革命」の一味として攻撃する野坂参三の義兄、幣原内閣国務大臣兼内閣書記官長次田大三郎も伊沢配下の内務官僚で、政友会田中内閣内相鈴木喜三郎の人事で土木局長を休職となり、民政党浜口内閣で地方局長として復活。第二次若槻内閣で警保局長から内務次官を務め、政友会犬養内閣成立で依願免本官、貴族院議員となった。

同七月二二日には九段の軍人会館で、出口王仁三郎を統監、内田良平と出口宇知麿《うちまる》（王仁三郎の第三女八重野《やえの》の夫）を副統監とする昭和神聖会発会式が行われ、頭山満、松岡洋右、王仁三郎の入蒙を助けた貴志弥次郎中将、安藤紀三郎中将（東條内閣内相）、衆議院議長秋田清、貴族院議員津村重舎《じゅうしゃ》らのほか、「敵方」の後藤内相など三千余人が集まり、弟が大本教信者の逓相床次竹二郎（出口京太郎、二〇〇二）や世界紅卍字会から祝電が送られた。軍人会館を使用できたのは昭和青年会が建設資金の一部を献金していた関係である（『大本七十年史』下）。同月二八日に昭和神聖会はワシントン海軍軍縮条約廃止通告即時断行を決議した。『人類愛善新聞』一二月二三日号は昭和神聖会賛同者を三一四万六〇〇〇人と発表した。

†皇道派と大本教

一九三三年六月には第四師団管内の大阪で、一等兵と巡査の喧嘩が師団長寺内寿一《ひさいち》中将と大阪府知事県《あがた》忍《しのぶ》の深刻な対立に発展するゴーストップ事件が発生して府側が屈服した。事件後に大本教信者の秦憲兵司令官と内務省警保局長松本学《がく》の申し合わせによる協定が作られ、以来、軍人や軍隊に手を付けることは我が身が危ないと、警察の軍人に対する態度は消極的となった（大谷、一九七九）。

だが政治・行政手腕の不足で部内の失望を買った陸相荒木貞夫大将が一九三四年一月、病気を理由に辞任して林銑十郎大将と交代した。林陸相は三月の異動で永田鉄山《てつざん》少将を軍務局長に起用。八月の異動で陸軍次官柳川平助中将を第一師団長（東京）、秦憲兵司令官を第二師団長（仙台）へ転出させて皇道派を締め出しにかかり、永田軍務局長の下に集まる統制派幕僚と、荒木に代わって皇道派の頭目となった教育総監真崎甚三郎大将を担ぐ青年将校の対立が激しくなった。

一一月には皇道派の陸軍大学校学生村中孝次《たかじ》大尉、野砲兵第一連隊付の磯部浅一《あさいち》一等主計らがクーデターを計画していたとする士官学校事件が、陸軍士官学校本科生徒隊中隊長辻政信大尉らの動きで摘発され停職となり、皇道派は守勢に回った。しかし当時の陸軍では、皇道派だけでなく、統制派の歩兵第一連隊付武藤章中佐も大本教系の新日本国民同盟と関係が深く、清軍派の橋本欣五郎と出口王仁三郎は入蒙以来の親交があり、一九三三年から三四年にかけて三派がそれぞれクーデターを計画していた（秦、一九八〇）。

昭和神聖会が取り組んだのが、すでに挙げたワシントン海軍軍縮条約破棄闘争と農村救済運動、一九三四年一〇月に陸軍省新聞班が出した『国防の本義と其強化の提唱』（いわゆる「陸軍パンフレット」）を契機とする国防強化の上奏請願運動の三つである（リンス、二〇〇七）。大本教は「軍部は須らく／祖神を信仰すべし」と軍に呼びかけ（『人類愛善新聞』一九三四年一一月三日号）、「農村窮状打開の道は只一つ／皇道経済の実施にあり／東北凶作地の在郷軍人分会蹶起／全国三百万の『郷軍』に呼びかく」（同前、一一月一三日号）という岩手県上閉伊《かみへい》郡青笹村《ぐんあおざさむら》在郷軍人分会の記事があることから、在郷軍人会と結んでいたようである。

一二月上旬には「燎原火の如く／神聖運動拡大／強大なる地方本部既に／十九都市に結成さる」と支持者が二〇〇万人を突破したと誇り（同前、一二月三日号）、同月下旬には「発会後僅かに五ヶ月・賛同者既に三百万突破／今や皇道運動の中軸となり／動向世界的に注目さる」と機関紙トップに掲げた（同前、一二月二三日号）。

†国体明徴運動の主力部隊

こうした動きを昭和天皇側近や内務省警保局は警戒の目で見ていた。原田熊雄は一九三四年一二月二八日のこととして、「後藤内務大臣と木戸と松平〔康昌〕侯爵とが自分の所に来て、例の国家改造運動、即ち〔元宮内大臣〕田中光顕とか内田良平とか頭山満などを看板にしてやる右傾の大合同の合理的国家改造運動といふやうな話をしきりにしてゐた。この中にはよほど大本教が入つてゐるらしいが、結局上奏請願運動といふことである。さうして宮様内閣を作らうといふのが目的らしい」（『西園寺公と政局』四巻）とし、『木戸幸一日記』翌三五年一月一一日条には「上奏請願運動－佐々一蝶（佐々井一晁《いっちょう》）〔新日本国民同盟代表〕等の運動にして、大本教と連絡あり。軍部を利用し、地方の連隊区司令官等を威かしつつあり。一部には直接行動に移らむとせるものあり」と書かれている。

さらに原田は同月「十二日の朝、内務大臣と話した。内務大臣は／「大体、知事の異動は無事に行きさうだ。それから、今の国家改造運動——殊に大本教について、充分いろ〳〵注意してゐるから、心配してくれるな。〔後略〕」」と述べている（『西園寺公と政局』四巻）。二月八日に警保局長唐沢俊樹、保安課長相川勝六《かつろく》、事務官吉垣寿一郎から「国家改造上奏請願運動並に農村救済請願運動の状況を詳細に聴」いた内大臣秘書官長木戸幸一は、相川の名刺に「昭和七年以来行はる－毎議会毎に行はれしが漸次下火となる」「資金の出所が不明／出口（王仁三郎）－田中光顕－満洲との説もあり」とメモした（『木戸幸一日記』）。

天皇機関説事件が始まったのは同年二月一八日であり、岡田首相や後藤内相ら新官僚を「軟弱論者」、「敗北主義」と憎む大本教・昭和神聖会は、それ以前から岡田内閣攻撃を開始していた。

『人類愛善新聞』は三月三日号から天皇機関説攻撃を始めた。三月一三日号一面トップは「皇国日本は／天立君主立憲国／大義を忘逸して名分立たず／西欧学説何するものぞ」という出口王仁三郎の談話記事で、「全会員を動員して／兇逆思想撃滅を期す／昭和神聖会声明書発表／愛国各陣営斉射砲列を敷て巨弾を放つ」の記事や声明文が続く。『大本七十年史』（下）が同年七月一八日現在の昭和神聖会一年間の活動実績として、地方本部二五、支部四一四、会員賛同者概数八〇〇万、講演会開催数二八八九（入場者総数九九万八四二五）、皇道宣揚展覧会開催数二四八（入場者総数六一万四八七五）、皇道講座開催数七八（聴講者総数五九二九）としていることから、動員力的に大本教・昭和神聖会が国体明徴運動の主力部隊だったのではないか。

四月六日に国体明徴訓示を行った真崎教育総監が七月一五日に罷免され、翌八月一二日に村中孝次と磯部浅一の免官直後の同月一二日に永田軍務局長が暗殺されて皇道派と統制派の陸軍派閥抗争が一層激化した。

真崎大将は六月一日に来訪した在郷軍人会の木村中将に「機関説問題ニ関シテ其ノ真相ノ大要ヲ説明シオキタリ」ということから（『真崎甚三郎日記』二巻）、在郷軍人会を煽っていたのだろう。一〇月三日には三六倶楽部主宰者の予備役陸軍大佐小林順一郎が真崎を訪れ、「機関説問題ニ就キ各地郷軍有力者上京ノ上、合同決議セシ事項ヲ携ヘ、今軍ガ手ヲ緩ムレバ万事休スベク、関原以上ノ関原ナリトテ予ニ大臣ニ力説スベク迫レリ。予ハ大体同感」と答え、五日の軍事参議官会議で真崎は「閣僚中或ハ之ニ直属ノ高級官吏中ニ機関説反対者ハ犯罪者ナル如ク考ヘ、又予ガ総監トシテ下セ（シ）訓示ヲ犯罪行為ト考ヘアル者アルガ如シ、果シテ然ラバ今日迄静観シ来レル予モ奮起セザルヲ得ザルニ至ルベシ」と発言した。

同月一九日の陸軍大将会では、八日に陸相川島義之大将に辞職を勧めた恢弘会《かいこうかい》（陸海軍予備役・後備役将校が会員）会長大井成元《しげもと》大将が「軍人会ノ決議ハ（第二次国体明徴声明に）取入レアラズ」、「（枢密顧問官）清水（澄）博士モ二元論者ナリ、（法制局長官）金森（徳次郎）モ機関説論者ナリ、斯クテハ此等ノ手ニ成レル声明書ガ国家法人説ヲ含有シアルコトハ常識上明ナリ」、「正義ノ論者ニ対スル当局ノ圧迫加ハリ、其結果ノ重大ナルコトヲ論ジ」、「第一師管ノ大会モ禁ゼラレ、又郷軍大会モ禁ゼラレタリ、是レ弾圧ニアラズシテ何ゾト（川島陸相に）詰メ寄」った。それに対して明倫会主宰の田中国重大将が「軍人ハ倒閣運動ヲナスベキモノニアラズ」、「軍首脳部ノ不統制、在郷軍人会本部ノ統制力ナキコト、師団長ニシテ政治運動ヲナスモノアリ」と批判し、町田敬宇《けいう》大将は「村中パンフレットノ影響ノ恐ルベキコトヲ論」じた。

また「軍人ノ政治干与ノ不可ヲ論ジ」た鈴木孝雄大将を軍事参議官真崎大将は「幼稚ナル論ヲ而モ真面目ニ論ゼリ」と日記に記した。一一月二五日には縦横倶楽部主宰者森伝《つとう》が真崎に「川島ニモ在郷軍人ヲ動カシ、機関説問題デ突進スルノ考モアリ」と伝えた。第二次大本教事件の摘発は一二月八日である。

唐沢警保局長は一二月一三日、原田熊雄に「結局不敬罪と治安維持法の両方を適用することができるやうな犯罪事実がある。昭和神聖会の方は大日本生産党と関係があり、総裁は出口王仁三郎で、副総裁は内田良平といふやうなことになつてゐる。さうして政治家で、少しでも色気があるやうなところには、さかんに手紙をやりとりしてをつて、その手紙が相当に出て来た。《ママ》」と話し（『西園寺公と政局』四巻）、木戸にも同日、報告した（『木戸幸一日記』）。

しかし大本教弾圧で昭和天皇側近や岡田内閣に対する攻撃は収まらず、木戸は同月一九日「宮内大臣〔湯浅倉平〕と内府〔牧野伸顕〕の件につき面談す。宮内大臣、昨日首相と同上の件につき相談したるに、首相は内大臣の辞任は非常に困る、寧ろ〔枢密院議長〕一木〔喜徳郎〕男の方を辞任願う外なからんとのことにて、其の裏面には陸軍は久原一派にすっかり懐柔せられ、最近、陸軍大臣は某閣僚に若し国体明徴の問題にて内閣が解散を行はんとする場合には副書せずと話たりとのことにて、首相は議会中総辞職の不得止に至る場合をひそかに考へ居る様子なりとのことにて、事の意外なるに驚」いた(『木戸幸一日記』)。内大臣が牧野伸顕から斎藤実大将に交代したのは同月二六日である。

†「右翼」・軍人の資金問題

唐沢俊樹は戦後、「大本教手入れの前後――右翼革命の資金ルート遮断」で、具《つぶ》さに大本教と教主出口王仁三郎の動向を探り、右翼や軍部との接触情況を調査するにつれて、もはや一刻も放置出来ぬことが判つて来た。それというのも軍人右翼の動きは刻一刻尖鋭の度を増し、いつ重大事が突発を見るかわからぬまでに機の熟しきつたことがよくわかるからである。

事を企てる場合に先立つものは軍資金である。統帥権に立籠る現役軍人の行動については、いかに目に余るものがあるにしても、系統に属する上部が手を下さぬ限り文官たる我等は一指も染めるわけには行かぬが、軍資金の迸出口をつきとめたからには、この面から軍人の暴挙を制約することは可能であるし、世論の反撃や、軍部の思惑などを気にしているべきときでないとの結論に達して、菊花紋章入りの褥の上から出口王仁三郎以下の教団幹部を検挙するとともに、綾部の本部を初め枢要な関係筋一般にわたつて手入れを断行しおびたゞしい証拠物件を押収した。〔中略〕

こうして、大本教団からする右翼革命の軍資金ルートは一応遮断したのであるが、そのことで軍人右翼の旺盛な革命意欲を抑圧することなど思いもよらぬほど、既に事態は急迫していた。

と説明している。この資金問題については、内田良平が第二次大本教事件後、二・二六事件直前に配布した大本教擁護の「時代思想の顕現せる天理教と大本教」(『内田良平関係文書』一一巻)でも「天理教が狂信者迷信者より財産を捲き上げ、之等を駆つて教勢を拡張したる如く、大本教も亦た狂信者迷信者を宣伝使とし、教団の発展を計りたるは疑ふべからざる事実と認めらるゝのである」と書いている。

また『大本七十年史』(下)には、警保局で「右翼」団体を担当した古賀強の「昭和神聖会の活動状況を見ていると一面軍部と手をにぎる気配が見えるのですね。現役将校の出入りが多い。……最初私達が調べなければならないと思ったのは、軍部とこうした右翼団体が結合してクーデターをやったらかなわない。二・二六事件や、五・一五事件のような非常事態が起きた場合、国家主義団体が呼応して立つということになると治安維持が困難になってくる。そこで軍部のクーデター計画を未然に防止するために、神聖会がどの程度まで軍部と連絡があるかを調査することになった」という談話がある。

内田良平は一九三七年七月二六日に没したが、『大本七十年史』(下)は「内田良平が、昭和一二年七月一五日「おれの命も最後の日が迫つた」として遺言したという記録には、「おれは先頃某大官に突き込んだところが、出口さんが宗教的力をもつて昭和神聖会を起し、その力で政治を乗りとらうとした。宗教の力を利用して政治をやられては困る。これは何とかして滅さなければ大きな弊害が起るからと……これが本音だ、これが楽屋裏の叫びだ」とのべられているのも参考になる」と書いている。九月二五日に大阪で行われた内田良平の慰霊祭・追悼会斎主は、出口王仁三郎と縁の深い出雲大社の教総監千家《せんげ》尊建《たかたけ》(出雲国造・出雲大社宮司千家尊紀《たかのり》の三男)だった(内田良平研究会編、二〇〇三)。

†出口王仁三郎と北一輝

第二次大本教事件に関する全国特高課長会議が京都で開かれた翌日に二・二六事件が発生した。出口京太郎は、青年将校たちの「蹶起《けっき》趣意書」に「学匪共匪大逆教団等の利害相結んで陰謀至らざるなき」と書かれていることから「右翼、軍部からも大逆だなんだとたたかれている点に注目する必要がある」とし、出口栄二は「大本と右翼、革新軍部の関係が杞憂」だったとする。

しかし出口京太郎によれば一九三五年一二月に北一輝が出口王仁三郎を訪ねてクーデターをにおわせ、昭和青年会員三〇〇人や資金の提供を「返答によっては死んでももらわねばならん」と依頼して断られると、北は亀岡に刺客を送り込んだが、ちょうど第二次大本教事件の一二月八日だったという。出口王仁三郎と親しい橋本欣五郎とともに十月事件の首謀者だった大川周明と北一輝が、後藤・ヨッフェ交渉や十月事件で深く対立していたことを考えれば、これは「右翼」陣営内における人間関係のこじれだろう。大本教は戦前の外国の観察者から「日本版ボリシェヴィキ」として一目置かれる存在だった（リンス、二〇〇七）。「日本ファシズム」を「上からのファシズム」と規定した丸山眞男（一九六四）の『丸山眞男集』（全一六巻・別巻）に出口王仁三郎の名前は一度も登場しない。丸山は木戸日記研究会会員で『西園寺公と政局』編者の一人である。

二・二六事件から半年後の一九三六年八月には、出口王仁三郎の入蒙工作をした後備役海軍大佐矢野祐太郎が創始した、大本教同様に「現界の立替立直」を唱える神政龍神会の事件で元女官長島津治子が不敬罪で逮捕された。この事件で侍従長に擬せられていたのは海軍最有力の大本教信者で、皇道派に近く二・二六事件の反乱軍討伐に反対した山本英輔大将だった（『木戸幸一日記』一九三六年九月一二日条)。

原田熊雄は九月三日、警視総監石田馨《かおる》(木戸日記研究会会員だった東京大学名誉教授石田雄《たけし》の父)に「元憲兵司令官秦中将と島津元女官長とは相当に関係があるから、秦のやつてをつた天津教となんとかいふやうなものが関係がありはしないか」と話した(『西園寺公と政局』五巻)。木戸幸一が入手した事件逮捕者たちの調書の最後には、取り調べ結果を総合して「中心人物たる島津ハルは、鹿児島出身島津家の出にして、国母陛下の従叔母に当るものの如く」とあり(『木戸幸一日記』)、反昭和天皇勢力にとって、久邇宮家出身の香淳皇后は宮中の橋頭堡《きょうとうほ》だったようである。

『真崎甚三郎日記』一九三五年五月一二日条には南町塾主宰者「宅野(田夫《でんぷ》)ハ各宮家特ニ久爾(邇)宮家トハ特別ノ関係アルガ如ク宮中ノ事情ニ精通シアリ。之ヲ利用シテ田中光顕伯ヲ引出シ大ニ重臣攻撃ヲ企テアルガ如シ」と書かれている。土佐藩出身の田中光顕は、天皇機関説事件の真の標的と言われた山県系内務官僚で美濃部達吉の師匠である枢密院議長一木《いちき》喜徳郎《きとくろう》の宮内大臣時代に、これを辞任に追い込んでいる。

第五章　昭和天皇vs.伏見宮系皇族軍人――倒幕派と公武合体派の確執②

1　二・二六事件後の昭和天皇周辺と陸軍

†事件後の陸軍と政局

二・二六事件で陸軍大将・中将クラスの多くが日和見的態度を取ったため、彼らの部内における威信は事件後に失墜し、粛軍人事で大将七人、中将八人、少将七人が予備役に編入された。陸軍長州閥の巨頭だった伯爵寺内正毅《まさたけ〔まさたか〕》元帥の長男だが、軍人としては裏街道を歩いてきた最新参の大将である寺内寿一が陸相となったものの、中央部での勤務経験がない軍政の素人で、幕僚たちのロボットと化した。部内で実権を握ったのは反乱軍討伐の強硬論者だった陸軍次官梅津美治郎《よしじろう》中将、参謀本部作戦課長石原莞爾大佐、軍務局軍事課高級課員武藤章中佐の三人だったが、武藤は予定の異動で一九三六年六月に関東軍第二課長へ転出した。

陸軍三長官（陸相・参謀総長・教育総監）会議の一員である参謀総長閑院宮載仁元帥は、参謀次長時代の真崎甚三郎中将を嫌い、陸相林銑十郎大将の真崎教育総監罷免に同意したが、二・二六事件発生時は小田原にいて二八日夕方まで上京せず、秩父宮雍仁が、没後に公表された「陸軍の崩壊」で「僕等は責任上どんな御様子かと其の夜お訪ねしたら、応接間迄出て来られる程のお元気だつたから安心したと共に其の責任感の鈍さと云ふよりは皆無とさへ思はれたのだつた」と書く有様だった。さらに秩父宮は「軍人には妙な伝統的気風があつて上級に進むに従つて其の責任の重大さに反比例して自発的に物を考へたり主導的に事を運ぶ様なことをしなくなる。多くの場合役所であるならば課長以下のお膳立てで動かされ、軍隊（司令部）だと幕僚の言ひなりになる傾向がある」と書いている。

一方、宮中では、二・二六事件で殺害された内大臣斎藤実大将の後任候補に秩父宮妃勢津子の父松平恒雄が挙げられたが、内政に暗いことと、自分と同じ外交官の広田弘毅に組閣の大命が降ったことを理由に辞退し、宮内大臣湯浅倉平が内大臣に転じて、松平は宮内大臣になった。湯浅は山口県出身の内務官僚だが、薩派の斎藤朝鮮総督の下で政務総監を務めた親英米派である。また二・二六事件時に反乱軍寄りの言動で昭和天皇の怒りを買った侍従武官長本庄繁大将は宇佐美興屋《おきいえ》中将と交代した。

一九三七年一月に寺内陸相と政友会衆議院議員浜田国松の「割腹問答」で広田内閣が総辞職

し、親英派の宇垣一成大将に組閣の大命が降ると、石原戦争指導課長（一九三六年六月に異動）らが二・二六事件後に復活した軍部大臣現役武官制を利用して陸相を出さずに組閣を流産させた。そして石原らは「林なら猫にもなれば虎にもなる」と「越境将軍」林銑十郎大将を担ぎ出し、満洲事変の盟友で、まだ師団長を経験していない関東軍参謀長板垣征四郎中将を陸相に、斎藤内閣末期に政治的に動きすぎて軍令部総長伏見宮博恭元帥の不興を買い失脚状態だった軍事参議官末次信正大将を海相にするなどして満洲派のロボット内閣にしようとしたが、梅津陸軍次官が海軍次官山本五十六中将と連携して石原らの組閣構想を潰した。林内閣陸相となった中村孝太郎中将は就任一週間で病気辞任し、杉山元《はじめ》大将と交代した。

杉山陸相は自分の意見をはっきりさせず、どちらでも押した方に開く「便所の扉」と渾名される保身型で、陸軍省の実権は梅津次官が握った。政党人の入閣に党籍離脱を要求して政党と断絶し、「祭政一致」を政綱に掲げて元老西園寺公望らを困惑させた林内閣は、予算案通過後に衆議院を解散した「食い逃げ解散」の総選挙で敗北し、四カ月で退陣した。元老西園寺は、二・二六事件後に組閣を辞退された五摂家筆頭の公爵近衛文麿を再度首班指名して第一次近衛内閣が成立した。この内閣で日中戦争を迎える。

†日中戦争勃発と排英運動

近衛は首相になるまで大臣経験がなくて実務を嫌い、臍を曲げると自宅に籠もって首相官邸に出て来なくなり、内閣書記官長に起用した風見章も政務次官などの経験がなくて実務を嫌って政務に奔走し、次官会議に最初から最後まで出ていたことがなかった。盧溝橋事件発生時（一九三七年七月七日）、陸軍の参謀本部では閑院宮参謀総長の下で実務を仕切るはずの次長今井清中将が病気療養中で第一部長石原莞爾少将が事実上のトップであり、現地の支那駐屯軍司令官田代皖一郎《かんいちろう》中将は危篤状態だった（同月一六日没）。また近衛首相は、二・二六事件への叛乱幇助罪で軍法会議にかけられていた真崎甚三郎大将や五・一五事件、神兵隊事件関係者など一連のテロ、クーデター事件関係者の恩赦を要求して、絶対反対の元老西園寺や湯浅内大臣と対立していた。

日中戦争拡大過程の説明は本書では省略し、昭和天皇周辺と軍部の関係を見る。

日中戦争勃発で、蔣介石政権の背後にイギリスがいるとして国内では排英運動が高まった。警察畑出身の湯浅内大臣は治安情報に神経を尖らせ、一九三七年一一月一日、原田熊雄に「排英運動が非常にさかんだが、まあこれには実際英国のやり方に反対して行かうとし、結局純粋にその問題だけ論じてゐる者と、元老重臣を排撃するために親英主義打倒といふやうなことで、間接に「宮中側近はかねて親英であるからけしからん」と言つて、寧ろ元老重臣を倒さうといふ連中で、この問題を道具に使つてゐる者もある」と語っている（『西園寺公と政局』六巻）。翌三八年九月下旬、近衛首相は元老西園寺に「どうも大阪あたりの商人は、在支のイギリス人が商売敵として、非常に悪辣なことをやる、実にけしからんといふので非常に憤慨して、そのために排英思想が非常に強い」と言った（同前七巻）。

そうした排英運動の背後にいたのが陸軍である。一九三八年七月からの日独伊防共協定を軍事同盟に強化する問題で、同盟推進の陸軍に同調する「右翼」は自らを枢軸派と称して反対者を親英派として攻撃し、翌三九年七月には湯浅内大臣暗殺予備事件、松平宮内大臣暗殺未遂事件が起きた。同年六月に始まった天津のイギリス租界封鎖問題は全国に熾烈な排英運動を巻き起こし、三国同盟問題での対立と絡み合って治安上の重大な危機に直面した。一九四〇年一月には陸軍中野学校の伊藤佐又《さまた》少佐（岸信介・佐藤栄作の従弟）らによる神戸英国総領事館襲撃未遂事件も起きた（大谷、一九七九）。太平洋戦争中の一九四四年六月二三日、軍令部員の高松宮宣仁大佐は近衛文麿に「前内大臣湯浅氏の時、あまり多くの雑音が〔昭和天皇に〕入り、而も夫れが主として反陸軍的であつた為、陸軍は是を快からず思ひ居り」と話している（『細川日記』上）。

†陸軍内の不一致

内大臣秘書官長松平康昌は一九三八年一〇月一三日、海相米内《よない》光政大将に「いま一番側近で問題なのは、どうも侍従武官長が陛下の侍従武官長であるといふ建前よりも、陸軍の武官長といふ風な形で、何を陛下がお訊ねになつてもそれに対して抗弁して、陛下の御意思を陛下の軍隊である陸軍に伝へるといふ段取りになつてゐない」、「大元帥として陛下が御軫念になるやうな点について、そのお心持を陸軍の首脳部に伝へるといふことを少しもしないで、寧ろすぐ即座にそこでなんとかお答へしてしまふ。万事につけてさういふ風で、陛下の御意思の伝ふべきものを伝へず、軍の意思をそのまゝ陛下に申上げるといふ風なこともない。まあさういつたやうな状態で、武官長としての本当の職務を尽してをらない」と話した(『西園寺公と政局』七巻)。

「天皇が陸軍首脳との連絡に関し侍従武官長の一層の努力を望まれていることにつき」、一〇月二一日に宇佐美侍従武官長と懇談した侍従長百武《ひやくたけ》三郎大将は、翌日、「陸軍部内が上下不一致の状況においては、武官長の言は時に極めて微妙な結果を生じ、却て悪結果となることもあるため、その間の武官長の苦心を御推察の上で御要望になることが適切と考える旨を奉答」した(『実録』一九三八年一〇月二二日条)。

宇佐美侍従武官長は翌三九年二月二二日、湯浅内大臣に「先日来のお話は、実に御尤もだと思つてゐるけれども、いかんせん、陸軍の状態がいかにも嘆かはしい状況で、中心になる人物がをらない。なんといつてもなかなか思ふやうにいかん。従つて陛下のおつしやることもなか〳〵通らない。陛下の思召をお伝へしてもそれが通らないやうでは、かへつて聖徳に瑕がつくやうなことがあつてはよくないと思つて、今まで陛下のおつしやる通りにもしなかつたのだ。その点はまことに悪かつたけれども、困つたものだ」と告白して陸軍の状況を慨歎した（『西園寺公と政局』七巻）。

近衛首相は杉山陸相と折り合いが悪く、親英派の池田成彬《しげあき》（蔵相兼商工相）と宇垣一成大将（外相）を入閣させた一九三八年五月の内閣改造の際、第五師団長として華北に出征していた板垣征四郎中将を引き抜いて翌六月に陸相に据えたが、これに陸軍省が反発した。板垣が一九三七年三月に第五師団長となった際、教育総監寺内寿一大将は「板垣も今度辞めさせるつもりで、広島の師団長にしたんだ」と原田熊雄に話している（『西園寺公と政局』五巻）。

板垣の前任林桂《はやしかつら》中将と、林の二代前の二宮治重中将は第五師団長を最後に予備役となっており、日中戦争がなければ板垣も同様だった可能性は高い。板垣も大佐以降は中央部での勤務経験はないため中央に地盤がなく、軍政職の経験は皆無だった。親分肌の板垣は逆に言えばロボット型で（大谷、一九七九）、幕僚たちが実権を握ったが、その幕僚たちも割れていた。

†昭和天皇の陸軍への不信

陸軍士官学校一六期の板垣中将は一五期の梅津陸軍次官より後輩のため、次官は一七期の東條英機中将と交代したが、日中戦争拡大派の東條次官は、トラウトマン工作を推進した不拡大派の参謀次長多田駿《はやお》中将（陸軍士官学校一五期）と対立した。

閑院宮参謀総長が皇族のため、参謀本部の実務を仕切る多田次長は後輩の板垣陸相（多田と板垣は仙台陸軍地方幼年学校の同窓）と東條次官をとばして相談することが多く、東條が浮いてしまったところへ、関東軍参謀長時代の東條と激しく衝突した不拡大派の参謀副長石原莞爾少将が、後任参謀長の磯谷廉介《いそがいれんすけ》中将とも仲が悪く一九三八年八月に無断で帰国。石原を庇おうとする満洲事変・満洲国建国の同志である板垣陸相・多田次長と、石原の処分を迫る東條次官の対立は決定的になった。板垣陸相は一二月に東條次官を航空総監、多田次長を第三軍司令官へ転出させて喧嘩両成敗とし、石原は閑職の舞鶴要塞司令官となった。

張鼓峰事件や防共協定強化問題で板垣陸相を叱責した昭和天皇の陸軍に対する信頼は、独ソ不可侵条約締結により平沼内閣が「欧洲の天地は複雑怪奇」の声明で総辞職する際、昭和天皇が湯浅内大臣に「今度のことは陸軍の責任が最も重いのではないか。平沼は寧ろ辞職の必要が無い位であるのに、陸軍大臣が外の大臣と同様な辞表を出すとは怪しからん」と言うほど落ちていた（近衛、一九四六）。後継首班として湯浅内大臣は元首相広田弘毅を第一候補、親英派の実力者である三井財閥の池田成彬を第二候補としたが、広田は辞退し、元老西園寺も推す池田には近衛枢密院議長が協力を拒否したため、近衛の推す陸軍予備役の阿部信行大将に大命降下となった。その際、阿部大将に「陸軍大臣には〔第一軍司令官〕梅津〔美治郎中将〕、〔侍従武官長〕畑〔俊六《しゅんろく》大将〕の中より選ぶべし」、「外交の方針は英米と協調するの方針を執ること」、「内務大臣、司法大臣の人選は慎重にすべし」と異例の御諚があった（『木戸幸一日記』一九三九年八月二八日条）。三長官会議は板垣の主導で不拡大派の多田駿中将を陸相候補に選んでいたが（筒井、二〇〇七）、板垣の動きは昭和天皇を立腹させた。三長官会議は畑を陸相に選んだ。

宇佐美中将と侍従武官長を交代していた畑大将は昭和天皇の信任が篤く、陸相就任直後に「陸軍はしばらく隠忍自重して行動を慎み、陛下の御信任を得るため、また、軍の名誉を回復するため、専ら努力しなくてはならない」という異例の訓示を行い、陸軍は一時的に自粛した。しかし畑陸相の統制力と指導力は弱く、幕僚の突き上げで政治軍部の代表となった（大谷、一九七九）。阿部内閣は貿易省設置問題の失敗、物価抑制政策の失敗などで陸軍の支持を失い、一九三九年末に召集される議会前の政党工作にも失敗し、年明け一月に退陣した。

後継首班は、湯浅内大臣と、二・二六事件で退陣後に昭和天皇から前官礼遇の沙汰を受けていた岡田啓介大将が、海相として防共協定強化に反対して天皇の信頼を得た軍事参議官米内光政大将に、予備役編入をちらつかせて引き受けさせた（柴田、二〇〇五a）。首相は文官職のため米内大将は自ら予備役となった。畑陸相は米内内閣への協力を求める昭和天皇の優諚で留任したが、一九四〇年春からのヨーロッパ西部戦線におけるドイツ軍の快進撃で国内の親独熱が高まった。

六月一日には病気の湯浅倉平（一二月二四日没）に代わって親独派の木戸幸一が内大臣となり、同月二四日には近衛文麿が枢密院議長を辞任して本格的に新体制運動に乗り出した。参謀本部から米内内閣が「消極退嬰」で「国軍の士気団結に悪影響を及ぼす」として林陸相に善処を求める閑院宮参謀総長の要望書が渡され、板挟みとなった畑陸相に米内首相は辞表提出を求めて陸軍は後任を出さず、内閣総辞職となった（筒井、二〇〇七）。

2 伏見宮系皇族軍人たちと開戦経緯

†伏見宮系皇族軍人たちの松平宮内大臣排斥

二・二六事件後、牧野伸顕の女婿吉田茂は、外務省同期の広田弘毅の組閣参謀となり外相候補になったが、陸軍の反対で阻まれた。その後、吉田は一九三六年六月に駐英大使として着任し、外務省を介さず宮中を背景に、中国をめぐる日英協調案をイギリス政府に申し入れて交渉し、失敗したことが明らかにされている。吉田の後ろにいたのは、昭和天皇、貞明皇后、秩父宮雍仁、牧野伸顕、松平恒雄らと見られている。イギリスのクレイギー大使は一九三九年一二月、吉田の側近、日本水産取締役外地部長白洲次郎が、多くの日本商品を禁輸としているイギリス政府に、自社のカニ缶詰を輸出するため禁輸措置解除の交渉で渡英する際、本国の食料省幹部宛てに便宜を図ってくれるよう紹介状を書いた（徳本、二〇〇七）。

一方、伏見宮系皇族軍人たちは「親英米派の巨頭」とされた松平宮内大臣排斥で動いた（柴田、二〇〇五b）。防共協定強化問題の際も、対象をソ連以外に拡大することを疑問視する海軍次官山本五十六中将の裏には松平宮内大臣がいるのではないかという噂が流れていた。

一九四〇年一〇月九日、貴族院議員中山輔親《すけちか》が木戸内大臣を訪ね、「〔参謀本部部員〕賀陽宮〔恒憲《つねのり》大佐〕の御意を体し松平宮相の進退其他につき話あり。一応承り置くこととす」。木戸は一五日、「賀陽宮邸に伺候、殿下に拝謁、予て中山侯を通じ御話ありたる松平宮相の進退につき、一、宮相が政治外交に干与するが如く宣伝せらるゝは全く事実にあらざること、一、今日宮相の進退は我国が目下外交転換に際し諸般の準備不充分なる点に鑑み、英米を刺戟する行動は相当慎重を要すること等を言上、且つ皇族方が此種のデマに御迷になり策動せらるゝが如きことありては容易ならざる旨を言上、御嘉納を得たり」。

しかし二四日には木戸は「御召により〔参謀本部部員〕竹田宮〔恒徳少佐《つねよし》〕邸に伺候、殿下に拝謁」、竹田宮から「現下重大なる時局に鑑み側近の整備強化、宮内大臣の進退」、「皇族養子禁止制度の再検討」などについて「御意見を承」り「何れも重大なる事項なれば研究すべき旨言上」した。さらに翌二五日には「御召により午前十時、閑院宮邸に伺候、元帥宮に拝謁」、一〇月三日に参謀総長を退いた皇族軍人最長老の閑院宮元帥から「宮内大臣の進退、皇族方の御内意を承」り、木戸は「余の意見を言上」した（『木戸幸一日記』）。

年が明けて一九四一年一月九日、木戸内大臣は宮内省総務課長大金《おおがね》益次郎から「大臣の進退云々に対する情報」、四月四日に侍従次長甘露寺《かんろじ》受長《おさなが》からも「宮相云々」を聞いた（『木戸幸一日記』）。『松平恒雄追想録』に大金は「国内革新という空気が漲り始めて以来、若い事務官連の考え方は随分批判的であり、無責任な放言もする様になって居りました。〔中略〕就任当時の松平さんの評判は余り香ばしくなかった様です。〔中略〕実は私などもそんなことを言った一人であり、〔中略〕そんな私を何故に直属の総務課長に引っ張り出したか不思議な位です」と書いている。宮内次官だった白根《しらね》松介《まつすけ》は「大東亜戦争が始まる前後から、大臣は此戦争は負けであると判断され〔中略〕毎日外務省から来る情報を熱心に読まれたのであった。そのため省内でも大臣を親米派であるとか色々批評する者すら出て来た」としている。また帝室林野局《りんやきょく》監理部長だった岡本愛祐は「軍部の反松平熱は相当強い」と書く。

この件について『実録』では一九四一年五月二日条に「天皇と皇族との御親睦については、予てより載仁親王・恒憲王・恒徳王が宮内大臣松平恒雄の辞任を希望するなど、一部皇族間の宮相排斥の機運とも絡み、去る二月にも侍従長と内大臣との間に協議のことあり」と書かれている。

†伏見宮元帥と昭和天皇の対立

陸軍の参謀総長閑院宮載仁元帥が、秩父宮を呆れさせた責任感の欠如からロボット化して幕僚たちを暴走させたのに対し、海軍の軍令部総長伏見宮博恭元帥はドイツ留学経験を持つ親独派で、対米戦争への道を開いた。

民政党浜口内閣期のロンドン海軍軍縮会議で、日米全権間の妥協案承認をめぐり、海軍上層部は海軍省など軍政系（「条約派」）が賛成、軍令部など軍令系（「艦隊派」）が反対で二つに割れ、政友会が統帥権干犯問題として倒閣の材料にした。その後、満洲事変と十月事件で陸海軍に皇族を統帥部長として部内統制を図ろうとする動きが現れ、一九三一年一二月に閑院宮元帥が参謀総長、翌三二年二月に伏見宮大将が海軍軍令部長となった。伏見宮はロンドン軍縮条約問題の際には東郷平八郎元帥とともに軍令部側の後ろ盾になっていた。海軍は建軍以来、海軍省が軍令部より優位だったが、軍令部は伏見宮軍令部長の威光で権限を強化していった。

伏見宮軍令部長の下で軍令部次長となった高橋三吉中将は、まず戦時に設置される大本営の組織から着手し、一九三三年四月に「戦時大本営編制」、「戦時大本営勤務令」改正を海相大角《おおすみ》岑生《みねお》大将が決裁して、大本営における海相の実質的権限は皆無になった。軍令部では平時の海軍省の権限を移管する「海軍軍令部条例」、「省部事務互渉規定」の改正にも動き出しており、改正に反対の海相岡田啓介大将が六五歳の定年で後備役となり、大角大将と交代すると、高橋次長が海軍省に商議を申し入れ、猛反発を押し切って改正させた。これにより「海軍軍令部」は「軍令部」に、「海軍軍令部長」は「軍令部総長」に改称され、平時の兵力使用の指揮権を海相から軍令部総長に移した。

さらに大角海相による「大角人事」で、ロンドン会議時に海軍次官だった山梨勝之進大将、軍務局長だった堀悌吉《ていきち》中将ら条約派提督たちが予備役にされた。昭和天皇の信任が篤かった山梨勝之進は一九三九年一〇月、明仁皇太子の入学を前に学習院長に起用され、戦後に公職追放を受けた後も東宮御教育参与を務めた。軍令系のソ連情報畑で海軍省勤務経験がない米内光政中将が林内閣海相に起用されたのも軍政系の人材が枯渇していたためである。米内が海相となる前に海相永野修身《おさみ》大将の下で海軍次官となっていた山本五十六中将も大佐時代からの航空畑で軍政系ではなかった。

その一方、大角海相はロンドン会議時の軍令部次長だった末次信正中将を一九三三年一一月に連合艦隊司令長官兼第一艦隊司令長官にした。この人事案を内奏した大角海相に昭和天皇は「末次はロンドン条約懸案の折秘密漏洩責任あり、此れも穏かならざるが、此等事実を承知の上なるか」と下問した。その同じ日、侍従長鈴木貫太郎大将は牧野内大臣に、伏見宮が昭和天皇に「御職務上に付言上之序に折々政治上に関する事まで御言及遊ばさるゝ事」があるため、身分上、面白くないことで「何とか処置すべきや又は此儘暫らく不問に附すべきや」を下問されて宮内大臣湯浅倉平と話し合ったことを報告している（『牧野伸顕日記』一九三三年一一月二二日条）。

一九三四年七月一四日に原田熊雄は、伏見宮軍令部総長が昭和天皇に「これは、海軍軍籍に身を置く皇族として申上げたい。ロンドン条約に対する日本の海軍の決意は、かくの如くである」と三カ条の書面を置いていったため、昭和天皇は牧野内大臣を呼んで「いま軍令部総長宮からかう〳〵の話があつたが、責任の衝にゐない者がかくの如きことをかれこれ言つて来るやうではまことに困る。自分として措置のしやうがないぢやないか。〔中略〕この書類を返して、今後かくの如きことのないやうに、よく元帥宮に自分の考を言つておいてもらひたい」、「もう二度と再び会はん」と言うことがあったと内大臣秘書官長木戸幸一から聞いた（『西園寺公と政局』四巻）。

同年一一月一九日、元老西園寺は元帥会議で対米パリティを強調した伏見宮について、木戸秘書官長に「総長の如き位置に殿下を御据することはどうかと思ふ、此頃では殿下の御言葉を総長の御言葉と解せず、陛下の御沙汰の様に扱って居るではないか」と話した（『木戸幸一日記』）。ロンドン会議時の軍令部長だった軍事参議官加藤寛治《ひろはる》大将を終身現役の元帥にしようとする動きも起きた。

†伏見宮が導いた対米開戦

しかし斎藤内閣末期、次期首相を目指す加藤軍事参議官が末次連合艦隊司令長官らに命じて艦長たちの署名を集め、末次司令長官が軍縮条約廃棄の上申書を大角海相、伏見宮軍令部総長、加藤軍事参議官に提出したことで、加藤と末次は伏見宮の信任を失った。大角海相は末次を、連合艦隊司令長官在職一年で自分が監督しやすい横須賀鎮守府司令長官に異動させ、伏見宮総長が加藤を元帥とすることに反対して加藤は一九三五年一一月に定年で後備役となった（『西園寺公と政局』四巻）。二・二六事件では、加藤大将が陸軍皇道派の真崎甚三郎大将と一緒に伏見宮総長を邸に訪ね、すぐ昭和天皇に拝謁するよう勧めて三人で参内したのに対し、末次軍事参議官は反乱軍討伐を主張した。

加藤と末次に代わって伏見宮のお気に入りとなったのは、伏見宮の後任として一九四一年四月に軍令部総長となった永野修身と、伏見宮の下で第一班長を務めた及川古志郎、第三班長、第一班長→第一部長、次長を務めた嶋田繁太郎の三人だった。

外相松岡洋右が交渉を進める日独伊三国同盟に消極的な海相吉田善吾《ぜんご》中将が九月三日に心労で入院・辞任すると、伏見宮軍令部総長の「及川にするよう」という言明で五日に及川古志郎大将が後任となった。その八日後の一三日に省部首脳会議で及川海相、海軍次官豊田貞次郎中将、軍務局長阿部勝雄少将の賛成と、軍令部次長近藤信竹中将の沈黙で海軍は同盟賛成を決定した。反対は軍令部第一部長宇垣纏《まとめ》少将だけだった。

一五日の海軍首脳会議で阿部軍務局長が説明すると、伏見宮軍令部総長が「ここまできたら仕方ないね」と発言して会議の論議を封じ、続いて先任軍事参議官大角岑生大将が「軍事参議官としては加盟に賛成である」と述べ反対論を封じた。一九日に同盟決定の御前会議で海軍を代表して発言したのは、条約締結権を持つ内閣の一員の及川海相でなく、無権限のはずの伏見宮軍令部総長だった（『戦史叢書　大本営海軍部・聯合艦隊』一巻、『戦史叢書　大本営海軍部　大東亜戦争開戦経緯』二巻、保科・大井・末国、一九八七）。同盟反対の意見が強い第一部では抗議を代表して第一課長中沢佑《たすく》大佐が辞職した。

永野海相期から米内海相期にかけて人事局長だった清水光美《みつみ》は、『博恭王殿下を偲び奉りて』に、艦隊司令長官、鎮守府司令長官、参謀長らの年末異動は、海相が伏見宮総長に協議する慣例だったのが、米内海相時代には人事局長が「案を総長宮殿下に御目に懸けて、思召を承る様私に命ぜられたので、便宜上その様に取計らつた」と書いている。

第二次・第三次近衛内閣の及川海相の後任として東條内閣海相になった嶋田繁太郎は戦後、「前大臣の申し継ぎは極めて簡単であったが、さて機密書類を調べ、七月二日、九月九〔六〕日の御前会議の結論を見るに及んで愕然とした。事態はこうまで進展しているのか」と語っている（水交会編、二〇一〇、上）。当時、海軍次官だった沢本頼雄は敗戦直後の一九四六年一月に、「嶋田入閣条件は外交交渉にて行くこと、戦備を進めること、機構の改革はせざることとなり」、「嶋田大将は東條大将に、海軍は統帥部とともに外交交渉にて行く旨、明言せられ、東條首相も海軍軍備優先を認めたり」と証言している（新名編、一九七六）。だが一〇月一八日に海相に就任した嶋田は二七日、伏見宮元帥を邸に訪ねて、「十月九日伏見宮博恭王殿下拝謁、時局ニ就キ、米国トハ一戦避ケ難ク存ス、戦フトセハ早キ程有利ニ有之、即刻ニモ御前会議ヲ開カレ度旨奏上セラレシ際ニ、陛下ニハ、今ハ其ノ時機ニアラズ尚ホ外交々渉ニヨリ尽スヘキ手段アリ、然シ結局一戦避ケ難カランカ、トノ御言葉ヲ拝セラル」と言われた（軍事史学会編、二〇一七）。しかし一〇日に天皇に拝謁した木戸内大臣は、「過日伏見宮と御会見の際、対米問題につき殿下は極めて急進論を御進言ありし趣にて、痛く御失望被遊様拝したり」と記している（『木戸幸一日記』）。嶋田が開戦論に転じたのは伏見宮邸訪問後なので、伏見宮に説得されたと考えるのが自然である。

†対米戦回避を諦めていなかった昭和天皇

原田熊雄の女婿勝田《しょうだ》龍夫（寺内内閣蔵相勝田主計《かずえ》の四男）によれば、原田熊雄が一一月五日に軍事参議官東久邇宮稔彦大将から聞き取ったメモに、「陛下より東久邇殿下に直接、杉山参謀総長を辞せしめ東久邇殿下に後任になられては如何との御内話あり、予て聖上は参謀総長に対し不満の御面持であられた。東久邇殿下は御辞退遊れた」と書かれている（二〇一四、下）。官房調査課長高木惣吉大佐も一〇月六日の情報として、「杉山ハドウモ余リ適任トモ思ハレヌ、迭ヘタガ良クハナイカト思フガ近衛ノ考ヘハドウカ。／後任ハ東久邇ハドウカト思フガ近衛ハドウ考ヘルカ」という昭和天皇の近衛首相に対する言葉に「近衛総理奉答ニ苦慮ス」と記録しているので（伊藤編、二〇〇〇、下）、原田熊雄のメモはこれより後、伏見宮が昭和天皇に対米早期開戦論を説いた前後のことであろう。東久邇宮は当時、玄洋社の頭山満、広田弘毅、中野正剛、緒方竹虎らと蔣介石政権との和平工作を行っていた。

勝田龍夫に対して木戸幸一は「杉山なんてのは、チャランポランで始末にいかんのだ、あれは」と言っている。そして一〇月一六日に総辞職した第三次近衛内閣の後継首班として「東久邇さんという意見もあったがね、僕はその時に、要するに戦争は避けられないと思っていたんだ。だから戦争を皇族が始めたとなると、皇室が国民の怨府になると、だからやるんなら平民、むしろ軍人でいいじゃないかと、その方がスッキリしていると。まあ、こういうつもりだったんですよ、僕はね」、「そして戦争すれば負けると思ったんだ、僕は。だから、戦争はもう仕方ないから、何とかしてネゴシエーテッド・ピースを捉まえようという考えだったんだ、僕は。しかしそれはとうとう出来ないわけだ、世界中が戦争だから」と陸相東條英機中将を推挙した理由を説明している。

そして東條首相が詳細な数字を用いて国策再検討の経過を報告し、天皇がそれを容れていくと、「開戦前の僕の気持としては、ひとつ峠を越したら、また峠という状態だったねえ、ウン」と述べる。

つまり昭和天皇が明治天皇の御製「よもの海〜」を読み上げたことで有名な九月六日の御前会議で「帝国国策遂行要領」が決定された後、これに不満な昭和天皇は杉山参謀総長を辞めさせて、蔣介石政権との和平工作を行っている東久邇宮に後任となるよう依頼し、辞退されていることから、昭和天皇は木戸と違ってまだ対米戦回避を諦めていなかったと理解した方が、伏見宮の急進論に昭和天皇が「痛く御失望」という『木戸幸一日記』の記述と平仄《ひょうそく》が合う。伏見宮元帥の嶋田海相に対する言葉がなければ、ハル・ノートが来ても日本は太平洋戦争を起こさなかったかもしれない。

†昭和天皇と高松宮の確執

東條内閣末期の、海軍の軍令部第一部第一課部員兼大本営参謀高松宮宣仁大佐と重臣岡田啓介大将を後ろ盾とした教育局長高木惣吉少将（熊本県出身）らのグループと、陸軍の大本営参謀三笠宮崇仁少佐を頼りとした大本営参謀津野田知重少佐らの東條首相暗殺計画については、高木本人をはじめ、多くの著作が出されているため、その経緯は省略する。ただし、貞明皇后が高松宮と三笠宮の暗殺計画に反対したとされる理由として次の事が推測できる。

吉田茂らヨハンセン・グループの活動は、高松宮に近い近衛文麿との関係で論じられてきたが、貞明皇后・秩父宮家を中心とする親英派グループの動きだったのではないかということは、すでに指摘した。これに対し、高松宮ら海軍は伝統的に親ソであり、三笠宮、津野田らは石原莞爾中将と小畑敏四郎《とししろう》中将を動かして東久邇宮内閣を擁立しようとした。

三笠宮らのグループは、次の小磯内閣の首相小磯国昭大将と国務大臣兼情報局総裁緒方竹虎による重慶政府との和平工作（繆斌《みょうひん》工作）、さらに敗戦処理の東久邇宮内閣での東久邇宮首相、緒方国務大臣兼内閣書記官長、小畑国務大臣、内閣参与田村真作（石原莞爾側近の元朝日新聞記者）と重なる（拙著、一九九六）。宮城事件の首謀者の一人である竹下正彦がGHQ歴史課に貞明皇后を和平派と見ていたことを陳述していることから（第八章参照）、貞明皇后・秩父宮家周辺の親英派と高松宮周辺、三笠宮周辺とでは和平構想が異なっており、そのために高松宮と三笠宮を止めたのではないか。

東條内閣末期からの昭和天皇と高松宮宣仁の確執については、『高松宮日記』の「皇族ヲ何ニア《ママ》御相談相手ニナサル御思召ナキヤ伺ヒシ所、政治ニハ責任アツタカラ出来ヌ、「統率ノ方モ責任アルベシ、結局御たよりになる者なしトノコトデセウカ」、ソレハ語弊アリ云々、相変ラズニテ落胆ス」（一九四四年六月二三日条）、「内閣ノ組織更迭ニハ屢々御経験ハアルモ、ソレヲ各種ノ情況ノ下ニ分析的ニオ認メニナルコトナク、一ツノ結果ダケヲ経験トシテ前例ニサレル処ニモ政治性ナキ御性質ナリ。何シロ今日ノ如キ、憲法々々ト仰ツテモ、ソノ運用ガ大切ナル時ニ、今ノ様ナ有様デハ、例ヘ天皇トシテ上御一人デモ万世一系ノ一ツノツナガリトシテ、ソレデハ余リニ個人的スギルト思フ」（同年七月八日条）、「小倉庫次侍従日記」の「本夕、皇后宮より仰せあり。最近、聖上と高松宮と御宜しからず、御二人きりにては可成り激しい御議論を遊ばされて困る」（同年七月三日条）の記述や、『昭和天皇独白録』の「高松宮はいつでも当局者の意見には余り賛成せられず、周囲の同年配の者や、出入の者の意見に左右され、日独同盟以来、戦争を謳歌し乍ら、東条内閣では戦争防止の意見となり、其后は海軍の意見に従はれた、開戦后は悲観論で、陸軍に対する反感が強かつた」、『側近日誌』の「退位した方が自分は楽になるであろう。今日の様な苦境を味わわぬですむであろうが、秩父宮は病気であり、高松宮は開戦論者でかつ当時軍の中枢部に居た関係上摂政には不向き。三笠宮は若くて経験に乏しいとの仰せ」（一九四六年三月六日条）などの公刊によって広く知られるようになった。

†必戦論者だった高松宮

しかし太平洋戦争中の一九四四年五月一〇日に高松宮が、近衛文麿から情報収集役として派遣された細川護貞《もりさだ》に、「大体日米戦争と云ふものは、あの状態では必然のものであつて、一部の者が云ふ様に、支那の撤兵をすればよかつたと云ふ様なものではなかつたと思ふ。従つてあのまゝ仮に支那からの撤兵で、一時問題が解決されても、戦後幣原等が云ふ様な通商の自由の時代に於て、日本が残り得たかどうかは疑問だと思ふがどうか」と問うた日米必戦論者だったことは、あまり注目されない（『細川日記』上）。つまり昭和天皇が言う通り「高松宮は開戦論者」だった可能性はある。

また敗戦後の一九四五年一二月一七日に高松宮は高木惣吉に、「御譲位ニナツテ了ヘバ、向フハ利用価値ガナイカラ個人トシテノ御上ヲ追究スル危険モアルシ、サレバト言ツテ唯漫然ト過セバ向フカラ戦争責任ヲ追究サレテ、ソレカラ御譲位ヲ迫ラレテハ猶更工合ガ悪イ。茲ニ難シイトコロガアル。然シ国ヲコノ事態ニ陥レラレタコトニ就テ、御上ハ皇祖皇宗ニ対シテ此ノ儘デハ御済シニナレヌ。御責任ガアルカラ、コレハドウシテモ御退位ニナラナケレバナラヌ。

唯ソノ時期ト方法トガ難シイ」と言っている（伊藤編、二〇〇〇、下）。その翌一八日、高松宮は自身の日記に「宮内大臣〔石渡荘太郎〕来話〔宗徳和〔中華通信社〕ノ面会申込ハ御退位説ニ関シ私ガ摂政ニナルダラウカラ今ノウチニ見テオキタイトノコトデ、東宮様ニモトノコトナリシモマア私ダケニ。併シ政治ノ問題ニハフレヌ約束シアリト〕」と記した。

ところがSCAPマッカーサー元帥とイギリスのサー・アルバリー・D・F・トレンチ＝ガスコイン駐日代表、イギリス外務省の高松宮に対する評価は極めて低かった。一九四八年六月一二日のマッカーサー・ガスコイン会談でガスコイン代表が「私の情報では、高松宮は反動主義の傾向があり、公職追放された人間達と結びついています。摂政が設置され、高松宮が指導的役割を果たすようになれば、占領目的上も望ましい事ではありません」と述べたのに対し、SCAPマッカーサーは「あなたの、高松宮は極めて信用できないという評価には、私も同意します。また天皇退位の噂は、国内の公職追放された人間が流し、ウォール街の一部分子が広めているだけです」と答えた。

この報告を受けたイギリス外務省極東部は二一日、「他の皇族と比べた場合、降伏以来の高松宮は、公式の場で不用意な発言が目立ち、一貫性がない。占領初期、高松宮は意図的に米国人を歓迎したが、その後は、占領政策の不満分子の影響を受けている」という見解を報告した。高松宮を嫌うイギリス政府は秩父宮妃勢津子を摂政とすることまで検討していた（徳本、二〇〇七)。

海軍以外の高松宮側近として逓信院総裁松前重義(熊本県出身)がおり、松前側近の運送・土建業「大安組《だいあん》」社長安藤明も高松宮邸に出入りしている。SCAPマッカーサー元帥一行が飛来する予定の、厚木航空隊事件が起きていた厚木海軍飛行場整理で巨利を得た安藤は、大安クラブを開設してGHQ関係者の接待を行うと同時に、昭和天皇の戦犯逮捕問題で、一〇万人を超える従業員の実力を背景にGS局長コートニー・ホイットニー准将を恫喝し、幣原内閣の後継としてGHQが松前首相・安藤警視総監の組み合わせも考慮したほどだったが、GHQ高官らへの贈賄容疑で逮捕されて軍法会議で禁固六カ月、罰金三三〇〇ドルの有罪判決を受け、勢いを失った。

安藤明の逮捕時に「安藤事件はマ司令部では裁断できないほど根の深いものである。彼の処刑はただ一人トルーマン大統領のみが決定する」と声明が出され(中山、二〇〇三)、GHQ法務部(JAS)の軍法会議記録(国立国会図書館憲政資料室所蔵マイクロフィルム)に安藤明の裁判がないことから、大統領任命職であるアメリカ陸軍法務部長(TJAG)直轄の事件だったと推測される。松前は戦争中から準備を進めていた東海大学設立後に公職追放を受けたが、追放解除で同大学理事長、さらに学長も兼任し、社会党右派の衆議院議員(熊本一区)として親ソ派の重鎮だった。また山口県出身の内務官僚である元警視総監石田馨が一九四五年四月に高松宮別当となっている。

3　戦後「左翼」が隠蔽したもの

†伏見宮系皇族を免責する「左翼」の昭和天皇戦争責任追及

貞明皇后の側近だった元皇太后宮職事務主管筧素彦《かけいもとひこ》（一九八七）は、伏見宮系皇族一一宮家の臣籍降下のニュースを「大宮さまは平然として聴いておいでにな」り、筧に「これでいいのです。明治維新この方、政策的に宮さまは少し良すぎました」と述べ、「あらためてお顔を仰ぎ見たが、眉一つお動かしにならなかった」と書いている。

一方、共産党など「左翼」陣営の昭和天皇戦争責任追及の論理を見ると、海軍親独派の大御所として、対米一〇割軍備や日独伊三国同盟締結、早期開戦論を昭和天皇や海相嶋田繁太郎大将など海軍幹部に説いた軍令部総長伏見宮博恭元帥の戦争責任に全く言及していないことが分かる。

「太平洋戦争開戦は、天皇と、木戸など天皇側近の主体的決断という要因を入れなければ、歴史的に説明がつかない」と昭和天皇の戦争責任を追及する粟屋憲太郎『東京裁判への道』で伏見宮博恭の名前が登場するのは、オーストラリアが提出したA級戦犯リストに、伏見宮が昭和天皇、東久邇宮稔彦、梨本宮守正とともに記載されていたことを指摘する一カ所だけである。

山田朗の東京都立大学博士論文『昭和天皇の軍事思想と戦略』は、共産党から一九九五年に第二〇回野呂栄太郎賞を受賞した『大元帥・昭和天皇』（新日本出版社）に加筆・修正を加えた内容だが、伏見宮博恭が登場するのはわずか六カ所で、ロボット的存在だった参謀総長閑院宮載仁元帥の一二カ所よりも少ない。

山田の博士論文でも一九四一年一〇月九日に伏見宮元帥が昭和天皇に即時開戦論を進言したことだけは書いているが、皇族軍令部総長として昭和天皇にロンドン海軍軍縮条約などについて度々強硬意見を言って、天皇を「もう二度と再び会はん」とまで怒らせた一方、海軍部内では「殿下の御言葉を総長の御言葉と解せず、陛下の御沙汰の様に扱って居るではないか」と元老西園寺が憂慮する状態だったこと、日独伊三国同盟締結で重要な役割を果たしたことには一言も言及していない。二・二六事件後の陸軍で大将・中将たちの威信が失墜し、実権が一気に佐官クラスまで下降して昭和天皇の言うことを聞かなくなり、板挟みとなった侍従武官長宇佐美興屋中将が苦境に追い込まれたことにも、もちろん触れていない。

南京虐殺事件時に、軍紀を維持する憲兵隊・法務部を掌握していた上海派遣軍司令官朝香宮鳩彦中将についても同様なことが言える。ポツダム宣言受諾に関する一九四五年八月一二日の皇族会議での軍事参議官朝香宮大将について、昭和天皇は「最も強硬論者である朝香宮が、講和は賛成だが、国体護持が出来なければ、戦争を継続するか（と）質問したから、私は勿論だと答へた」と語っている（『昭和天皇独白録』）。

†伏見宮系旧皇族側に立って天皇家を攻撃した共産党

粟屋の『東京裁判への道』に朝香宮鳩彦の名前が出るのは二カ所だけで、粟屋自身は朝香宮の責任は問うていない。山田の博士論文では朝香宮の名前は全く出て来ない。アイリス・チャン『ザ・レイプ・オブ・南京』の日本語版翻訳者、巫召鴻《ふしょうこう》（二〇〇七）によれば、笠原十九司《とくし》や本多勝一、梶村太一郎といった共産党陣営の歴史学者・言論人たちもチャンの本に否定的だったという。チャンの本の邦訳版刊行前に南京「大」虐殺論者の笠原十九司が出した『南京事件と日本人』に朝香宮鳩彦の名前は宮号が一度登場するだけである。チャンが、朝香宮の司令部から出された、朝香宮個人の押印がある「捕虜はすべて殺せ」という内容の命令書が朝香宮本人によって発行されたかを問題にしていることを見れば、共産党陣営がチャンの本の邦訳を嫌った理由は自明だろう。

日本陸海軍の皇族軍人合計四五人のうち、昭和天皇の弟宮三人と、元々の四親王家だった有栖川宮家の三人を除いた三九人は伏見宮系皇族である。当然、軍との結び付きは天皇家よりも伏見宮系皇族の方が深い。そして粟屋憲太郎、山田朗らは、一九四一年一〇月に入っても東久邇宮稔彦大将の参謀総長起用による対米戦争回避の可能性を模索していた昭和天皇を戦争責任者と糾弾し、海軍が主体となる対米戦争開戦の決断の鍵を握る、開戦に消極的な嶋田海相を伏見宮博恭元帥が説得したと見られることは不問に付している。朝香宮鳩彦の南京虐殺事件の責任も取り上げようとしない。さらに粟屋憲太郎が、スターリンが昭和天皇不訴追の決定をしたことについて、「この転換には、日本共産党の野坂参三の助言がひと役買っていたというのだ」と批判的言及をしていることは注目に値する。

ここから自然に次のことが指摘できる。幕末からの倒幕派と公武合体派の確執で、戦後の共産党は、皇籍離脱をさせられた伏見宮系旧皇族の側に立って天皇家を攻撃し続けている、と。天皇擁護で動いた野坂参三が共産党を除名されたのも、巷間伝えられる「ソ連のスパイ」だけが理由ではなかったのかもしれない。

戦後の共産党幹部や同党陣営の歴史学者などには日本軍関係者や軍高官の子女が多い。現委員長の志位《しい》和夫は祖父志位正人が陸軍中将（陸軍士官学校二三期）、伯父志位正二《まさつぐ》が陸軍少佐（陸軍士官学校五二期、陸軍大学校五九期）。元共産党衆議院議員・国会対策委員長松本善明は、既述の通り敗戦後の卒業で海軍少尉に任官できなかった海軍兵学校七五期生であり、その妻の画家いわさきちひろは父が陸軍勅任建築技師（中将・少将相当）の岩崎正勝で、母の文江も大日本連合女子青年団主事、実践局国防訓練部副部長などを務めた軍国主義運動家だった。

歴史学者の藤原彰は敗戦時に陸軍大尉（陸軍士官学校五五期）、大江志乃夫《しのぶ》は陸軍航空士官学校在学中に敗戦を迎えた。共産党系歴史学者の家永三郎の父親は陸軍少将家永直太郎（陸軍士官学校六期、陸軍大学校一七期）である。東久邇宮首相が皇族であるため内閣書記官長緒方竹虎が実質的な首相の業務をしなければならず、書記官長本来の業務をするために新設された内閣副書記官長として次官会議を司会した高木惣吉は、下野後の一二月一四日、「最近退職金ハ凍結サレ、職業先ハ冷淡トナリ、日々ノ生活ニハ追詰メラレ来レル失業軍人ノ心理ハ相当険悪化シ来レリ。之ガ聯合軍ノ対日指令ノ失当ト合流シテ火花ヲ出ストキハ、国内ノ治安ハ到底保持スルコト能ハズ」と書いている（伊藤編、二〇〇〇、下）。これより前の一一月二五日には軍人恩給禁止の指令が出ている。

天皇代替わり儀式の特集番組でNHKは、『前衛』二〇一九年七月号にインタビュー記事「異常な報道と政治利用がおこなわれた」を載せた名古屋大学大学院人文学研究科准教授河西秀哉を多く起用した。安倍政権への忖度が伝えられて久しいNHKが、天皇代替わり儀式でのみ反安倍政権の人選をするだろうか。実際、二〇一九年四月三〇日の「退位礼正殿の儀」で、在位中から上皇・上皇后との確執が伝えられた首相安倍晋三が、「天皇、皇后両陛下には末永くお健やかであらせられますことを願っていません」と明仁天皇・美智子皇后に面と向かって言った場面がテレビで全国中継された。

第六章　天皇制はなぜ残ったのか──「右翼」「左翼」双方の誤解

1　フェラーズは昭和天皇の恩人？

†G2将校フェラーズの致命的失態

日本では近年、SCAPマッカーサー元帥の軍事秘書フェラーズ准将が、天皇制存続に果たした役割を高く評価する動きが強まっている。二〇一二年には、奈良橋陽子（元枢密顧問官・宮内次官関屋貞三郎の孫）の企画による岡本嗣郎『陛下をお救いなさいまし　河井道とボナー・フェラーズ』を原作とした日米合作映画「終戦のエンペラー」も製作された。

しかしフェラーズ大佐がカイロ駐在武官時代、北アフリカ戦線でイギリス軍を敗北寸前の状態に追い込む大失態を起こし、イギリス政府から「好ましからざる人物」とされ、情報（G2）将校失格の烙印を押されて南西太平洋戦域最高司令官（CINCSWPA）マッカーサー大将の総司令部へ飛ばされてきた事実は日本でほとんど知られていない。ロンドン大学キングス・カレッジ研究員などを務めるクリストファー・J・ジェンナー博士が情報公開を利用して「フェラーズ事件」を明らかにした論文「運命の蝶番を回すこと」を二〇〇八年四月に発表しているので、主に同論文に基づいてフェラーズ事件のあらましを説明する。

井口治夫「国際環境と情報戦――駐エジプト武官時代のボナー・フェラーズ」もジェンナー論文を参照はしているのだが、事件がフェラーズのG2将校としてのキャリア上、致命的失態であったことと、フェラーズ事件が第二次世界大戦の「運命の蝶番を回した」第二回ワシントン会談（一九四二年六月一九〜二五日）とアメリカ軍戦略方針の大転換に触れていない。井口治夫の論文には軍事史の立場から見て首をひねる部分も多い。

井口治夫の祖父は真珠湾攻撃時の駐米大使館参事官、外務省参事官兼終戦連絡中央事務局第一部長、終戦連絡中央事務局総務部長、外務事務次官、駐カナダ大使、駐米大使、駐華大使などを歴任した井口貞夫で、その妻昌子は元外務大臣芳沢謙吉（元総理大臣犬養毅の女婿）の娘。父親の井口武夫も外交官で国際連合日本政府代表部参事官、駐ドミニカ共和国大使、駐バングラデシュ大使、駐ニュージーランド大使、東海大学法学部教授、尚美学園大学教授を歴任。元侍従長（元外務事務次官）の川島裕《ゆたか》は父井口武夫の従弟である。

したがって岩永裕吉（初代同盟通信社社長）、岩永信吉（元共同通信社常務理事）、長与道夫（元共同

通信社常務理事・株式会社共同通信社専務取締役）、犬養康彦（元共同通信社社長）、松方三郎（初代共同通信社専務理事）、松本重治（元同盟通信社常務理事）、緒方竹虎（元朝日新聞社代表取締役兼主筆）、緒方貞子（元国連難民高等弁務官）、中江利忠（元朝日新聞社社長）、朝日新聞社社主家の上野家は、いずれも井口家と川島元侍従長の親戚である（六二頁家系図参照）。

井口治夫は名古屋大学大学院環境学研究科教授から関西学院大学国際学部教授（アメリカ政治・外交、日米関係、安全保障）となっているが、研究者の研究論文というより、奈良橋陽子の映画と同様、フェラーズの不名誉を明らかにすると一族が損害を被る利害関係者の著作として読むべきものかもしれない。

しかも井口治夫は合衆国陸軍参謀総長（CSUSA）アイゼンハワー元帥の役職を「戦後日本の君主制とアメリカ」では「統合参謀本部議長」、「太平洋戦争終結を巡る歴史論争」では「統幕議長」としている。法令に基づく統合参謀本部（JCS）が設けられたのは一九四七年七月に制定された国家安全保障法によるアメリカ軍統合再編の際で、一九四九年八月に初代統合参謀本部議長（CJCS）となったのはアイゼンハワーの次のCSUSAオマー・N・ブラッドレー大将である。

第二次世界大戦期の法令に基づかない大統領直属の最高司令部としてのJCSで議長役を務めた合衆国陸海軍最高司令官（大統領）付参謀長ウィリアム・D・リーヒ元帥は、CJCSが新設されるまでその職にあったし、JCSは陸海軍軍人のトップだったCSUSAジョージ・C・マーシャル・ジュニア元帥と合衆国艦隊司令長官兼海軍作戦部長（COMINCH-CNO）アーネスト・J・キング元帥の引退で会合が行われなくなっていた（Davis II, ed., 2010）。したがってアイゼンハワーがCJCSになったことはない。これを間違えているということは、井口治夫はアメリカ軍中央部の組織を理解していない可能性が高い。

†破られた米国の暗号

日本でフェラーズは日本専門家と思われているが、アメリカ陸軍G2将校たちの間ではそうではなかった。フェラーズ大佐は中東についてはは何でも深遠な知識を持っているとされ、将来のエジプトでの最高司令官候補として推薦されていた。

フェラーズ少佐は、イタリア軍によるエジプト侵攻が始まった直後の一九四〇年一〇月にカイロへ駐在武官として派遣された。同年九月に連邦議会が選抜訓練徴兵法を制定して合衆国陸軍（AUS）の編成が始まったことにより、一九四一年九月にAUSの中佐、翌月に大佐となった（いわゆる戦時昇進）。当時、英米両国の情報部が、互いに相手に対して暗々裏に活動を行っていたことは、彼らの関係で高度の機密事項の一つだった。

フェラーズは、情報調整官（COI）ウィリアム・J・ドノヴァン大佐と陸軍省軍事情報部

（ＭＩＤ）に情報を送っていた。同年一二月の日本海軍による真珠湾攻撃などでアメリカも参戦して間もない一九四二年の新年パーティーで、フェラーズ大佐は、カイロの特殊作戦執行部で勤務する女性スパイのハーマイオン・ランファリー伯夫人に「私はここで不人気になりつつあります。あなた方ではなく、カイロのアメリカ使節団とワシントンにおいてです。彼らは私を敗北主義者と考えています」とこぼした（Ranfurly, 2018）。ランファリー伯夫人は未熟な状態から情報連絡将校を育成することが仕事だったが、彼女の属する諜報部の完全な規模についてはフェラーズ大佐から隠し通した。フェラーズ大佐は二月一八日に「アメリカ陸軍はイギリス軍と同じ戦域で効果的に仕事をするのが不可能であることが分かるだろう」とした暗号通信をイギリスに解読され、イギリス政府はフェラーズを「好ましからざる人物」と判断した。ウィンストン・Ｌ・スペンサー＝チャーチル首相はその一週間後、フランクリン・Ｄ・ローズヴェルト大統領に外交団が使っている暗号の危険を警告したが、アメリカ側は何の措置も取らなかった。フェラーズ大佐も同月、アメリカ陸軍が使用していた外交暗号「ブラックコード」の危険性を二回報告していたが、ワシントンが安全だと指示したので使い続けた。

この間、イタリア軍事情報部は一九四一年九月にローマのアメリカ大使館から気付かれないように外交暗号書を盗み出してコピーを作り、ヨーロッパ、中東、北アフリカでの外交秘密通信を読んでいた。首相ベニト・Ａ・Ａ・ムッソリーニは、尊大な同盟国ドイツに対する地位のテコとするため、暗号書のコピーをドイツ国防軍最高司令部に渡すのを拒否したが、ドイツ国防軍最高司令部暗号部は一九四二年一月中旬までにカイロからワシントンの陸軍省高級副官（AGWAR）とMIDに宛てた通信と、ワシントンからカイロ駐在武官に宛てた全通信に狙いを定め、月末までにブラックコードを破った。

フェラーズ大佐がワシントンに送るイギリス軍の兵力、配置、損失、援軍、補給、情況、計画、士気などに関する最高機密情報を、総統アドルフ・ヒトラー、ムッソリーニ首相、ドイツ・アフリカ軍団長J・エルヴィン・E・ロンメル上級大将は八時間以内に読んだ。ドイツ側はフェラーズ大佐に「良いソース」（Gute Quelle）というコードネームをつけた。中東戦域最高司令官サー・クロード・J・E・オーキンレック大将の総司令部から第一線部隊まで情報を集めて回ったフェラーズ大佐は、ワシントンへ一日に五回も報告することがあり、ヒトラーとロンメルは「良いソース」の秘密報告を送信二時間後に読むこともあった。ロンメルは毎日昼食時に、連合軍の軍勢が前の晩にどこにいるか正確に知ることができた。

†ヒトラーの失言

ロンメル上級大将のドイツ・アフリカ軍団がニール・M・リッチー中将のイギリス第八軍に致命的打撃を与える中、イギリス政府暗号学校（現在の政府通信本部の前身）は、一九四二年四月中旬、ドイツが中東戦域総司令部に深く食い込んでいることを突き止め、間もなくフェラーズ大佐に疑いが向けられた。六月四日には、ドイツの暗号解読で得られたウルトラ情報から、「良いソース」がイギリス軍部隊を訪れてアメリカ軍の戦術と否定的比較をしていることが分かり、カイロのアメリカ使節団でブラックコードを使用している誰かである最終的論拠となった。六月一〇日、イギリス情報部のトップはチャーチル首相に、ドイツがカイロにいるドノヴァンの部下、すなわちフェラーズ大佐の軍事使節団が使っている暗号を破り、危ういと報告した。

これと同時にミッドウェー海戦直後の六月七日、アメリカ海軍が日本軍のミッドウェー諸島攻略計画の秘密情報を得て、海戦前に日本の兵力を詳しく知り、待ち伏せていたことを、海軍長官ウィリアム・F・〝フランク〟・ノックス経営の新聞『シカゴ・デイリー・ニュース』と競合する反ニューディール派の『シカゴ・トリビューン』系列の新聞が大見出しで報じた。明らかに海軍情報当局の誰かがジャーナリストに作戦情報をリークしていた。アメリカの情報当局指揮官たちは海戦の勝利に満足するどころではなく、イギリス政府と同様にワシントンでも警報ベルが鳴った。

こうした中、ドイツ空軍の空襲で深刻な物資不足となっていたイギリス海軍の地中海における重要拠点、マルタ島に救援物資を輸送する極秘作戦、ヴィガラス作戦とハープーン作戦が計画された。しかし作戦実施前日の六月一一日、フェラーズ大佐は秘密作戦について報告した。枢軸国軍側の飛行場を破壊するための特殊部隊は待ち伏せされて全滅し、マルタ島へ向けて出港した輸送船一七隻のうち六隻が撃沈され、辿り着いたのは二隻だけで、イギリス海軍も軽巡洋艦一隻と駆逐艦五隻を失った。ワシントンは一六日、カイロ駐在武官の暗号が危ういことを認め、チャーチル首相は激怒した。

第二回ワシントン会談の最中の六月二一日、ガザラの戦いでドイツ・アフリカ軍団がイギリス第八軍に勝利してリビアのトブルク要塞が陥落し、守備隊三万三〇〇〇名が捕虜となった。この落胆の中でチャーチル首相はフェラーズ事件が与えた便宜を理解し、「良いソース」がまだロンメル上級大将に最高機密情報を供給し続けていることを暴露した。この首脳会談の直後、CSUSAマーシャル大将はカイロに緊急警報を送った。

ヒトラーとムッソリーニはロンメル元帥（トブルク攻略で昇進）に、アレクサンドリアを占領し、中東とその戦略的石油埋蔵量、スエズ運河を枢軸国で管理する命令を出した。ムッソリーニは中東征服の見込みにリビアのデルナに飛び、カイロ入場行進の計画が作られた。ヒトラーは六月二八日、「アレクサンドリア占領は、全イギリス国民を激怒させ（シンガポール陥落には裕福な階級しか関心がなかった）、チャーチルに対する騒乱を起こさせるだろう。カイロの米大臣（駐在武官）が、彼の下手に暗号化された海底電信を通じて、イギリスの軍事計画について我々によく知らせ続けてくれることだけが期待された」と熱狂的に発言した。「良いソース」は翌二九日から沈黙した。それまでの勝利の多くを「良いソース」の情報に負っていたロンメル元帥は突然、暗闇に投げ出された。

✝米軍の北アフリカ介入

アメリカ陸軍省は六月一九日、北アフリカ軍事使節団に代わってアメリカ中東陸軍（USAFIME）を設けた。イギリス情報部からフェラーズ事件の情報を与えられていた司令官ラッセル・L・マクスウェル少将は、「好ましからざる人物」フェラーズの配置を終わらせることを求めるイギリス政府の要求を支持して、七月七日、参謀長代理フェラーズ大佐を解任した。その際にマクスウェル司令官は、フェラーズをG2将校とすることは正当化できないと感じるとし、陸軍省に完全な報告をするため、フェラーズの帰国が最も望ましいとした。

九日にはMID部長ジョージ・V・ストロング少将がイギリス情報部との機密の相談の後、CSUSAマーシャル大将に、フェラーズを相談のため帰国させることが大いに望ましいと伝えた。フェラーズ大佐がワシントンに戻ると、ストロング部長はMIDの英帝国部門の一時的任務につけた。フェラーズ大佐の中東専門のG2将校としてのキャリアは終わった。

しかしローズヴェルト大統領自身は、CSUSAマーシャル大将と陸軍省に真っ正面から反対して、イギリス第八軍はドイツ・アフリカ軍団に勝てそうもないと激しく非難し、北アフリカでの重要なアメリカ軍介入を説得的に主張するフェラーズ大佐の報告書を真剣に受け止め、チャーチル首相がトブルク陥落の報を受けた六月二一日の首脳会談で、アメリカ陸軍数個師団の中東展開を示唆する基礎となった。

一九四二年の海峡横断作戦（スレッジハンマー作戦）と一九四三年の海峡横断作戦（ラウンドアップ作戦）のためアメリカ軍戦力をイギリス本土に集結させるボレロ計画を進めていたCSUSAマーシャル大将はフェラーズ大佐の影響力上昇を喜ばず、六月二三日の首脳会談後、ローズヴェルト大統領に対する秘密覚書に「フェラーズは貴重な観戦武官ですが、彼の責任は戦略家のそれではなく、彼の見解は私と作戦部の見解と正反対です」と書き、イギリスの促す北アフリカ侵攻作戦（ジムナスト作戦）に反対していた。米英首脳会談後の七月八日、イギリス政府はスレッジハンマー作戦は実施不可能と決定してアメリカ政府に通告した。

これに対しJCSはアメリカの主戦力を太平洋戦線に投入する太平洋第一主義を決定したが、ローズヴェルト大統領は拒否。一六日にCSUSAマーシャル大将、COMINCH－CNOキング大将と側近のハリー・L・ホプキンスをロンドンへ急派し、自身はチャーチル首相にスレッジハンマー作戦中止とジムナスト作戦賛成を伝えた。そして両国間で北アフリカ作戦計画の討議が始められ、作戦名はトーチ作戦と改められた。ローズヴェルト大統領はフェラーズ大佐に陸軍長官から陸軍殊勲章を授けた。

乗機が撃墜されて戦死した新しい第八軍司令官ウィリアム・H・E・ゴット中将の後任としてチャーチル首相が選んだバーナード・L・モントゴメリー中将は一〇月二三日、一〇〇〇門以上の砲による一斉砲撃で第二次エル・アラメインの戦いを開始し、物量でドイツ・アフリカ軍団を圧倒した。一一月八日にはトーチ作戦の連合国軍最高司令官（CINCAF）アイゼンハワー中将の部隊がモロッコとアルジェリアに上陸を開始した。枢軸国軍は東西から挟み撃ちにされて一九四三年五月一三日に降伏した。

†「おしゃべり大佐」の末路

事件の後、英米軍の司令官の何人かはフェラーズを「おしゃべり大佐」と軽蔑し、トーチ作戦準備段階からチャーチル首相にウルトラ情報へのアクセスを許されるようになっていたCINCAFアイゼンハワー大将はカイロ会談（一九四三年一一月二二〜二六日）の際、ランファリー伯夫人に「ボナー・フェラーズのいかなる友人も私の友人ではない」と言った（Ranfurly, 2018）。

フェラーズ大佐はMIDからOSSに配属替えの後、一九四三年のニューギニア島ホーランディア上陸作戦準備段階でイギリスから可能な限り遠いCINCSWPAマッカーサー大将の総司令部に転属となった。OSS勤務となったのは、その前の経緯からして、CSUSAマーシャル大将と対立したフェラーズ大佐を、マーシャルの下にあるMIDから外すためと見るのが自然だろう。マッカーサー総司令部でも当然、G2将校ではなく、AUS准将に昇進したものの心理戦担当となった。

フェラーズは確かに陸軍指揮幕僚大学で卒業論文「日本兵士の心理」を書いている。しかし中東専門のG2将校フェラーズにとって、それは副専攻のようなものであろう。カイロの現地司令官とMID部長からG2将校失格の烙印を押され、イギリス政府と情報部からは「好ましからざる人物」とまで見なされ、CSUSAマーシャル大将と対立し、ウルトラ情報に接するCINCAFアイゼンハワー大将にとって受け入れがたい存在となっていたフェラーズには、マッカーサー総司令部以外に行くところがなかった。

一九一二年の大統領選挙で共和党を割って革新党から出馬した元大統領セオドア・ローズヴェルト・ジュニアの政治的盟友である元CSUSA・フィリピン総督レオナード・ウッド少将のお気に入り（ウッドは父アーサー・マッカーサー・ジュニアの元部下）で元々は共和党革新派の系譜に属し、一九四四年の大統領選挙も見据えていたマッカーサーにとって、クエーカー同士で元大統領ハーバート・C・フーヴァーと親密なフェラーズに期待する役割は、マーク・ゲインが『ニッポン日記』に書いている通り、フーヴァーら共和党保守派＝主流派とのパイプ役だったのであろう。

チャーチル首相は、フェラーズ大佐の最高機密情報漏洩が引き起こしたトブルク陥落の危機を、ドイツ暗号解読から得たウルトラ情報だけでなく、同盟国アメリカ陸軍の暗号も解読することで得た情報によって、逆に米英首脳会談で外交の切り札として使い、ローズヴェルト大統領に最新のM4戦車とM7自走砲供給の要求を認めさせただけでなく、JCSの反対を押し切ってジムナスト作戦→トーチ作戦に同意させ、アメリカ軍の戦略方針を根底から変更させた。イギリス情報部の同盟国アメリカに対する情報活動と、それが発見したフェラーズ事件は、緒に就いたばかりの両国情報機関の同盟関係に強い緊張をもたらしたが、イギリスはスエズ運河と中東油田地帯を守り抜いた。

†今も昔も情報に弱い日本

一方、日本は同じ時期、ミッドウェー海戦直後にアメリカ海軍による暗号解読の事実が反ニューディール派の複数の新聞で大きく報じられたにもかかわらず、それをキャッチできなかった。同海戦後の軍令部と連合艦隊との打ち合わせで、連合艦隊参謀長宇垣纏少将は「敵がわが企図を察知していた」という所見を述べたが(『戦史叢書 ミッドウェー海戦』)、徹底的検討は行われなかった。連合艦隊司令長官山本五十六大将の乗機が待ち伏せされて撃墜された海軍甲事件でも、海軍内部で暗号被解読の疑念が生まれたが、徹底的究明は行われなかった。

さらに連合艦隊参謀長福留繁中将以下の連合艦隊司令部要員三人がフィリピンゲリラの捕虜になり、対米迎撃作戦についてのZ作戦計画書、司令部用信号書、暗号書などの最高機密書類を奪われた海軍乙事件では何の対応もしなかったうえ、福留中将を第二航空艦隊司令長官に栄転させた。そのため日本軍は手の内を知られた状態でアメリカ軍のマリアナ諸島侵攻を迎え撃つことになり、海軍はマリアナ沖海戦で大敗北を喫した。

それどころか、アメリカ陸軍情報当局からG2将校失格の烙印を押され、イギリス政府・情報当局から「好ましからざる人物」とされたフェラーズを称賛する動きが、フェラーズゆかりの昭和天皇に近い元日本政府高官らの子孫などによって大がかりに行われているのが現在の日本である。

日本のフェラーズ称賛者たちは、フェラーズをクエーカーの平和主義者として描いているので付け加えておく。一九四六年一一月末に退役したフェラーズは、極右団体ジョン・バーチ・ソサエティに加入した反共主義者だった。ゲインの『ニッポン日記』が「原子爆弾で十分だ。次の戦争では海軍は貨物を輸送することになる」というフェラーズの言葉を記録しているのは彼の本音である。アメリカ海軍は大型戦略爆撃機B－36の調達を要求する空軍との予算争いに敗れ、起工直後の超大型航空母艦ユナイテッド・ステーツ建造を国防長官ルイス・A・ジョンソンにキャンセルされて「提督たちの反乱」を起こしたが（Barlow, 1994）、朝鮮戦争で大型空母の有効性が証明されてフォレスタル級超大型空母の建造を認められ、一九五二年に二隻を起工した。

その翌一九五三年にフェラーズは『平和のための翼』を出版し、巨額の建造費がかかるのに中規模な核攻撃しか行えない大型空母より戦略核爆撃機の方がソ連軍に対し有効だと主張した戦略核爆撃機増強論者だった。G2将校として致命的失態を犯したフェラーズの居場所は戦後の陸軍にはなかった。つまり日本のフェラーズ称賛者たちは、意図的にフェラーズ像を歪めるディスインフォメーションを流しているとしか思えない。

2 不毛な「OSS陰謀論」

†マッカーサー元帥の司令官職にまつわる誤解

日本が降伏文書に調印して連合国軍による占領が開始された時のマッカーサー元帥の正式な役職名はアメリカ太平洋陸軍最高司令官兼連合国軍最高司令官（CINCAFPAC-SCAP）である。このマッカーサー元帥のGHQについて、占領史研究の代表的研究者とされている竹前栄治（二〇〇二）は「米太平洋陸軍総司令部と連合国最高司令官総司令部の二重構造」と性格づけている。

しかし、これは全くの誤解である。マッカーサー元帥が連合国一一カ国（後に一三カ国）代表で構成される極東委員会の下に置かれたSCAP（連合国軍最高司令官）と、JCS（統合参謀本部）の下にあるCINCAFPACの二つの役職を持っていたという理解が、日本人の民族的自尊心に根差すものと推測される「左右」両陣営の「OSS（戦略情報局）陰謀論」などの根底にある。この陰謀論は後に詳説する通り、「左翼」側からは戦後に天皇制が残ったのはOSSの陰謀、日本会議に代表される「右翼」側からは戦後日本に共産党勢力が拡大したのはOSSの陰謀とするものである。

そこで、アメリカ陸海軍の公刊戦史類や連合国軍の最高司令部である連合参謀本部（CCS）議事録からマッカーサーの司令官職についての誤解を正しておきたい。

CINCAFPACは、太平洋艦隊司令長官兼太平洋戦域最高司令官（CINCPAC－CINCPOA）チェスター・W・ニミッツ・シニア元帥の担当戦域にある日本本土への上陸作戦（九州上陸のオリンピック作戦と関東上陸のコロネット作戦）で、南西太平洋戦域最高司令官（CINCSWPA）マッカーサー元帥が陸軍部隊を指揮するため便宜的に新設された司令官職に過ぎず、戦域司令官職専任のマッカーサーの地位を、戦域司令官職と部隊司令官職を兼任するニミッツと似たようなものにするために設けられたものである。これはマッカーサーと陸軍中央部の意見に近い形だった。ニミッツと海軍中央部は、日本をPOAから除外して侵攻の水陸両用戦ではニミッツが責任を負い、上陸後はJCS指揮下の別の新戦域にすることを提案していた（Morgan, Jr., n.d.）。そのためニミッツの法的地位を理解しないとマッカーサーの地位も分からない。

日本軍の真珠湾攻撃などによって第二次世界大戦に参戦した時点のアメリカ軍では世界規模の大戦争を戦うための法体系は充分に整っておらず、米英首脳会談などで決定された事実の積み重ねによって指揮系統が作り上げられた。太平洋での緊急事態に対処するために連合国軍最高司令部として設けられた米英両軍首脳陣で構成されるCCSで、イギリス参謀長委員会のカウンターパートを作る必要から、時間的余裕がなくて根拠法令なしにJCSを新設したのが好例である。そのため日本占領期のマッカーサー元帥の法的地位も、そこに至るマッカーサーの司令官職の変遷を辿らないと理解できない。

戦域司令官職は日本軍・自衛隊には存在しないため理解されにくいが、地理的境界線で区切られた担当戦域内にいる全ての友軍部隊を指揮下に置くもので、固有の指揮部隊は持たない。そして一つの戦域には一人の司令官が置かれ、他戦域の司令官は指揮できない。したがってCINCSWPAの資格ではマッカーサーは日本本土上陸作戦を指揮できないために設けられたのがCINCAFPACなのである。

†マッカーサーとニミッツの担当分割

JCSがローズヴェルト大統領の承認を得て、太平洋戦線をCINCSWPAマッカーサー大将とCINCPOAニミッツ大将の二人の担当戦域に分割することを決定したのは一九四二年三月三〇日である（Miller, Jr. 1949, Morton, 1962, Hayes, 1982）。これは日本軍の攻勢を前に急遽編成された米英蘭豪司令部（ABDACOM。最高司令官サー・アーチボルド・P・ウェーヴェル英陸軍大将）が崩壊したことによる防衛体制の整備である。

フィリピンのアメリカ極東陸軍司令官（CG USAFFE）マッカーサー大将もABDACOMの下に置かれていたが、三月一一日夜にコレヒドール島を脱出してオーストラリアに到着し、二〇日に「アイ・シャル・リターン」とフィリピン奪還を宣言したばかりで、CINCSWPAとCINCPOAの新設を決定した時点では、日本本土上陸作戦での指揮系統は考慮されておらず、SWPAとPOAの境界線は、東アジアではフィリピンと台湾の間に引かれていた。

そのため日本本土上陸作戦の準備段階に入って指揮系統をめぐる問題が生じた訳だが、シンガポール陥落後、ローズヴェルト大統領がシンガポールを境に太平洋側をアメリカが、インド洋側をイギリスが責任を持つことをチャーチル首相に提案して同意を得て、英自治領のオーストラリアとニュージーランドの政府との協議を経てなされたこの決定の拘束力は強かった。

ＣＧ ＵＳＡＦＦＥマッカーサー大将が四月一八日、ＣＩＮＣＳＷＰＡに任命されると同時にＣＧ ＵＳＡＦＦＥの職は不活性化されてＣＩＮＣＳＷＰＡ専任となったのに対し、ＣＯＭＩＮＣＨキング大将は四月三日、ＣＩＮＣＰＡＣニミッツ大将をＣＩＮＣＰＯＡに任命した後もＣＩＮＣＰＡＣの職を兼任させ、ニミッツはＣＩＮＣＰＡＣ－ＣＩＮＣＰＯＡとなった（Nimitz, 2013, vol. 1）。ＪＣＳは、ＣＩＮＣＳＷＰＡマッカーサー大将とＣＩＮＣＰＯＡニミッツ大将はＪＣＳに直属し、ＪＣＳの執行者としてＣＳＵＳＡマーシャル大将がマッカーサーに、ＣＯＭＩＮＣＨキング大将がニミッツに命令することとし、ＣＩＮＣＰＡＣニミッツに命令するのは原則的にＣＩＮＣＰＯＡニミッツ自身とされた（Potter, 2008）。

†ＣＩＮＣＡＦＰＡＣ新設の背景

しかし大統領直属のＣＯＭＩＮＣＨを新設するための大統領令第八九八四号（一九四一年一二月一八日署名）がＣＩＮＣＰＡＣニミッツへの指揮権を認めており、ニミッツをＣＩＮＣＰＡＣ兼任とすることで、キングはＪＣＳに諮らなくてもニミッツを通して太平洋艦隊を統制する余地を残したのである（ＣＯＭＩＮＣＨ－ＣＮＯの役職については拙稿、二〇一七）。北アフリカ上陸のトーチ作戦でＣＩＮＣＡＦに抜擢されたアイゼンハワーも指揮部隊を持たない戦域最高司令官専任であり、マーシャルら陸軍側はその後、ニミッツをＣＩＮＣＰＯＡ専任とするよう求めたが、キングは拒否した（Buell, 2012）。

ＪＣＳはＰＯＡを三つの戦域に分けて中部太平洋戦域をＣＩＮＣＰＯＡニミッツの直轄とし、他の二つはそれぞれ南太平洋戦域司令官（ＣＯＭＳＯＰＡＣ）と北太平洋戦域司令官（ＣＯＭＮＯＲＰＡＣ）の下に置いた。ニミッツは、ミッドウェー海戦ではＣＩＮＣＰＡＣとして部隊を指揮したが、ガダルカナル島攻略などソロモン諸島の戦いはＣＯＭＳＯＰＡＣの、アッツ・キスカ両島奪還などアリューシャン方面の戦いはＣＯＭＮＯＲＰＡＣの担当戦域で行われたため、直接には部隊を指揮していない。

第三次ヴィンソン法（一九四〇年六月制定）と両洋艦隊法（同年七月制定）で建造に着手したエセックス級空母などが一九四二年暮から就役し始めて太平洋艦隊の戦力が大幅に強化され、アメリカ軍が中部太平洋戦域での反攻を開始する局面になると、キングとニミッツが協議して、第五艦隊司令官（ＣＯＭ５ＴＨＦＬＴ）レイモンド・Ａ・スプルーアンス中将（のち大将）と第三艦隊司令官（ＣＯＭ３ＲＤＦＬＴ）ウィリアム・Ｆ・ハルゼー・ジュニア大将（のち元帥）を戦略司令官とし、その下にそれぞれの戦術司令官たちを置くチームを作り、交代で指揮を執るシステムを採用したため、ＣＩＮＣＰＡＣは、ＪＣＳに諮らずにＣＯＭＩＮＣＨキングがニミッツに直接命令するための便宜的役職の性格がより強くなった。

つまり戦域最高司令官としてのＣＩＮＣＰＯＡニミッツを合議体であるＪＣＳ直属とするＪ

CSの決定に先立って、海軍部隊司令官としてのCINCPACニミッツに対するCOMINCHキングの指揮権を認めた大統領令の規定を、陸軍にも適用できるようにしたのがCINCAFPAC新設だったと言える。COMINCHが大統領直属のライン職なのに対し、CSUSAは陸軍長官（平時には連邦政府陸軍の指揮を全面的に委任され〈Davis, 1972, vol. I〉、州兵は州知事の指揮下）のスタッフ職であるため、固有の権限としては部隊への指揮権は持たない。

†組織の二重構造はなかった

一九四五年四月六日、CINCSWPAマッカーサー元帥をCINC（最高司令官）とするAFPACがマニラで設立され、CINCAFPACの指揮権は、マッカーサー自身がCINCのSWPAと、一九四三年一一月から陸軍省直轄となっていたアラスカ軍管区には及ばないとされた（Cline, 1951）。同じ六日に陸軍省が発した命令でも、AFPACは現在POA内に割り当てられたアメリカ陸軍部隊で構成されることになる、と書かれている（MacArthur, 1966, vol. I suppl.）。

CINCSWPAの指揮下でフィリピン戦を戦っていて、日本本土上陸作戦での主力を予定された第六軍（司令官ウォルター・クルーガー大将）と第八軍（司令官ロバート・L・アイケルバーガー中将）はAFPACに含まれない。すなわちCINCAFPACはCINCPOAニミッツ元帥の担当戦域にいるアメリカ陸軍部隊に対してのみ指揮権を持つ司令官職という以上の深い意味はなく、SCAP（八月一四日任命）の実質的前職であるCINCSWPA（降伏文書調印の九月二日廃止）とCINCAFPACの総司令部が二重構造になっていたという事実もない。

CINCSWPAマッカーサー元帥がCINCAFPAC兼任となったことによって指揮系統が変更されたのは、ニミッツの指揮系統で戦われていた沖縄攻略完了（六月二二日に国旗掲揚式）後で、七月一日にCINCPOA指揮下の太平洋戦域陸軍司令官（COMGENPOA。ハワイ軍管区司令官と兼任）がアメリカ中部太平洋陸軍司令官（CG AFMIDPAC）となってCINCAFPAC指揮下へ移された時であり、ハワイがマッカーサーの兵站拠点となった。

SCAPの司令官職は、日本降伏で廃止された戦域最高司令官職CINCSWPAに類似したもので、日本の領域にいる陸海空の米・英連邦軍全てを指揮下に入れた。日本占領の主力となった第八軍（第六軍は一九四五年末に帰国）も、CINCAFPACではなくSCAPの指揮下に置かれた（MacArthur, 1966, vol. I suppl.）。アメリカ軍だけを率いるのではないマッカーサーとアイゼンハワーには、戦争中から外交官的役割も求められていた。つまりCINCAFPAC兼任となったマッカーサー元帥の総司令部で実質的に変わったのは兵站ルートの変更だけで、組織が二重構造になったわけではない。

†マッカーサーがOSSの活動を認めなかった理由

先に少し述べたように、加藤哲郎、山本武利ら「左翼」は戦後に天皇制が残ったのはOSSの陰謀とし、日本会議に代表される「右翼」は戦後の日本に共産党勢力が拡大したのはOSSの陰謀と主張している（江崎、二〇一八など）。両者ともGHQの二重構造を前提とし、前者はアメリカ陸軍単独のCINCAFPAC総司令部としての「アメリカの邪悪な意図」、後者は中国（イギリスの責任範囲）で中国共産党や野坂参三と連携していたOSSやGHQ／SCAPにおけるGSのニューディーラー、カナダ外務省からGHQに出向していたハーバート・ノーマンら「共産主義者の邪悪な意図」を攻撃する。しかし前節で説明したようにGHQは二重構造ではなかった。

そもそもマッカーサー元帥はSCAPとして日本占領を開始してからも長らくOSS→CIAの活動を認めなかった。これは、加藤哲郎や有馬哲夫が言うようなマッカーサーの個人的なOSS嫌いが原因ではない。JCSで太平洋戦線を主に担当するCOMINCH－CNOキングとCINCSWPAマッカーサーの対日戦略構想が全く違って対立しており、JCS指揮下のOSSをSWPAに入れることはマッカーサーの利害に反したからである。

COMINCH－CNOキングの対日戦略は、日本軍のフィリピン侵攻で日米戦争の火蓋が切られた後、中部太平洋をハワイから海軍と海兵隊で補給拠点を確保しながらフィリピン救援に向かうという伝統的な「オレンジ計画」（ミラー、一九九四）を、フィリピンを含む東南アジアを日本軍が占領したことで部分的に変更し、台湾（のち沖縄に変更）へ向け西進して日本の南方資源地帯からの補給路を断ち切り、日本本土を枯死させるというものだった。

一方、オーストラリアに脱出したCINCSWPAマッカーサーの対日戦略は、ニューギニア・ソロモン方面からフィリピンを奪還して日本本土侵攻を目指すもので、そのような事態がオレンジ計画で検討されたことはなかった。

キングとマッカーサーは戦略資源の配分で対立し、最大の争点はフィリピン問題だった。キングはフィリピン素通りを主張し、「アイ・シャル・リターン」を宣言したマッカーサーはフィリピン奪還に固執した。両者の対立は一九四四年七月、ローズヴェルト大統領が大統領選挙向けのパフォーマンスを兼ねて真珠湾に赴き、COMINCH-CNOキング大将を代弁するCINCPAC-CINCPOAニミッツ大将（CINCSWPAマッカーサー大将のカウンターパート）とマッカーサーとの会談でマッカーサー案採用の裁定をすることで決着がつけられた。したがってSWPA内でJCS指揮下のOSSの活動を認めることはマッカーサーの利害に反し、SWPAにOSSの出先機関はない（Schools & Training Branch, 1945）。「OSS陰謀論」者たちは、この事実を知らないか、無視している。

†OSSに代えてATISを重用したマッカーサー

この原因は、一つにはアメリカ側にある。

防衛大学校名誉教授田中宏巳（二〇一四）は、戦後の日本人に太平洋戦争史観を刷り込んだCIE企画の「太平洋戦争史」と「真相箱」が、アメリカ本国で編集されて日本に持ち込まれたアメリカ海軍と海兵隊の活躍に特化した内容で、日本海軍を賛美する「海軍善玉論」の起源となっていることを挙げる。そしてGHQ占領下でマッカーサーと部下たちの戦績を否定する戦争史が押しつけられたのは、「戦後、軍国主義体制の形成と開戦原因がすべて日本陸軍にあるとして、厳しく弾劾してきたアメリカの対日政策のもとで、日本陸軍の戦いを故意に陰湿に描く傾向があり、陸軍の戦った島嶼戦から目をそらす風潮がなかったとはいえない。この傾向は本家筋に当たるアメリカでも顕著で、日本陸軍と戦ったマッカーサーや隷下部隊の戦功が不当に小さく扱われてきた」として、その原因を、「一足先に終結を見たヨーロッパの対独戦争について、アイゼンハワーの指揮のもとで、米陸軍を中心とする連合軍によって勝利を獲得したとする認識がアメリカをはじめ各国国民に定着していた。そうなると世論を調整する必要性から、太平洋戦争ではニミッツの率いる米海軍が勝利をもたらしたとすれば、非常に好ましいバランスが出現する。そのためにはマッカーサーと南西太平洋方面軍の活躍があまり目立たない方が望ましかった」と指摘している。

それではCINCSWPAマッカーサーは情報機関の助けを借りずに日本軍と戦ったのか？その反対である。マッカーサーは多数の日系二世語学兵らを主力とする連合国軍三大情報機関の中でも最大のATISを持ち（他の二つはホノルルの太平洋戦域統合情報センターとニューデリーの東南アジア翻訳捕虜尋問センター）、戦後に「実際の戦闘前にこれほど敵のことを知っていた戦争はこれまでになかった」と語っているほどである。

二世語学兵の活動は、大統領リチャード・M・ニクソンが一九七二年三月に大統領令第一一六五二号に署名するまでトップシークレット扱いされていた。ウィロビー元G2部長の回顧録は、その前年、一九七一年一〇月に日本人の平塚柾緒と元韓国海軍少佐の延禎が行ったインタビューを週刊誌に連載したもので、太平洋戦争中の情報活動についての言及は一切ない。ただし朝鮮戦争中の情報活動については片鱗を語っており、太平洋戦争中の活動も同様だったろうと想像できる。そして二〇〇六年に陸軍公刊戦史としてジェームズ・C・マクノートン『二世語学兵』（抄訳『もう一つの太平洋戦争』）が出版され、日本でも軍事史・占領史以外の領域の著者が二世語学兵を取り上げ始めている（柳田、二〇一二、武田、二〇一八）。

アメリカ陸軍の第四軍情報学校（のち軍事情報部語学学校〈MISLS〉と改称）で養成された二世語学兵はガダルカナル攻略戦から戦場に投入され、迅速で正確な捕虜尋問と捕獲文書の翻訳で陸軍と海兵隊の信頼を獲得した。日本で学校教育（軍事教練もある）を受けた「帰米」は毛筆で書かれた草書体の文書も読めた。

†ATISと二世語学兵

G2部長ウィロビー准将はマッカーサー大将がCINCSWPAに任命されると、オーストラリアのクイーンズランド州州都ブリスベンで米豪連合情報機関の構築に取りかかり、日本軍の暗号を解読する中央局や兵用地誌を担当する連合地理課、日本軍部隊構成の情報を担当する戦闘序列課、日本の戦線の背後でレジスタンス活動を支援する連合情報局などの諸組織を設立した。一九四二年六月には最初の二世語学兵八名が到着し、うち一人が帰米だった。

間もなく、より大規模で統一された連合国情報部隊の必要性が明らかになり、ウィロビーG2部長は同年九月一九日、ブリスベンのオーストラリア連合軍詳細尋問センターに替えてアメリカ指揮下のATISを設立。捕獲した日本軍文書の翻訳・分析と捕虜訊問、そこから得た情報の配布を促進し、翌一〇月に日本専門家のG2将校であるシドニー・F・マシュバー大佐がATIS調整官となった。米豪軍一五人の将校と下士官兵一一人でスタートしたATISは急速に規模を拡大して一九四五年初頭には約四〇〇人の二世語学兵が配属された。

捕獲文書には日本軍兵士の日記が大量にあり、ATISはその翻訳を通して日本軍部隊の状態や配置、作戦、兵站、士気、心理状態などを詳細に知ることができた。戦場での捕虜尋問で間近に迫った日本軍の空爆を避けることもあった。一九四三年三月にはニューギニアで前年一〇月現在の日本陸軍士官全員の名簿を発見してウィロビーG2部長が直接管理し、陸軍省に写しを送った。前述の海軍乙事件でフィリピンの抗日ゲリラが入手した日本海軍の最高機密文書を翻訳・分析し、CINCPAC-CINCPOAニミッツ担当戦域のマリアナ諸島攻略戦に貢献したのはATISである。ATISはフィリピン戦に二世語学兵を一〇〇人以上投入した。

マッカーサーのCINCSWPA任命でCG USAFFE職が不活性化され、オーストラリア軍最高司令官サー・トーマス・A・ブレイミー大将がSWPAの連合国陸上部隊司令官となり、オーストラリア委任統治領東部ニューギニア戦までのSWPAの連合国軍主力はオーストラリア陸軍だった。マッカーサーは、ニミッツ担当戦域で行われた日本軍の拠点を正面から攻撃して全滅させる自軍にも犠牲の多い戦略ではなく、日本軍の手薄なところに飛行場を確保して退路を断ち、日本軍を戦闘で全滅させず餓死させる戦略を採り、SWPAの連合国軍戦死傷者は多く見積もっても日本軍の一〇分の一にもならないと推測されている（田中、二〇一四）。二世語学兵一人は歩兵一個中隊と同じ価値を持つとも言われ、ウィロビーは二世語学兵が太平洋戦争を二年短縮したと評した（McNaughton, 2006）。

MISLSは沖縄攻略戦では沖縄方言ができる沖縄人の血を引く二世の特別班を編成した。

日本本土侵攻のオリンピック作戦へ向けて陸軍省G2は、陸軍の日本語語学兵の派遣要請を全て検討・調整する権限をマッカーサー総司令部に与え、軍事情報部（MIS）の二世語学兵全員がATIS指揮下に入った。マシュバーATIS調整官は二世語学兵がさらに四〇〇〇人必要とウィロビーG2部長に助言したが、MISLSが一九四五年五月から七月にかけて送り込めた卒業生は一〇七三人だった。

ウィロビーG2部長とマシュバー調整官の下でATISの二世語学兵たちが行った情報活動を見れば、映画「終戦のエンペラー」で描かれている昭和天皇戦犯問題での軍事秘書フェラーズ准将のSCAPマッカーサー元帥に対する影響力が、バカバカしいまでに誇張されたものであることが分かる。フェラーズの活動はATISのジョン・E・アンダートン少佐に助けられながらの裏工作だった（Ibid.）。

†フェラーズの役割は小さかった

加藤哲郎はアメリカ陸軍公刊戦史の『二世語学兵』とフェラーズのG2将校としての失態を明らかにしたジェンナー論文が出された後、論文「ハーン・マニアの情報将校ボナー・フェラーズ」でフェラーズを「心理戦・情報戦のエキスパート」と評している。しかしフェラーズはカイロでの失態で直属司令官とMID部長にG2将校失格の烙印を押された。

さらに加藤哲郎はOSSで「フェラーズは、対日工作のみならず対独工作を含む世界的規模での心理作戦立案にたずさわっており、その手腕が評価されてマッカーサーに招かれた」と書いているが、英語でラフカディオ・ハーンの著作を読んでいるだけのフェラーズが、すでにATISが活動しているマッカーサー総司令部で日本専門家として重視されるだろうか？

また加藤は「太平洋戦争開戦時の米国対日作戦従事者は、小泉八雲や新渡戸稲造を含む膨大な英語での日本社会・文化の著作・論文を参照し、「敵国分析」として戦後日本のシミュレーションを体系的に進めていた。有名な人類学者ルース・ベネディクトの『菊と刀』は、そうした「敵国研究」の副産物だった」としているが、ATISの二世語学兵たちは、戦地で日本兵捕虜を尋問し、戦死した日本軍兵士たちの日記を読み、残敵掃討の投降勧告で命を張る者もいた。

そういう二世語学兵たちを統括したマシュバーATIS調整官が、アメリカ陸軍G2将校で日本人の心理を最もよく知る一人だったことは確実であり、SCAPマッカーサーとウィロビーG2部長はATISの情報によって戦場で成功を収めてきた。OSSや学者のデスクワークにそれほど重きを置くとは考えられない。マシュバー大佐は太平洋戦争が終結すると陸軍殊勲章を受章して一九四五年一二月八日に帰国し、ATISも翌四六年四月末で公式には活動を停止したが、組織としては一九四七年一月にアメリカ軍再編による地域別統合軍の一つとして発足した極東軍総司令部翻訳通訳課として存続した（Ibid.）。

竹前栄治（一九八三）は、CG USAFFEマッカーサーがフェラーズを日米開戦前にカイロから呼び寄せたとし、一緒にコレヒドール島を脱出した側近グループ「バターン・ボーイズ」の一人に数えている。前記のようにこの時期のフェラーズはカイロ駐在武官であり、実際の着任はホーランディア上陸作戦準備段階の一九四三年の秋ごろである。竹前がこれほど大幅に時期を間違えているのは、逆に言えば、フェラーズ着任でマッカーサー総司令部に大きな変化はなかったからではないか？

カイロでの失態で「おしゃべり大佐」と呼ばれるようになった元G2将校フェラーズが、陸軍部内で信頼されていたとは思えない。アフリカ戦線で過剰に詳細な電報をワシントンに送り続けてロンメルにイギリス軍の手の内を晒し、イギリス軍を危機に陥れたフェラーズが、心理戦部長として対日謀略放送や投降勧告ビラ作成などを担当したということは、日本に対して秘密にする情報はフェラーズには任せられないというアメリカ情報当局の意向と見るべきだろう。

前述したように、共和党革新派の系譜のマッカーサーにとって、フェラーズの重要性は、クエーカー同士で親しいフーヴァー元大統領をはじめとする共和党保守派（主流派）とのパイプ役で、昭和天皇の問題にしても、フーヴァーやグルー元国務次官ら穏健派の意向をマッカーサーに伝えることだったと考える方が自然だろう。

第七章　六〇年安保――天皇・田中清玄・ブントvs.岸信介・共産党・社会党

1　六〇年安保闘争は反米運動だったのか？

†ブント全学連見直しの必要性

六〇年安保闘争時に共産主義者同盟（ブント）が指導する全学連主流派（以下、ブント全学連）に対して「反共右翼のフィクサー」田中清玄が行った資金援助は、一九六三年二月二六日にTBSラジオで放送された「ゆがんだ青春　全学連闘士のその後」以降、共産党や社会党といった既成「左翼」勢力から激しく糾弾され、「左翼」運動の汚点とされてきた。たとえば小熊英二は『〈民主〉と〈愛国〉』の六〇年安保を扱った第一二章で田中清玄と全学連委員長唐牛《かろうじ》健太郎（北海道大学教養部）の名前を一度も出していないし、ブント書記長島成郎《しましげお》（東京大学医学部）もエピソード的に登場するだけである。

しかし「ゆがんだ青春」は公安警察が共同通信社社会部記者の村岡博人にリークしたネタだったことが、村岡への聞き取りに基づいた伝記（片山、二〇一〇）で明らかにされている。村岡は自他共に認める「チョーセン屋」（村岡、一九六七）で在日韓国・朝鮮人社会や朝鮮半島問題に深くコミットしており、笹川良一、土井たか子と極めて親しい社会党シンパの記者だった。

また村岡と組んで「ゆがんだ青春」を制作したTBSディレクターの吉永春子は、その死去の際、二〇一六年一一月一七日付『しんぶん赤旗』のコラム「きょうの潮流」に「戦後、宮本百合子をむさぼり読んだ」が「口癖の一つ」で「『しんぶん赤旗』に無類の信頼を寄せてくださいました」と書かれた共産党シンパだった。つまり「ゆがんだ青春」は公安リークネタによる社会党と共産党のブント全学連叩きだった。

一方、『入江相政日記』や木下道雄『側近日誌』から、田中清玄が昭和天皇側近たちと親密だったことが明らかにされている。さらに近年、昭和天皇の首相岸信介に対する不信感を岸に伝える石橋湛山《たんざん》書簡が発見された（倉重、二〇一六、二）。また中核自衛隊を中心とした火炎瓶闘争に象徴される軍事方針を共産党中央が「極左冒険主義」と批判した一九五五年七月の六全協や一九五六年二月のフルシチョフによるスターリン批判、同年一〇月の第二次砂川闘争後に起きた現地組（後の主流派）と書記局組（後の反主流派）の感情的対立に始まった全学連の分裂、一九五八年五月末の全学連第一一回定期全国大会で起きた両派の乱闘と、六月一日の党本部における全学連党員グループ会議での学生党員による党本部つるし上げと党中央委員全員の即時罷免要求、それに続く学生党員らの除名ないし脱党を経て、ブントが一二月に結成された。

このブントは共産党と激しく対立しており、少なくとも幹部らは、共産党や社会党の反米路線はソ連・中国の社会主義国に加担するものだとして批判的だった。つまりブント全学連が主導した六〇年安保闘争は反米どころか反・反米だったのである。彼らが攻撃目標としたのは岸首相と共産党だった。

反・反米で反岸・反共産党・反ソ・反中のブント全学連が田中清玄の援助を受けて主導した六〇年安保闘争を、日米安保条約改定の政治史を研究した原彬久『戦後日本と国際政治』の中に位置づけ直してみよう。

†田中清玄が昭和天皇側近に近づくまで

田中清玄は一九〇六年三月五日に北海道亀田郡七飯《ななえ》村（現：七飯町）で生まれた。田中清玄の曾祖父田中玄純《はるずみ》は、幕末に幕府から蝦夷地警備を命じられた会津藩の中老・陣城代だった（大須賀、二〇一七）。旧会津藩関係の会合で田中清玄は松平家と同じテーブルに座ったという。

田中清玄は北海道庁立函館中学校（現：北海道函館中部高等学校）から弘前高等学校に進学し、在学中に起きた小樽高等商業学校の軍事教練をめぐる小樽高商軍教事件で最初の政治活動を行った。東北帝国大学の島木健作、玉城肇を中心に東北学連がつくられると、第二高等学校（仙台）の島野武、高野信、角田儀兵治《つのだぎへいじ》、水戸高等学校の宇都宮徳馬、水田三喜男、山形高等学校の亀井勝一郎、小林多喜二らと参加。青森県西津軽郡車力村《しゃりきむら》と新潟県北蒲原郡《きたかんばらぐん》木崎村の小作争議、東京の共同印刷や秋田県尾去沢《おさりざわ》の小坂鉱山の労働争議に加わり、函館無産青年同盟、函館合同労組、青森合同労組と接触した。

一九二七年四月に東京帝国大学文学部美学科へ入学すると新人会と空手部に入り、上杉慎吉が指導する帝大七生社《しちせいしゃ》との抗争で、空手三段の田中は新人会きっての武闘派となった。ただし弘前高等学校時代から労働運動、農民運動に参加し、カール・ヤンソンのオムス（国際連絡部）の影響下にあった田中は、理論闘争を重視する福本和夫の福本イズムには批判的だった。同年九月に共産党へ入党、京浜重工業地帯や東京下町でオルグ活動に従事した。

一九二八年の三・一五事件、一九二九年の四・一六事件で共産党指導部が壊滅すると、コミンテルンの指示でモスクワから帰国した佐野博（佐野学の甥）らと党の再建運動にあたり、二三歳の田中が委員長となった。いわゆる武装共産党の時代である。田中は一九三〇年三月に母が諫死した後も活動を続けたが、七月に治安維持法違反容疑で逮捕。無期懲役の判決を受けたが、一九三三年六月に佐野学と鍋山貞親が転向声明を出した後の一九三四年三月に転向した。

この時期について田中は自伝で次のように回想している。

私が再建後の日本共産党の書記長《ママ》だった時に、スターリンは「日本共産党は武装すべし」という指令を出してきた。私自身がこの指令をモスクワから受け取ったんです。この指令にしたがって、後世の史家から我々は「武装共産党時代」と名付けられるほどの武装集団となり、官憲殺傷五十数件という過失も犯したんです。今思えば死刑にならないのが不思議なくらい、それは反人道的、反社会的、反国民的犯罪でした。

ところがスターリンは今度は「日本共産党は極左冒険主義だ。けしからん」と叱責してきたんです。私はこのモスクワからの、責任回避に終始した指令を受け取って「いまさら何を言うか」と心底から怒りが込み上げてきました。「こんな、スターリン程度の男に振り回されてたまるか」と、本当に腹が立った。

田中は、戦後の六全協で多くの活動家が日本共産党中央に対して抱いたのと同質の怒りをスターリンに対して持っていた。

†天皇側近への接近

田中は小菅刑務所で、血盟団事件で服役していたかつての宿敵、七生社の四元《よつもと》義隆から静岡県三島町（現：三島市）の龍沢寺住職、山本玄峰を紹介され、一九四一年四月に紀元二千六百年の恩赦により内閣書記官長富田健治を身元引受人として仮出獄すると、龍沢寺に入山して参禅した。龍沢寺には、鈴木貫太郎、米内光政、吉田茂、安倍能成、伊沢多喜男、岡田啓介、迫水《さこみず》久常《ひさつね》、菊池盛登、岩波茂雄ら多くの人々が出入りした。そして小磯内閣が一九四五年四月七日に総辞職する前の三月二五日ごろ、山本玄峰は鈴木枢密院議長に呼び出されて「実は今、私は陛下から大任を命ぜられようとしています」、「非常に悩んでおります」と相談され、玄峰は「お引き受けなさい。ただし戦争を止めさせるためですよ」と答えたという。山本玄峰は田中を用心棒として、沼津に疎開していた貞明皇后、昭和天皇、鈴木貫太郎の連絡役をしていた模様である。鈴木首相が、自宅に押しかけた本土決戦派の陸軍少壮幹部らに「しかばねを乗り越えて本土決戦、聖戦完遂に驀進してくれ」と答えたという新聞記事に、田中が「これは話が違うんじゃありませんか」と質したところ、玄峰は「おまえは若いなあ。これでいいんだ。へたに虚勢を張って殺されでもしたら、それこそ肝心の大事ができんわ」と裁断されたという。

同年一二月二一日、田中清玄は生物学御研究所に招かれ、昭和天皇に拝謁した。『側近日誌』によれば宮内次官大金益次郎が熱心に希望したもので、田中本人は禁衛府次長菊池盛登（前静岡県知事）の紹介と述べているが、常識的に考えて、五月の東京大空襲で宮殿や大宮御所が焼失した責任を取って宮内大臣を辞任した松平恒雄（元会津藩主松平容保の六男）の人脈であろう。『入江相政日記』によると宮中幹部と田中のルートはその後も長く維持された模様で、昭和天皇晩年の訪中計画では入江侍従長と田中が会談を繰り返している。入江相政の長男、入江為年は、父の日記を護った四人の中に、田中清玄と、田中同様に旧会津藩士の家系の伊東正義を挙げており、田中は入江相政の一周忌に参列している(『卜部亮吾侍従日記』一九八六年九月二八日条)。

†田中清玄とブントの接触開始時期

通説では、ブント全学連の代表者三人が資金援助依頼のために田中清玄と最初に会ったのは、一九六〇年一月一六日の岸渡米阻止闘争で逮捕された唐牛健太郎委員長ら多数幹部の保釈金を調達するためで、『文藝春秋』同年二月号に掲載された田中の「武装テロと母　全学連の指導者諸君に訴える」を読んだ後の一月一八日とされている。

ところが『唐牛健太郎追想集』に寄せた「唐牛健太郎君を悼む」で田中清玄は次のように書いている。

唐牛健太郎君とはじめて会ったのは、一九五九年、安保闘争の前であった。それまでにも彼の噂はよく聞かされていた。非常にしぶとい男で秀才であり、しかも行動力がある。物事を直感的につかむ。当時、札幌にいて弁護士をしておった友人から、そういうことをよく聞かされていた。唐牛君の父君とは私もよく知っており、また、彼が函館での高校の後輩でもあった関係から唐牛君には関心を持って聞いていた。

また『田中清玄自伝』によれば、一九五九年五月にブントの島書記長が道学連委員長の唐牛健太郎を全学連委員長に引っ張り出すため札幌を訪れる際、島は田中に「唐牛に全学連の委員長をやらそうと思うが、どうだろうか」、「あなたと同じ函館の高校で、今は北大だ」と尋ね、田中は「君がいいと思ったら、やったらいいじゃないか」と答えたという。一九五八年一二月のブント結成には日本革命的共産主義者同盟（革共同）も参加し、当時の全学連委員長塩川喜信（東京大学文学部）と書記長土屋源太郎（明治大学）はいずれも革共同系だったが、第四インターナショナルやソ連への評価の違い、「加入戦術」などから内部対立を起こし、島はブントによる全学連指導部の全面掌握に動いていた。

北海道はブントの強い地方で、創立大会には最も多い五人の代議員を送り（その中に唐牛もいた）、全道ほとんどの大学に細胞を確立して地方委員会も発足させていた。西部邁《すすむ》『六〇年安保』によれば「全学連中央委員会でブント派が革共同系の中執を強引に罷免してしまった」とのことであるから、島は田中が唐牛を知っていることを承知した上で、田中に唐牛の後ろ盾となってもらうことを期待して尋ねたのであろう。

†田中がブント全学連に資金援助した理由

島はブントのスローガン「世界革命」について『ブント私史』で、

この言葉はスターリンや日共の一国社会主義革命論に対して、マルクス・トロツキーから援用したものだったが、私にあってはたんなる革命戦略論にとどまるものではなかった。アメリカを盟主とした帝国主義陣営とソ連・中国らの社会主義体制との対立という世界認識へのアンチテーゼ。アメリカをもソ連をも対象とした現代世界秩序を根底から批判しようという壮大な夢の言葉としてあった。

反スターリン主義はただ独裁恐怖政治への反発ではなく、世界的存在となった国家独占資本主義の延命を許し、自国民衆を抑圧し、世界の人民運動を自らの民族国家擁護の外交道具としてのみ考える世界革命阻害者への断罪であった。

そして日本においては敗戦と米占領のなかから蘇り、世界市場に新たに登場するまで発展してきた高度資本制社会構造そのものにいかに迫るのかという理念でもあった。

従って私たちの批判は共産党のみに限定されるものではない。

私はこれまでの前史をほとんど共産党に関連してのみ語ってきたが、当時の現実政治においてこの党の占める位置はそれほど大きいものではなかった。労働者・農民・市民運動の大部分は社会党・総評らの影響下にあったがこれら非共産党左翼も革新文化人も共産党に負けず劣らずソ連・中国社会主義体制に依拠したハードやソフトのスターリン主義をもって「反体制」を自称していた。

とするならば私たちはこれらすべての「左翼の擬制」を曝くことによって大衆運動を解き放たねばならぬ。

と書いている。一方、田中はブント全学連に資金援助した理由を、

革命運動はいいんだ。帝国主義反対というのが、全学連のスローガンだった。しかし、帝国主義打倒というのを、アメリカだけにぶっつけるのは、片手落ちじゃないかと僕は言った。「ソ連のスターリン大帝国主義、専制政治はどうしたんだ」とね。そうしたら、そうだと。それで、これは脈があるなと思って、資金も提供し、話もした。

と語っている。そして田中は「当時の左翼勢力をぶち割ってやれと思った。あの学生のエネ

ルギーが、共産党の下へまとまったら、えらいことになりますからね。一番手っとり早いのは、内部対立ですよ。マルクス主義の矛盾はみんな感じていましたから」、「しかも反代々木（反日共）で反モスクワである点が重要だ。彼等を一人前にしてやれと考えた。反モスクワ、反代々木の勢力として結集できるものは結集し、何名か指導者を教育してやろうというので、全学連主流派への接触を始めた。もう一つは、岸内閣をぶっ潰さなければならないと思った」と述べている。

しかしブント全学連が反スターリン主義で共産党と激しく対立していることを、同じ反スターリン主義の田中が一九六〇年一月まで知らなかったとは考えにくい。しかも唐牛を全学連委員長とする前に島書記長は田中と会っている。

全学連書記次長・財政部長として資金面を担当した東原吉伸《とうはらよしのぶ》（早稲田大学第二文学部）によれば、島は二五、六歳、すなわちブント結成前の一九五六年ないし一九五七年から田中を相談相手にしていた（島成郎記念文集刊行会編、二〇〇二、2）。田中は武装共産党時代や一〇年あまりの獄中生活、コミンテルンとの死闘の経験を踏まえた実践論を助言し、島も共産党内の不毛な論争と分派闘争を経ているので議論はかみ合ったという。田中は島に松永安左エ門や平林たい子、福田恆存、新人会時代から田中を支援し続けた京都大学の桑原武夫や今西錦司、多くの実業家、報道関係者、保守党政治家、司法関係者、宗教人、さらに盟友の山口組三代目組長田岡一雄、オットー・フォン・ハプスブルク、フリードリヒ・A・フォン・ハイエクを引き合わせ、自己の行動哲学や人脈を継承させようとし、全学連委員長となった唐牛にも同様だった。

†岸信介を信用していなかった昭和天皇

ただし田中とブント全学連双方が接触開始の時期として挙げる一九六〇年一月は、政治史的に重要である。岸首相は一月三日の年頭記者会見で「安保条約の改定は岸内閣にとってゴールに入ったことではなく、むしろスタートであり、新安保体制の下で一層責任が重くなるわけだ」と自民党総裁三選に意欲を見せた。これに対して河野一郎、池田勇人、三木武夫、大野伴睦らが「安保花道論」で総裁任期切れ前の岸退陣を迫った。そして昭和天皇は岸首相を嫌っていた。一九六〇年四月二〇日付の岸信介宛て石橋湛山書簡に次の記述がある。

去る昭和三十一年の末、私が内閣を組織した時のことである。その際ある一人の人は私の提出せる閣員名簿をみて、きわめて深刻な表情をして私にこう尋ねられた。自分はこの名簿に対して只一つ尋ねたいことがある、それはどうして岸を外務大臣にしたかということである。彼は先般の戦争に於て責任がある。その重大さは東條以上であると自分は思うと。私はこの言を聞いて、そのきびしさに驚き且つ恐縮した。それは何を意味するかは知らず、若し旧憲法時代に於て、かかることが起ったとすれば　私は直ちに責を引かねばならなかったであろう。私としてはその際　これに対して百方辞を盡して諒解を求むるの他はなかった、かの一人の人もその上更に深く追求することはせず、そういうわけなら宜しいがとにかく彼は東條以上の戦争責任者であると繰返して述べられた。

私はかくてその場は切りぬけたといえ、深く肝に銘じた次第であった。

然るにその後間もなく私は病気に倒れ自然に貴下が替って総理になった。

その際かの一人の人は何と考えられたかと私は実はひそかに申訳なく思っている。

そこに今度の條約問題である。私としては何うかかの人をして重ねて心配をさせることのないようにと願うのである。

「ある一人の人」は昭和天皇以外にあり得ない。昭和天皇が岸首相をあまり信頼していなかったことは、当時、農相だった福田赳夫《たけお》の『回顧九十年』からもうかがえる。

私はモスクワから帰国して数日後に、葉山のご用邸で陛下にソビエト出張のご報告を申し上げた。私は、あの時のお言葉を極めて印象深く記憶している。

「時に福田、これからは国務大臣として聞くが」とおっしゃる。農林大臣ではなく、国務大臣に聞きたい、と言われたのだ。何をお聞きになるのかと思ったら、陛下は「福田、今のわが国の治安状況をどのように見ておるか」と切り出された。

陛下が「国務大臣として、治安の状況をどう思うか」と言われるのだから、私はそのとき「大変、憂うべき状態でありますが、わが国の政府としては外国の大統領をお招きしたら、これは成功させなくてはなりません」と、紋切り型のお答えしかしなかった。

私は岸首相に対し、陛下とのこうしたやり取りをそのまま報告した。

福田は昭和天皇の訪欧、訪米でいずれも首席随員を務め、晩年の訪中計画でも首席随員候補に挙げられたが、高齢で国会議員を引退していたことを理由に辞退したといわれる。『実録』によれば、吉田茂の没後に退陣後も昭和天皇と複数回会っている首相経験者は福田だけで、昭和天皇晩年の側近政治家といえよう。なお雅子皇后の父である外務官僚小和田恒《ひさし》は、福田の外相秘書官事務取扱と首相秘書官を務めた側近である。

†ブント全学連の目標は岸内閣倒閣だった

一九六〇年の『入江相政日記』に直接、田中清玄の名前は登場しないが、「年末所感」に「六月の安保騒動、沙汰の限りのバカらしさ、大学教授なんてバカなもんだ。全学連に東独と西独とを見せてやつたらすつかり驚いたとの事、行かなくたつてわかつてゐるぢやないか」と書かれている。刑期を終え出所した唐牛健太郎をドイツに連れて行ったのは田中で、一九六四年九月のことだった。田中は昭和天皇のインテリジェンス活動を担っていたという見方もある（徳本、二〇一五）。

茶本繁正《ちゃもと》「「オレは野良犬だ」」には唐牛の下の談話がある。

だがね、田中清玄は全学連の黒幕じゃなかったんだで。あっちはあっちでテッペン（岸首相＝当時）と自分のケンカを必死でやってたのさ。こっちは金を引き出す必要があった。なにせ金がなかったからね。金は引き出したが、全学連、ブントが奴の手兵になれるわけもねえだろうが。

島は『ブント私史』に、

安保闘争が革命情勢に至るなどとは私は少しも考えなかったが、状況いかんによっては政治危機寸前にはなりえたと思う。

もし野党に確固とした方針と行動があったならば、史上初めて大衆参加のもとでの政変もあったかも知れない。

もちろん社会党にも共産党にもそんな姿勢はまるでなかったし、なかったことは日本にとって幸いであったが、それではもしブントに力があったならば、新しい政治はつくりえたであろうか？

ノン、ノン、ノンである。


安保闘争の昂揚の渦のなかにいたために、私ははからずもそれまではるか遠くに存在していた日本政治中枢の現実の姿を垣間見ることができた。

それは予想以上に脆弱で、また政治的ロマンに欠けたものであった。

しかしこれに立ち向かう反体制諸派はそれ以上に醜悪で貧弱、低次元であった。これでは保守政治を凌駕することは到底できないと再確認したのだが、ブント自身もこの戦後左翼の不毛性から殆ど脱却していないことを認めざるをえなかった。

また政治の貧困さとは対称的《ママ》に、奥深いところで大衆の生活を包含しながら恐ろしいほどのヴァイタリティで動いている日本産業社会の構造に迫り得るなんらの武器も持たなかったことも思い知らされたのである。

と書いている。また島成郎・森田実「ブント・共産主義者同盟　その5――安保闘争から分裂へ」で二人は、安保闘争終了直後のことをこう語り合っている。

島　いや、終わったあとは、みんなものすごく元気だった。一八日で自然承認、こんなにやったのに無駄だったというような意味のジメジメした挫折感はまったくなかった、むしろ、ブントの闘いによって、岸を倒した。アイクも阻止した、共産党なんてどっかへすっとんじゃった。労働運動の右傾化もくいとめた――という意味の勝利感（というと語弊があるが）ととにかく全力をあげ闘ったという満足感のほうが、はるかに強かった。〔中略〕

森田　挫折感うんぬんというのは、だれが作った物語か知らないけれど、まったくのデッチあげですよ。命がけの賭けをやって、負けてもサバサバしているのがふつうの人で、闘いの結果がどうだから挫折したなんてことは、事実としてない。

島と森田の勝利感と満足感は、ブント全学連の目標が安保条約改定阻止ではなく、岸内閣倒閣だったと考えれば、極めて自然である。

2 「左右」両陣営によって消された「独立左翼」の戦い

†「共産党神話」と戦ったブント

石川真澄・黒羽《くろは》純久《よしひさ》・島成郎・多田実・松野頼三《らいぞう》「60年安保闘争特別座談会」で、島は共産党と社会党の反米闘争路線をソ連・中国寄りだと繰り返し批判している。

それまで共産党と社会党は「平和と民主主義」というのをいつも掲げて、まあ自民党もそうだったんですけども……(笑い)、主にソ連・中国に依拠して、中立とはいいますけど、社会主義陣営に傾いて反米闘争をやる、というパターンで大体やっていたのに対して、僕らは、ソ連・中国も同時に「帝国主義である」と初めて公然と言った。

今までの単なる反米、アメリカに対しての〝独立〟というのは、逆に言えばソ連・中国の社会主義国への加担という意味合いをこめて言ってますから、「それでは駄目なんだ」と。

共産党というのは「大衆闘争、大衆闘争」って言うけど、結局自分たちの組織を、闘争を利用して勢力を拡張する、それはソ連・中国に依拠した形で勢力を伸ばしていく。いわゆる「運動を利用する」。

僕らの相当なエネルギーが社会党、共産党とのケンカに使われた。左翼反対政党との戦争、その背後にあるソ連・中国と、それがかなり日本の場合にはまだあった。

安保闘争のなかで、ブントが果たしたもう一つの役割があると、僕は思う。それは、ソ連・中国や日本共産党に反対しただけでなく、それと対等に闘って、むしろ主導権をこっちで握ってやったという、この経験です。日本共産党というのが、あの時点では、力が弱かったけれど、まだ青年の間では、神聖視されていたんです。社会党はしょっちゅう変わるけど、一種の核みたいなものだった。ソ連を批判するだけで反動だとか米国の手先だという共産党を相手に、ブントはソ連を真っ向から批判して、大衆闘争をやったというので、「共産党神話」が崩れて、共産党の位置が相対的に、普通の政党の一つになってしまった、それはありますね。

ブントの理論的指導者だった青木昌彦（姫岡玲治）も反米ではない（読売新聞昭和時代プロジェクト、二〇一二）。

†ブント幹部らも反米ではなかった

六〇年安保の意義は、左右の権威を失墜させ、イデオロギー闘争を無意味なものにしたことだろう。左の共産党と、右の岸信介は、戦前戦後の日本社会にとって特別な存在であり続けたが、安保で岸の政治的野望はついえたし、民衆を統制する「前衛党」という左翼の幻想も消えた。ブントの戦いは、既存の権威から市民を解き放った。

当時、社共などの既成左翼は安保の改定を、日本を米国に従属させる動きと捉えた。一方、私たちブントは、日本の政治的支配者が、戦前のような帝国主義的野心を復活させるため、軍事同盟を強化しようとしている、と受け止めた。歴史的認識としては私たちの方が正しかったのではないか。

安保の前後で、日本という国をめぐるゲームの形が変わった。この後、政府は高度経済成長の果実を用いて、様々な利益団体の要求を取り込み、政治的安定を図った。左翼政党もそのメカニズムの一翼を担う時代が始まった。

ブント東大本郷細胞にいた長崎浩（二〇一〇）も、

とりわけブントは古典マルクス主義復興を掲げて結成された組織である。労農派とコミンテルン二七テーゼをさらに先端化して、安保闘争は何よりも日本帝国主義の復活阻止でなければならないと主張した。この意味でブントの安保闘争は直接的に反米闘争ではないのだった。反植民地愛国闘争を掲げる日本共産党との間で、党派闘争が避けられないのであればなおのことである。安保闘争最盛期六月一〇日に日共全学連の跳ね上がりが引き起こしたハガチー闘争、つまり来日したアイゼンハワー大統領新聞係秘書を羽田空港で包囲した闘争も、理論上ブントは取り組んではならない。もっとも、当時ブントは心理的に追い詰められており、そんな余裕などなかったのが実情だった。

大略すればこのような事情から、安保闘争におけるブントに反米意識は希薄だった。この点でも安保闘争におけるブントと岸首相は奇妙な相補関係にあったのであり、「日米関係」は岸に任せ岸と共に葬ればいいのである。幼稚といわれればその通りだが、抗弁はしない。ブントと岸首相の相補関係、つまりは日米関係を置いてきぼりにして、平和と民主の国民運動が堰を切った。そこに表立って反米の意識はない。

と書いている。そして冨岡倍雄《ますお》「ブント結成まで」（島監修、一九九九）によれば、ブントが労農派理論からスタートしたのは、講座派理論では反米闘争となって岸政権を利すると認識していたためである（傍点引用者）。

当時（フルシチョフのスターリン批判後）の党中央は、「新綱領」の破産を自己申告していたにもかかわらず講座派的二段階革命論の殻をすてきれず、あるいは対米斗争を重視するソ連や中国の共産党の影響からぬけでられなかったものか、『アカハタ』などで、日本を米国の「目下の同盟者」と規定して対米斗争を日本共産主義者の第一の任務としていた。当時の日本が米国の「目下」の地位にあったことは子供にもわかる常識の範囲のことで、問題は、この常識に依拠して反米斗争をくむということは、日本資本主義よ、米国に追いつき追いこせ、ということと結果的には同義である、という点にあった。それは目前の日本権力、岸政府、の反動政策との斗いをぼやかすばかりではない。『アカハタ』に依然として氾濫する「愛国者」とか「日本民族」などという言葉は、戦時中の軍国主義の否定のうえにたつ平和教育をうけてきた学生たちにすなおに「納得」できるものではなかったし、いわんやブルジョワ民族主義に対してプロレタリア国際主義をするどく対置するマルクスやレーニンの著作を多読していた学生活動家たちにつよい違和感をあたえずにはおかなかった。

一方、公安リークネタだった「ゆがんだ青春」放送直後の一九六三年二月二八日付『アカハタ』社会面トップ記事「安保闘争　売渡しに狂ほん」では、

はげしい闘争のなかで労働者が日本を支配する真の敵はアメリカ帝国主義であることをからだで知りはじめると、田中は唐牛一派を使って狂気のような妨害宣伝をはじめ、たたかいを「反安保、反岸」闘争、とくに「反岸」闘争にすりかえるために躍起の策動と援助をおこなった。

と書かれている（傍点引用者）。共産党はブント全学連によって「反米」闘争を「反岸」闘争にされたことで怒っていることが分かり、ブント側と共産党側の認識が一致する。総評＝社会党にとっても六〇年安保はアイゼンハワー訪日阻止を目的とする「反米」闘争だった（水野、二〇〇二、上）。陸軍中野学校を設立した謀略将校岩畔豪雄の子分で、岸首相、岸側近の内閣官房長官椎名悦三郎（後藤新平の義理の甥）らと近い関係にあった水野成夫を社長とする産経新聞社が反安保の論調で、デモ隊から「産経ガンバレ」と声援を受けていたことを想起されたい。

†反米市民運動とソ連の影

唐牛は『文藝春秋』でボツにされた「七〇年安保この愚かな祭り」（堤堯《ぎょう》「文藝春秋とともにある編集者のオデッセイ」第三五回）で次のように書いている。

羽田事件では私を含めて七十六名逮捕、うち二十名ばかりが起訴された。そのスキに代々木系が学連の権力を奪回しようと策動を始める。ここはどうあっても保釈金をひねり出して、こっちの人間を出さなければいけない。が、さてその保釈金をどう捻出するか、それが深刻な問題になった。

進歩的文化人などというものの、いかに頼りにならぬことか！

私と島成郎（ブント書記長）と二人で清水幾太郎のところへいったことがある。

「いま手元に現金がない」

「小切手でもいい」

そんな問答があって、結局はブツブツいってるだけでビタ一文出してくれなかった。そのくせ、彼はある会合で、

「全学連のおかげです」

と、四度も同じ言葉をくりかえしている。その会合は——羽田事件で弾圧されている学生たちを救援しようと、文化人の協力を得てカンパに乗り出した全学連不当弾圧粉砕闘争委員会が主催し、文化人たちにお礼を述べるかたがた、救援活動の報告をしようという会合——だった。

「全学連のおかげです」——彼の口からその言葉を聞くと、ひと昔前の「兵隊さんのおかげです」のようなひびきがするではないか。

またたとえば寺山修司は、折角カネを用意しておきながら、同行の某に、

「こいつらにカネ出すと、あとのたたりがおそろしい」

といわれて、そのカネを引っ込めてしまった。

さらにたとえばこんなのもいる。いまやべ平連に加わっている助教授兼評論家で、八月十五日になると三年に一度は丸坊主になる男だが、一度出したカネを、十一、二月ごろになって、

「あれは貸したカネだから返してくれ」

といってくる。それも毎日のように夫婦で交互に電話をかけてきて、奥さんがいうには、

「主人が安保でアタマにきて、大学をやめたので食べていけないんです。月賦でもいいから

返してちょうだい」

というようなことをいう。金額はたしか十万円前後。そしてその人の名は鶴見俊輔。

前述したように六〇年安保の際、鶴見俊輔は政治学者の高畠通敏とともに「声なき声の会」を組織して安保条約改定に反対したが、「声なき声の会」のデモの指揮は、日ソ協会が行っていたことを認めている。鶴見はベトナム戦争期には高畠らとともに「声なき声の会」を母体として「ベトナムに平和を！市民連合」（ベ平連）を結成して活発な反米運動を展開したが、ソ連崩壊で公開されたKGB文書によりベ平連はKGBの支援を得ていたことが明らかになっている。唐牛が鶴見をこのように非難するのも、鶴見の背後にソ連を見ていたからではないか。鶴見の祖父後藤新平は、戦間期の日本で最も有力な反米親ソの政治家で日ソ国交樹立に尽力した。

†「反日共」という共通の地点

さらに唐牛は続ける。

進歩派といわれる人間ほど、いざとなると頼りにならない。ビタ一文出さないくせに、TBSでわれわれと田中清玄氏との関係が報道されるや、

「闘争資金は汗水たらして同志の間から調達すべきである」

などという。わずか二、三万円のカネを出すにも、ウンザリするほど能書きを並べ立てたり、あるいは逆に、

「君たちを支持はするが、私の名前を外には出さないでくれ」

といって、わずかのカネを渡すのもいる。これなどはさしずめ〝口止め料〟兼〝ポーズ維持料〟というべきだろう。

〔田中清玄が〕カネをくれるのはこっちを利用するためだろう、と最初は考えた。利用価値があるならどうぞ、こっちはもらうものさえもらえばよろしい、といった気持ちだった。もちろん何の付帯条件もつけてこない、カネは出すけど口は出さない、のである。口は出すけどカネは出さない進歩派より、よほどこっちにとってはアリガタイ。

こういう考え方もできるだろう――われわれ全学連はいまの日共では〝世直し〟が出来ないし、どうにもならないと考えている。ところがわれわれは幹部ぐるみの大検挙で力が落ちている。そのスキに日共系が盛り返そうとしている。一方田中氏は反日共に生きている。どちらも日共にイニシャティブを握られたくない。われわれと田中氏が同じ反日共の地点に、期せずして右と左からやってきて出会った、と。

だから、付帯条件をつけるも何もないのである。「赤旗」が、

「唐牛らは戦術をカネで売った」

「六・一五は田中清玄の陰の指導のもとに、唐牛が指揮をとって国会突入を命じた」

などというのは笑止の沙汰。第一、私は当日、巣鴨プリズンにいたこと、すでに述べたとおりである。デマのためのデマというしかない。

ブント結成までの経緯を考えれば自然な話である。そして唐牛はブント全学連が主導した六〇年安保闘争の意義について、

私にいわせれば六〇年安保の主役ブント全学連の役割は、すでに四・二六国会突入で終わっていた。

「虎は死んで皮を残す、ブントは死んで名を残す」

と島成郎はいったが、ブントはすでに四・二六で死んでいた。あとはダラダラと続く、とむらい師たちの腐肉あさりにしかすぎない。

平和と民主主義とやらの一大国民オンパレード――そんなものとは無縁の存在だったところに、ブント全学連の存在理由があった。ものいわぬブント全学連の行動は、いわば人々の

姿・素顔を映し出す鏡となり、自民党、社会党、共産党、文化人、新劇人、教授たち……その他もろもろのみっともない顔を弾劾し、糾弾していった。

ブントの行動には美濃部都知事の卑屈なスマイルも、流行の〝対話〟も、一切を拒否するところがあった。それはすべてのものに対する根源的なアンチテーゼだった。だからこそ、すべてをブチこわしたのち、みずからもまた自壊したのである。そこにこそブントの意味、六〇年安保の意味があった。

せっかくブントがブチこわしたものを、やれ〝対話〟だのなんだのと有害無益な接着剤を塗りたくって寄せ集め、七〇年安保で二番煎じの興行を打とうとは！

興行主も同じなら役者も同じ、筋書きもまたおそらく同じ、一度見たものは二度と見たくない。七〇年興行の赤字は必至だろう。

喜べ民青、呵々。

と書いている。彼らは明らかに反米ではなかった。

†岸の反米ナショナリズム

これに対し、岸信介は強い反マッカーサー感情の持ち主だった（原編、二〇一四）。

マッカーサー元帥がとにかく日本を占領してだな、日本の主権が完全に制約され、マッカーサーが主権者として踏ん張っていたわけです。この状況を巣鴨から覗いたところによれば、日本各界のイエスマンというか、そのご機嫌をとる奴ばっかりが（マッカーサーを）取り巻いてだな、私としてはそりゃあ反米的なというか、反マッカーサー的な気持ちが強かった。それは事実だ。

僕にいわせれば、いかに日本を弱体化させるか、いかに日本を再び立ち上がらせないようにするかが、占領政策のすべてであったと思うんです。このマッカーサーの政策を巣鴨プリズンの窓から眺めていた同志たちが憤激しながら論じあっていたことは事実だ。

そうそう。だから私はとうとうマッカーサー元帥には彼が死ぬまで会わなかったんですよ。マッカーサーはアメリカに帰ってから、ニューヨークのアストリアホテルに居を構えていたんです。私が総理になってあのホテルに泊まったりしたけれども、全然表敬（訪問）もしなかった。

とにかく私はマッカーサーには非常な反感を持ったわけだ。その点アイゼンハワーは対照的でしたね。マッカーサーは難しいことをいってだな、日本人はなっておらんからこれを啓蒙するという、何か高いところからお説教するような調子があるでしょ。アイゼンハワーという人は同じ軍人でありながら、しかもノルマンディー上陸作戦を成功させた英雄ではあったが、軍人特有のいかめしい印象は与えなかったね。

アイゼンハワーは一切理屈はいわんしね。マッカーサーとは全く対照的なんだ。そういう点からもマッカーサーに対する反感は確かにあった。とにかく彼は詔書みたいなものまで出したからね。

つまり実際の六〇年安保闘争で起きていたのは、岸首相や共産党、社会党の反米ナショナリズムと、戦争体験や戦後の平和教育から「反米愛国」路線に違和感を持つブント全学連の大衆動員競争であり、後者が前者をねじ伏せたと見るのが自然だろう。またハイエキアンの田中清玄から見れば、岸の「国家社会主義」とスターリンの「一国社会主義」は同じようなものだったと思われる。

†山口組などの動員

田中の自伝によれば、田中は岸首相との戦いに、山口組（組長田岡一雄・神戸）や藤木企業（社長藤木幸太郎・横浜）をはじめとする全国の港湾労働者などを動員した。

全学連といったって、最初はただわあーっと集まってくるだけで、戦い方を知らん。それでこっちは空手の連中を集めて、突き、蹴るの基本から訓練だ。僕の秘書だった藤本勇君が日大の空手部のキャプテンで、何度も全国制覇を成し遂げた実績を持っていた。彼をボスにして軽井沢あたりで訓練をさせたんだ。藤本君がデモに行くと、一人で十人ぐらい軽く投げ飛ばしてしまう。「お前は右翼のくせに左翼に加担してなんだ」なんて、だいぶ言われていたけど、「なにを言ってやがる。貴様らは岸や児玉（誉士夫）の手先じゃねえか」って言ってね。デモをやると右翼が暴れ込んでくるんだ。それを死なない程度に痛めつけろ、殺すまではするなと。それでしまいには右翼の連中も、あいつらにはかなわんということになった。

こっちは反帝国主義、反米だけではどうしても今一つ盛り上がらない。それで取り上げたのが反岸だった。それをやったのは島です。全学連の内部では、「国内問題に矮小化しすぎる」「国際性がない」「革命性が失われる」などと小理屈をこねたのもいたが、困るのは自民党、岸一派だけだ、遠慮しないでやれと言ってやった。

水道橋の宿屋で待機していて、田舎から送られてくる部隊を集めては、左翼と一緒に戦えと話をしてやった。彼等は「なんだ、今まで仲間だったのと戦うのか」っていうから、「そうだ、極右である岸・児玉一派と戦うんだ。大義、親を滅した」なんて言ってね。あのエネルギーを爆発させることができたのは、何といっても戦いに反岸を盛り込んだことだし、それをやり切ったのは島や唐牛でした。彼等がいなければ、警視庁だけでは、岸・児玉一派にやられてしまっていたでしょう。原文兵衛警視総監が一番理解してくれた。

東原吉伸も、ブント全学連の集会を共産党系の「全自連」から守るため、日大と愛知大の空手部を会場正面に、「別働隊」も会場内部に配置し、ブント全学連の学生は後方の守備に回らせたと書いている。六月一五日にブント全学連約四〇〇〇人が国会に突入し、樺美智子《かんば》が圧死した時には、山口組とみられる「20数台のバスに分乗した関西系集団」が「まさに箱根を越えようとしていた」。そして「想像していた大惨事は、皮肉にも「機動隊の厚い壁」のおかげで回避された。そしてこの件は、起こらなかったこととして歴史にほおむられた」という。入江為年《ためとし》は原文兵衛《はらぶんべえ》も父の日記を護った四人に入れている。

当時、自治庁税務局長だった後藤田正晴は「岸さんが総理になったときは、これはいかがなものか、と思いました」と述べており（後藤田、二〇〇六、上）、商工官僚出身の岸は旧内務官僚には必ずしも評判がよくなかったのかもしれない。財界でも今里広記《いまざとひろき》（日本精工社長）と中山素《そ》平《へい》（日本興業銀行副頭取）が反岸で田中清玄と手を組み、佐藤喜一郎（三井銀行社長）、小林中《あたる》（前日本開発銀行総裁）、桜田武（日清紡績社長）も岸と距離を置いた（森川編、二〇〇五、村田、二〇一一、下）。後藤基夫によると、吉田茂も岸を一番嫌っていた（後藤・内田・石川、一九八二）。

†岸信介・児玉誉士夫と田中清玄・田岡一雄の確執

島成郎は前出の石川真澄らとの座談会で、樺事件について、

　それがだからやはり突発事故なんですね。前線指揮してやってたのが、ある時期になって「かかれー」となった。それで追い出した。四機（編集部注：警視庁第四機動隊）が出てきた。後で上の人に聞いたら、それは全く予想しなかったことだと。そして追い出されて逃げるなかで、樺さんが死んだと聞いて、三井〔脩《おさむ》〕公安〔第一〕課長は真っ青になったらしい。

ブント全学連は四月二六日の国会突入で唐牛委員長ら多数の幹部が逮捕され、六月一五日は

委員長代理の北小路敏《きたこうじさとし》（京都大学経済学部。後の中核派最高幹部）が四日前にブントの島書記長から「すぐ来い」と指示されて上京し、指揮を執っていた（島成郎記念文集刊行会編、二〇〇二、1）。一四日には三井公安第一課長が島書記長を訪ねて警察とデモ隊の衝突回避策を話し合っている。したがって樺事件は、北小路委員長代理が、山口組の部隊の到着前、三井課長と島書記長のシナリオになかった形で「かかれー」と号令したために起きた可能性がある。

岸首相は樺事件でアイゼンハワー訪日断念と退陣を決意したと回想している（退陣表明は二三日）。岸内閣の末期、田中清玄とは小菅刑務所以来の仲で、田中の三幸《さんこう》建設工業の経営を引き継いでいた四元義隆が、拓殖大学理事長西郷隆秀（西郷隆盛の孫）の依頼で、岸の後継を池田勇人にするため、欧州各国歴訪中の吉田茂を訪ねて了解を取り付けた（金子、二〇〇九）。四元と西郷は海軍省教育局長高木惣吉少将の東條英機暗殺計画に参加したと言われている。

なお、六〇年安保騒動での岸信介・児玉誉士夫と田中清玄・田岡一雄の確執は、児玉が一九六三年一一月、配下の暴力団東声会に田中を狙撃させ瀕死の重傷を負わせる事件にまでエスカレートした。児玉は「昭和天皇個人についての戦争責任を追及し、退位するのが当然と公言して憚らなかった」という（松尾、二〇一〇）。

田中は、「尊敬する右翼」は愛郷塾の橘孝三郎と五・一五事件の三上卓の二人だけと述べているが、野村秋介《しゅうすけ》による河野一郎邸焼き打ち事件の公判で三上は検察側証人として「児玉は事件屋だ」と証言して「右翼」界で物議を醸し、「おれが死んでも児玉だけは葬式に呼ぶな」と言うほど児玉を嫌っていた。また東久邇宮稔彦側近の一人だった石原莞爾は敗戦直後、東久邇宮首相らに「官《ママ》内大臣は三上卓にかぎる」と熱心にすすめた。三上は高木教育局長の東條暗殺計画に参加する以前から、血盟団事件の井上日召《にっしょう》、四元義隆らと東條内閣打倒運動を行っていた（江面、二〇一二）。

三上は五・一五事件の禁固刑を恩赦で出獄後、大川周明の東亜経済調査局付属研究所（通称「大川塾」）講師として収入を得たが、大川のパトロンだった「最後の殿様」徳川義親《よしちか》（一九七三）は、三上が「死ぬ前は財閥の御用人となった右翼にあいそをつかし、左翼赤軍派を支援したりしていた」と書いている。

†ブント全学連の意義

吉本隆明はブント全学連について、

島さんの主導する全学連主流派の人たちは、孤立と孤独のうちに、世界に先駆けて独立左翼（ソ連派でも中共派でもない）の闘争を押し進めた。それが60年安保闘争の全学連主流派の戦いの世界史的意味だった、とわたしは思っている。闘争は敗北と言ってよく、ブントをはじめ主流となった諸派は解体の危機を体験した。しかし、独立左翼の戦いが成り立ちうることを世界に先駆けて明示した。この意義の深さは、無化されることはない。

と意義づけている（島成郎記念文集刊行会編、二〇〇二、1）。一方、社会党シンパとして有名な日高六郎は、

こんどのことには、最近の学生の考え方がはっきりでている。学生運動は学生のときだけ、卒業すれば資本家の側につこうがかまわない。共産主義者同盟の一部指導者の中にもこの考えがあった。分派闘争に負けたら、学生運動をやめて、転向するしかない、という指導者もいた。ぼくはそういうのをパートタイム・モラルというんだが、唐牛君たちの行動もその観点からみれば説明がつく。彼らは自分の行動が日本の社会にどんな波紋を呼起すかに頓着しない。結果に対する責任を引受けない。

唐牛君たちは転向だとは思っていまい。彼らなりに革命だか何だか知らぬが、また何かやろうと思っているかも知れない。だが主観的にはそう考えていても、客観的には大きな誤算というしかない。ただ唐牛君たちの例はあくまでごく少数にすぎないことを忘れてはならない。

もう一つ大切なことがある。唐牛君らが田中清玄氏から金をもらったことも問題だが、田中氏が金を出した理由がさらに問題だ。彼の動機、目的は厳しく追及する必要がある。安保当時に金を出していたとすれば、それは政治的陰謀である

と田中清玄とブント全学連を糾弾している（「録音構成「ゆがんだ青春」の波紋」）。しかしTBSの「ゆがんだ青春」が、公安警察による共同通信社の社会党シンパ記者村岡博人へのリークネタで、TBSの共産党シンパのディレクター吉永春子との共同取材によるものだった事実が明らかになっている現在、「政治的陰謀」を疑わなければならないのは、公安警察・社会党・共産党の側であろう。

福田恆存は『新潮』一九六〇年九月号に発表した「常識に還れ」に、

社会党や文化人はその死〔樺美智子〕を最後の拠点として、国民運動の盛上りを期待し、警官による虐殺説、国民葬などを思ひついた。その間における全学連主流派の立場は微妙である。彼等は功労者であり、かつ邪魔者であつたからだ。同行者の暴行を否定しながら、しかもその成果だけは貰ひ受けたいといふのが、社会党、文化人の日頃の流儀である。共産党、総評に対しても、いや自民党に対してすら、いつもその手でやつてきた。良識家の如才なさ

であり、またそのディレムマである。今度もさうだった。機先を制するがごとき警官攻撃がそれである。身方の中に「犯人」をもつ者の防衛的攻撃としか考へられない。全学連主流派は完全に孤立してゐる。

大学教授達は茅〔誠司〕声明を支持してゐるが、それがいつまで続くものか。彼等はあくまで正論と俗論の守護者であり良識家である。彼等は全学連を擁護してゐるのではない。学生をと言ひたいが、さうでもない。ただ大学教授の権威を象徴している「学園の自治」を、一口に言へば、自分達の「被尊敬権」を擁護してゐるに過ぎない。大学の教授は、その最も良質な者でも、学生を取巻と化し、その上に安坐することによつて、自己の権威を保持したいといふ本能に溺れやすい。私とは全く反対の立場にありながら、私が最も好意をもつ主流派諸君に忠告する、先生とは手を切りたまへ。

と書いていた。ソ連、中国の言うことを聞かない「独立左翼」は、社会党、共産党だけでなく、公安警察にとっても邪魔であり、二度とそのようなものが生まれてこないよう、すでに「左翼」活動から身を引いていた唐牛健太郎らブント全学連関係者を叩き潰したのではなかろうか。「左右」両陣営が「六〇年安保闘争＝反米運動」の物語を必要としており、歴史を書き換えたのだろう。

第八章　「左右」連合の諸相

1　長州「左右」連合の形成

†田中龍夫とユニクロ柳井一族

昭和天皇側近グループと対立した長州閥親ソ派の田中義一の長男田中龍夫は、一九三七年に東京帝国大学法学部を卒業して松岡洋右総裁の南満洲鉄道に入社し、一九四〇年四月に革新官僚が集まる企画院調査官として官界入りした。省庁再編で一九四三年一一月に東條英機大将を大臣、岸信介を次官とする軍需省が設立されると同省軍需官となり、一九四四年九月に小磯内閣農商相島田俊雄秘書官。内閣総辞職で軍需官に戻り、敗戦後の商工省への改編で同省事務官。幣原内閣商工相小笠原三九郎秘書官から一九四六年五月に貴族院議員となった。翌四七年四月には社会党推薦で、長州閥親ソ派として田中義一の政治資金源だった久原房之助らの応援を受け山口県の初代公選知事に当選した。田中知事はGHQの宇部興産四分割指令に抵抗、解除させた。田中義一は宇部興産創業者の渡辺祐策《すけさく》（政友会衆議院議員。政友会山口支部初代支部長）と親交があり、龍夫も同様だった。岸信介の長男信和は京都帝国大学卒業後、宇部興産に入社している。

田中龍夫はバカヤロー解散による一九五三年四月の総選挙に無所属で出馬して衆議院議員（山口一区）となり、自由党に入党したが、岸信介（山口二区）の自由党除名の後を追い脱党。その後、保守合同で第一次岸内閣内閣官房副長官、第二次佐藤内閣国務大臣兼総理府総務長官、福田内閣通産相、鈴木善幸《ぜんこう》内閣文相、自民党総務会長（鈴木総裁）を歴任した。

田中龍夫の後援会長は、一九四九年、山口県宇部市にユニクロの前身「メンズショップ小郡《おごおり》商事」を立ち上げた柳井等である。これは柳井等の兄で、田中義一から兄弟分の杯を受けた保良浅之助が初代組長の籠寅組のヤクザだった柳井政雄が一九四六年に設立した小郡商事の洋服部門である。政雄・等兄弟の父柳井周吉は牛馬商で、政雄は高等小学校を中退して宇部炭鉱で働いた後、木賃《きちん》宿、材木商を営む傍ら陸上小運搬業組合長となり、戦後は社会党に入党して山口市議会議員、山口県議会議員を務めた地元の大物である。柳井政雄は一九五二年に社会党を除名され、田中龍夫が衆議院議員に初当選した総選挙で政雄らが田中を支持したこと（柳井政雄は県連本部委員会決定と主張）などによって、政雄が委員長だった部落解放全国委員会山口県連合会が分裂すると、山口県部落解放連合会会長、山口県部落連盟委員長となり、佐藤栄作（山口二区）の要請で全日本同和会初代会長、全日本同和会山口県連合会会長を務めた（柳井、一九九二）。柳井正も早稲田大学学生時代に田中龍夫事務所の世話になっている。柳井正の大叔父柳井伝一《でんいち》は一九二二年三月の全国水平社創立大会に参加し、翌二三年五月の山口県水平社創設で同連盟本部役員となった。

ユニクロなどの持株会社ファーストリテイリング会長兼社長柳井正は父柳井等について「父は地元のヤクザである一松組の親分と昵懇で、その組の人と一緒に〈真締《まじめ》産業〉という土建屋を作っています。一松組の人が社長で、父が会長でした。それ以前から一松組とは仲がよかったんだと思います。うちの親父は町の顔役」、「洋服屋より、土建屋の方が似合っている親父でしたね。談合とかそんなのばっかりですよ」、「本当に恐ろしかったです。すぐに殴るんですよ」と語っている。一九八二年から八八年までは一松組の親分の養子一松忍が小郡商事取締役を務めた。柳井政雄・等兄弟は宇部興産社長中安閑一《かんいち》と昵懇で、等は宇部興産の「裏の重役」、「影の権力者」と呼ばれた（横田、二〇一三）。一松組は籠寅組の後身、合田一家の二次団体で、合田一家現総長の末広誠は在日（本名：金教煥《キムギョファン》）である。

六〇年安保時の日本労働組合総評議会（総評）議長太田薫も宇部興産の人間である。

†太田薫と宇部興産

一九一二年一月に岡山県で生まれた太田薫は、大阪帝国大学工学部応用化学科卒業後、大日本特許肥料を経て一九三九年、宇部窒素工業に入社した。同社は一九四二年三月に沖ノ山炭鉱、宇部新川鉄工所、宇部セメント製造との四社合併で宇部興産となった。一九四六年の宇部窒素労働組合発足時に太田薫は硫酸課長兼務で初代組合長となり、執行委員のほとんどが課長だった。宇部炭鉱には日本炭鉱労働組合（炭労）傘下の興産炭鉱労連ができ、窒素、セメント、鉄工所の組合などと地区連を結成し地域運動を進めた（塚田・太田編、一九九九）。

太田は翌四七年四月に社会党から宇部市議会議員に当選後、宇部窒素工場所長の専務取締役中安閑一に筆頭課長の企画課長に抜擢されて組合長を辞任し、一九四九年、組合長に復帰。一九五〇年一二月に合化労連初代委員長、共産党寄りの事務局長高野実との権力闘争に勝って一九五八年七月に総評議長となった。太田の経歴を見れば、宇部興産の事実上の労務担当重役と言えよう。太田は田中龍夫知事が社会党、組合に好意的だったと言っている（山口県編、二〇〇〇）。太田薫が一九六五年にソ連からレーニン平和賞を受賞した親ソ派なのも、田中義一・龍夫父子、久原房之助、岸信介の長州閥反英米派と宇部興産の関係を見れば自然なことだろう。

反吉田茂の岸信介自身、公職追放解除で政界に復帰する際、第一高等学校・東京帝国大学法学部の同級生で親友の三輪寿壮《みわじゆそう》を通して社会党に入党を打診し、同党幹部に断られた経緯がある。社会党推薦で山口県知事になった田中龍夫同様、岸も吉田茂より社会党に近かった。また、共産党内で所感派との抗争に勝ち、一九五八年八月に党書記長となった国際派の宮本顕治は山口県立徳山中学校卒業である。保良浅之助と西日本のヤクザの世界を二分した玄洋社系で民政党の吉田磯吉は一九三六年一月一七日に六八歳で没したが、保良は一九七五年五月一日まで存命だった（九二歳没）。戦後の玄洋社の最高実力者だった緒方竹虎も一九五六年一月二八日に六七歳で急逝している。首相石橋湛山が在任六五日間で病気辞任し、岸信介が首相になったのは一九五七年二月である。長州「左右」連合の形成は、保守合同と社会党統一で「左右」両陣営の再編成が行われていた際、実力者の寿命や病気といった偶然の要素に左右された部分は大きいだろう。

なお、部落解放同盟福井県連合会書記長だった高浜町の元助役森山栄治をめぐる関西電力の裏金問題で、森山元助役が取締役で筆頭株主だった警備・ビル管理・人材派遣・建設会社オーイングの関連会社、警備・清掃会社アイビックス会長吉田敏貢は元防衛相の自民党幹事長代行稲田朋美（福井一区）の後援会長だった（『週刊朝日』二〇一九年一〇月一八日号）。日本会議系の衆議院議員として安倍政権で閣僚を二度務めるなどスピード出世を遂げた稲田朋美を、これまで

「左翼」は「極右」と攻撃してきたが、稲田の選挙基盤は「左右」で色分けするならば「左翼」だった。

2 クーデター計画と反米大連合

†松岡洋右内閣擁立を目指していた宮城事件

「左右」両陣営がおそらく意図的に隠蔽している事実がある。それは終戦時に陸軍の徹底抗戦派が起こした宮城事件が、もともとは松岡洋右を首班とする抗戦内閣擁立を目指すクーデター計画だったことである。伝記刊行会の松岡の正伝がこれを認めており、関係者たちに聞き取りをしたアメリカの日本研究者デービッド・J・ルーも、その松岡の伝記で松岡内閣擁立構想について書いている。このことは元参謀総長閑院宮載仁元帥が一九四五年五月二〇日に没して、皇族陸軍軍人の最有力者となった軍事参議官東久邇宮稔彦大将(四月まで防衛総司令官)の未公刊日記で裏書きできる。

『公論』一九四五年六月号にインタビュー記事「松岡先生再訪記」が掲載された。その中で松岡洋右は、「世界史を見給へ、殊に欧洲の歴史を見給へ、大きな戦争では却つて小さい方が勝つてるぜ」、「日本は勝つ、必ず勝つ、要は国民が必勝不敗の信念をもつて頑張ることだ。また敗れたらどうなると思ふ。米は必ず国体絶滅を以て臨んで来るのだぜ」、「日本人としては絶対に妥協の道のない戦ひなんだ」、「米国としては未曾有の総動員の如き無理は、ルースヴェルト《ママ》でさへも相当以上の無理を押し切つたのである〔。〕それをツルーマン《ママ》如き二流三流の政治家が、米国の憲法上やむなくルースヴェルト《ママ》の後を襲つて大統領になつたからといつて、何時まででも纏め率ひて行くといふことが出来るものとは考へられない」、「万一沖縄が終に支へ切れず、大陸にも、朝鮮半島にも、日本本土にも続々と米兵が上陸したとしても、国民の覚悟次第では日本は十年でも平気で頑張り抜くことが出来るのだ」、「敗けたら、繰り返し言ふやうに、妥協の道のない戦争だから、日本国民一億　天皇を奉じて切り死にするのみだ」と語っている。

　これを読んだとみられる海相米内光政大将は五月二二日、

松岡ノ意見トイフノヲ読ンダガ、誇大妄想ノ様ナ気ガスル。彼ノ男ハ、日蘇問題ハ頗ル難問題ダガ、コチラカラ彼是持出スノハ不得策デ、寧ロ黙ツトレト云フ説デ、多少筋ガ合ハヌ。ドウセ黙ツトレバ、蘇ハ独自ノ方寸デ着々ト進ンデ手ヲ打ツテ来ルノダカラ、待ツテ居ルヨリ積極的ニ出タ方ガ良イト思フ。松岡ハコノ問題ノ処理ハ自分以外ニナイト堅ク信ジテ居ル様ダ。アノ人ハ思ヒ付キノ良イトコロモアルガ、間違ツタ方向ニ遮二無二突進スル。

日独同盟ノトキモ、独乙ト手ヲ握レバ米ハ引込ムトイフノガ、松岡ノ堅イ信念ダッタ。客観的ニモノヲ判断シナイデ、自分ノ主観ヲ絶体ニ正シイト盲信スルカラ危険ダ。

と高木惣吉少将にコメントした（伊藤編、二〇〇〇、下）。

伊豆の古奈温泉で結核の療養生活をしていた松岡は、ポツダム会談が行われていた七月下旬に上京し、政府・軍の上層部と面会した。『木戸幸一日記』によれば七月二四日「十時、松岡洋右氏来室。戦争の見透殊に和平云々等につき意見を開陳せらる」。未公刊の「東久邇宮日誌」一九四五年七月二七日条には、「午后一時頃、元外務大臣、松岡洋右、来る面会／松岡は現国難突破に対する私見をのべて、三時少し前辞去」とあるだけだが、戦後に公刊された『東久邇日記』同日条には、「松岡は若くして米国に渡り、苦学したので、多くの米国人と接したから、米国人の気持をよく知っている。一般的に米国人は傲慢で東洋人を軽視している。だから、米国を相手に交渉する場合、日本が少しでも下手に出たり、弱気を示したならば、米国はバカにして圧倒的態度に出るから、交渉は失敗してしまう。〔中略〕米国人に対してはどこまでも強気に出て決して弱気を見せてはいけない。今日、戦局が最後の段階まで来ており、もし近く米国と終戦の交渉をやる場合が起ったとしても、わが国はどこまでも強気でやらなければだめだ。最後のへそくりまでなくなった場合でも弱気を示してはならない」と言ったと書かれている。松岡は陸相阿南惟幾《あなみこれちか》大将とも会った。

ソ連参戦と長崎への原爆投下の後、八月一〇日未明に御前会議で昭和天皇の聖断でポツダム宣言受諾が決定すると、第一総軍参謀竹田宮恒徳中佐（竹田恒泰の祖父）は一一時頃、東久邇宮大将を訪ね、「竹田宮は昨夜の御前会議に於て御直〔勅〕裁に依り、米英蔣のポツダム宣言の和平條項を承諾せる事に就き大に憤慨せられ、大に反対論をのべられたり」（『東久邇宮日誌』）。竹田宮は七月五日付で関東軍参謀から異動となり、単身で本土に戻っていた。かつての「朝敵」北白川宮能久の孫である竹田宮恒徳は、伏見宮系皇族たちが宮内大臣松平恒雄の排斥運動をした際、内大臣木戸幸一に皇族養子禁止制度の再検討を求めたように、皇族の既得権益維持の主張にも積極的だった。そして同一〇日、陸軍省軍務局軍務課長荒尾興功《おきかつ》大佐が、伊豆の松岡に使者を送り、阿南陸相が松岡に会いたいと伝えた。松岡は翌一一日に古奈を出発し夕方（午後四時三〇分説と五〇分説）東京駅に着いた。駅には運輸相小日山直登《こびやまなおと》（和平派。満鉄生え抜きで初の総裁）と内相安倍源基《げんき》（抗戦派。山口県出身）という松岡に近い閣僚二人が出迎えた。その後、松岡が千駄ヶ谷の私邸（焼け残りの土蔵）で待機していると、夜八時頃、陸軍省からの迎えの車で三鷹市にある阿南の私邸へ運ばれた。

阿南と松岡は約一時間、奥座敷で二人だけで密談した。その内容は現在も分かっていない。松岡は一二日、自分の外相時に外務次官だった大橋忠一《ちゅういち》と大阪鉄道局長佐藤栄作（妻寛子が松岡の姪）に上京するよう使者を送った。大橋は外相候補、佐藤は内閣書記官長候補だった。しかし敗戦直前の日本の交通は混乱状態で、大橋のところに使者が到着したのは一四日となり、翌日、大垣駅へ向かう途中で終戦詔書の放送を聞いた。また佐藤は高熱病のため兵庫県の田舎の友人宅で療養中だったため、松岡の使者は戦争終結以前に着かなかった。

連合国側からバーンズ回答が打電されると、竹田宮は再び東久邇宮邸を訪れた。一二日「十一時四十分頃竹田宮、来らる面会／ラヂオにて傍受せし、米英ソ蔣の回答案を持ち来り大に憤慨して時局を論じ午後十二時半頃辞去」した（「東久邇宮日誌」）。松岡は、その翌一三日早朝に東久邇宮を訪ねて次のように説得した。

4時半少し前、元外務大臣、松岡洋右、来る、面会、松岡は次の意見をのべたり
我政府が米英蔣との和平交渉に就きソ聯に仲介をたのみし故、ソ聯は我国力の最後段階に入りし事を知り、満ソ国境より出撃し来りしなり、この我外交は最悪のものなり
我国が米英蔣の対日和平のポツダム宣言を受諾せんとするが如きは、我国を亡ぼすものにして絶対に不可なり
鈴木総理は陛下の御安泰のみを考え、無条件降伏後に於ける国民の情況を考えざるが如し、我国歴代の天皇は自分の事を考えず、安危を国民と共にせられたり、故に鈴木総理の考は我

天皇の御考えにあらず
現在我国を救ふ道は戦争を継続し死中活を求むるなり。
松岡は尚ほ種々時局を論じ十一時半頃辞去（「東久邇宮日誌」）

「死中活」は阿南の常用語で、松岡はそれまで使ったことがない。

一方、阿南陸相は航空総軍参謀三笠宮崇仁少佐を訪問して昭和天皇へ抗戦続行の斡旋を願ったが、かえって不心得を咎められた。阿南はさらに一三日朝、内大臣木戸幸一に昭和天皇に翻意を願うよう働きかけたが、午後に荒尾課長らからクーデター計画の説明を受けた時、意中を明らかにし得なかった。そのため同日夜二四時を期して発動を予定していたクーデター計画は自然延期となった。松岡はこの夜、「実は場合によっては、わしに、という話があるのだが……」と医者の往診を求め、「それはとても無理な話です……だが、それは先生が死ぬ気なら、おやりになったら如何です」と言われた。

一四日朝、抗戦派将校らは午前一〇時を期してクーデター計画を発動すべく、阿南陸相に最後の決断を迫った。阿南陸相は参謀総長梅津美治郎大将不同意を理由に「とりやめ」を申し渡した。彼らが梅津総長に真意をただしたところ「必ずしも反対ではない」ことを言明したので、彼らは「兵力使用第二案」という新クーデター案作成に取りかかった。しかし時すでに遅く一

○時五○分頃から御前会議が開かれ、阿南陸相の声涙くだる所信表明も容れられず、再度の聖断が下された。

半藤一利『日本のいちばん長い日』と角田《つのだ》房子『一死、大罪を謝す』は、この間の事情に言及がない。

阿南陸相の義弟で、宮城事件首謀者の一人だった竹下正彦（敗戦時は陸軍省軍務局軍務課国内班長・中佐）は戦後、GHQ歴史課に対して、

此の度天皇は民族の根さえ残って居れば国家再興の時期は必ず到来すると申されたが果してそれでいいのか。天皇裕仁はそう申されても、それは明治天皇や其の他皇祖皇宗の御考えと一致して居る《ママ》のは思われない。今上天皇の御意図に反することは避け度いけれども、たとえ一時そう云う結末になっても皇祖皇宗の御志に副うて行動することが大きな意味に於て本当の忠節である。東洋思想に依れば承詔必謹のみでは不充分で諫争と云うことがあって本当に忠義になるのである。

承詔必謹は我々も考えた。東洋道徳の諫争をも考えた。明治大帝の考えにはそうのではないか。ヒロヒトには明らかに反することは知って居た。

と陳述している（佐藤・黒沢編、二〇〇二、上）。

竹下が「ヒロヒト」と呼び捨てにしていることから、徹底抗戦派の軍人にとって昭和天皇はポツダム宣言受諾を決定した瞬間に正統性を失ったのだろう。竹下は陸上自衛隊に入り、幹部学校長・陸将で退官した。

また竹下は「皇太后陛下が天皇陛下に色んなことを言うので天皇陛下が弱いことを仰せられるのだとか云う話もありました」と述べている。陸軍当局では貞明皇后こそが和平派と見ていたようである。これは、沼津に疎開した貞明皇后と昭和天皇、鈴木貫太郎らとの連絡役をしていた三島・龍沢寺の住職山本玄峰の用心棒を務めた田中清玄が紹介する「貞明皇后様は、いかいこと戦争の成り行きを心配してござるわ。今上陛下も、戦争になる前から、支那事変も片がついておらんのに、太平洋戦争などだいそれたことだとおっしゃっておられたくらいで、今日の日本のことを、御自身を忘れて御憂慮して在される」という玄峰の言葉と一致する（宇佐美・田中・榊原、一九八一）。貞明皇后の政治的影響力を抜きにして日本政府がポツダム宣言受諾に至る政治過程を説明しようとするのは、パラダイムが間違っているのではないか。

この間、海軍の軍令部第一部長富岡定俊少将は一四日、部下の土肥《どひ》一夫中佐と宮崎勇中佐を東京帝国大学文学部教授平泉澄の研究室に行かせた。皇統護持作戦の関係と見られるが詳細は不明である。陸軍では中野学校が宮城事件に参加せず、皇統護持作戦に動き始めた。中野学校では五・一五事件に連座した平泉門下生の吉原政巳が「国体学」を講義し「楠公《なんこう》精神」を叩き込んだ（中野校友会編、一九七八、吉原、一九七四）。

宮城事件では、阿南陸相、竹下国内班長、軍務局課員井田（のち岩田に復姓）正孝中佐、軍務局課員畑中健二少佐が平泉の門下生である。平泉（一九八〇）は「是に於いて強硬策、私は不可能と見、縷々として畑中少佐を説諭しました」と書いているが、若井敏明（二〇〇六）は「平泉がクーデターに明確に反対したのかどうかがまだはっきりしない」としている。植村和秀（二〇〇四）は宮城事件との関係からのみ終戦時の平泉を論じており、若井は皇統護持作戦に言及しているものの、資料的制約から事実の指摘にとどまる。関係者のほとんどが鬼籍に入った今、終戦時の平泉の行動を明らかにする資料が残されているかは不明である。

平泉門下の松平永芳（旧福井藩主家・元陸上自衛官）が靖国神社宮司としてA級戦犯合祀を行ったことについて、昭和天皇が、

私は　或る時に、A級が合祀され　その上　松岡、白取《ママ》〔鳥敏夫〕までもが、
筑波〔藤麿〕は慎重に対処してくれたと聞いたが
松平〔慶民〕の子の今の宮司がどう考えたのか　易々と

松平は　平和に強い考えがあったと思うのに　親の心子知らずと思っている
だから　私あれ以来参拝していない　それが私の心だ

と述べたとする元宮内庁長官富田朝彦《ともひこ》の富田メモで松岡が名指しされている理由は、宮城事件と松岡の関係を知らなければ理解できないであろうし、櫻井よしこら日本会議関係者が富田メモに激高した真意も見抜けない。「左翼」陣営も松岡内閣擁立構想に触れようとしないことから、これは「左翼」にとっても「不都合な真実」なのであろう。

†平泉門下グループと皇學館大学・生長の家

若井敏明が指摘する通り、平泉澄は海軍の皇統護持作戦に関与したと見られるが、資料が発見されていない。そこで一九八一年一月まで解除されなかった皇統護持作戦の思想的背景を推測するため、戦後の平泉門下グループを人事的に確認したい。

平泉澄は、一九四六年三月に神道指令で廃学となった神宮皇學館大学が、一九六二年四月に皇學館大学として再興されて以来、学事顧問を務め、校歌を作詞した。平泉門下生のうち、田中卓は敗戦直後の一九四五年九月に東京帝国大学文学部国史学科を卒業し、大阪社会事業短期大学教授を経て、皇學館大学再興時に文学部教授、一九七三年一二月から一九八〇年三月まで文学部長、翌四月から一九八八年三月まで学長、一九九二年四月皇學館大学大学院教授、九四年三月に退職、六月に名誉教授となった。

田中の次の学長谷省吾も東京帝国大学文学部国史学科卒の平泉門下生で、一九八四年二月一八日に没した平泉澄の神葬で斎主を務めた。谷は一九七九年四月から八五年三月まで神道研究所長、翌四月から一九八七年三月まで文学部長で、翌八八年四月に田中の後任学長に就任し、田中と同じ九四年に退職、名誉教授になった。

皇學館大学初代総長は吉田茂だったが、吉田が一九六七年一〇月二〇日に没すると、岸信介が一二月九日に理事となり、同月二三日に第二代総長となった。田中教授は翌一九六八年一二月に岸総長付となっている。ただし岸は平泉門下とは「においが違う」という東京帝国大学法学部教授上杉慎吉門下である。五五年体制崩壊により社会党から首相になった村山富市が至軒寮寮長穂積《ほづみ》五一《ごいち》（社会党衆議院議員穂積七郎の兄）門下で、上杉の孫弟子に当たる。この他、皇學館大学の開学時には、広島文理科大学卒の平泉門下生で、陸軍士官学校教官・内閣総力戦研究所所員・陸軍省兵務局付（思想班長）として宮城事件に参加した西内雅《ただし》も一九六四年三月まで文学部教授（自然科学概説担当）だった。

田中卓は遅くとも一九六一年九月から自衛隊に出講しており、三島事件の前年一九六九年には福岡第四師団（二月六日）、大久保自衛隊（同月一七日）、御殿場自衛隊（同月二四日）、山口防衛協会（五月一〇日）、富士学校（六月二五日）、南恵庭《みなみえにわ》自衛隊（一〇月一八日）に講演した。富士学校講演の前日は河口湖の「生長の家」で講演し、その別館に宿泊した（田中卓、二〇〇六、下）。生長の家信者の一水会顧問（出版当時）鈴木邦男は「そもそも、生長の家は大本から分かれたんですよ。だから、生長の家の信者にとっては「自分たちの親の宗教だ」という親近感があるんです」と語っている（佐高・鈴木、二〇一〇）。

大本教聖師出口王仁三郎が大正天皇、昭和天皇の正統性を否定していたことは、既述のように出口家サイドが認めていることであり、生長の家創始者・初代総裁の谷口雅春は大本教信者時代、第一次大本教事件につながったとされる「大正維新」、「大正十年立替え立直し説」の急進派幹部だった。宮城事件の首謀者の一人、竹下正彦もポツダム宣言受諾を決定した昭和天皇の正統性を認めていなかった模様である。そして皇學館大学の前身、神宮皇學館は、幕末以来、明治維新政府と確執が深く上京を拒否した久邇宮朝彦が設立した。一九五二年八月に結成された神宮皇學館大学再興期成会の規約第三条で「本会は神宮祭主朝彦親王の御令旨を体し神宮皇學館大学の再興を計るを以て目的とする」とされた（『皇學館大学百三十年史　総説篇』）。

また平泉澄が元老西園寺公望、内大臣湯浅倉平といった昭和天皇側近の親英米派と敵対関係にあったことを見れば、皇學館大学も平泉同様に反英米的傾向が強いと推測される。打破すべき戦後の新憲法による民主化・対米従属体制として「ヤルタ・ポツダム体制」の新右翼用語を造語したのは、自衛隊と関係の深い田中卓と言われている。

†皇統護持作戦と北白川宮道久

徹底抗戦派による北白川宮道久擁立の動きが始まったのは、敗戦直前ではなかった可能性がある。近衛文麿は東條内閣末期の一九四四年七月八日、内大臣木戸幸一に陸軍が「陛下の和平に反対して別に皇族を擁立する等の計画をなさずとも言い難し」と述べている（『近衛日記』）。

皇統護持作戦そのものについては、すでに秦郁彦《はたいくひこ》（一九八四）、将口泰浩《しょうぐちやすひろ》（二〇一七）があるので、細かな経緯は省略し、天皇家と伏見宮系皇族との関係で注目すべき点のみを指摘する。

一九四五年八月一四日夕方、長崎県の大村飛行場に飛来して第三四三海軍航空隊司令源田実大佐に終戦の御前会議決定を伝えたのは海軍省嘱託参与（中将待遇）川南豊作《かわなみとよさく》だった。川南は御前会議前、徹底抗戦派の軍令部次長大西瀧治郎中将と国策研究会の矢次一夫《やつぎ》が話しているところへ飛び込んで、「閣下、徹底抗戦の外途なし、たとえ共産国家になったとしても、敗れた後の日本は救いようがありません」と絶叫した（矢次、一九七三）。

源田司令は玉音放送を聞いて大分の第五航空艦隊司令部へ往復後、一七日に横須賀・追浜《おっぱま》飛行場経由で海軍省・軍令部へ行き、第一部長富岡定俊少将から皇統護持作戦の密命を受けた。富岡第一部長は海相米内光政大将、軍令部総長豊田副武《そえむ》大将、軍令部出仕兼部員高松宮宣仁大佐、宮内次官大金益次郎と協議し、平泉澄とも相談しているが、既述の通り詳細は不明である。将口泰浩によれば、この時点で源田司令に北白川宮道久の名前も伝えられていたようである。そして元産経新聞社社会部編集委員の将口は、皇統護持作戦の兵站部門を担当した元三四三空整備分隊長・大尉の品川淳が一九四五年一一月初旬に源田から北白川宮道久の名を告げられると、「血統正しく目立たないという点で北白川宮道久王は適任だった」と自問し、「占領軍がどう出ようとも、俺たちはだれもが納得できる錦の御旗をかざし、日本の再興にあたることができるぞ」という「品川の言葉に居合わせた隊員が」「互いに肩をたたき合っ」て「雄叫びを上げた」と書いている。また元戦闘七〇一飛行隊分隊長・大尉で、宮崎県米良荘《めらのしょう》に設けた「行在所」(最初は熊本県五箇荘《ごかのしょう》が提案された)で北白川(宮)道久を待つ大村哲哉は毎晩、「侍従室」の壁に掛けた「米良荘の地におき北白川宮道久王密かに匿い、占領軍追及緩み次第、奉戴仕り美々津から船にて参上、日本国再興」と書いた自筆の書を見つめて自身の決意を問うたという。

つまり源田実以下の皇統護持作戦参加者、ないしこれについて記述した将口泰浩は、昭和天皇→明仁皇太子より、公武合体派の奥羽越列藩同盟が担いだ「東武皇帝」として「朝敵」だった北白川宮能久の曾孫である北白川道久に天皇としての正統性を認めているとしか考えられない。なお竹田宮家初代当主恒久は北白川宮能久の庶長子であり、竹田恒泰は能久の男系の玄孫である。

戦時標準船を大量建造して戦争成金となった川南工業社長、川南豊作（富山県出身）は大西瀧治郎の一の子分を自認し、東條英機とも自宅を提供するなど親しく、隣の石川県出身で同い年の辻政信とも親しかった。川南は源田ら皇統護持作戦関係者を雇うなどして支援し、大西瀧治郎未亡人の淑恵も一時、作戦に参加した。

秘密戦要員として特殊訓練を叩き込まれていた陸軍中野学校出身者たちは、正規戦が終わった後に本来の任務が始まると考え、クーデター計画には同調しなかった。中野学校卒業生の大多数は本土決戦に備えて全国に散らばっており、学校研究部教官の太郎良《たろら》定夫少佐が起案した「占領軍監視地下組織計画書」に参謀本部第二部第五課長（ロシア課）白木末成大佐が陸軍次官若松只一中将を経て阿南陸相の決裁を得て、任務が伝えられた。後に三島由紀夫の「楯の会」を指導する中野学校教官山本舜勝《きよかつ》少佐は、この時、山口県に潜伏していた（中野校友会編、一九七八、秦、一九八四）。そして中野学校でも北白川宮道久を匿う皇統護持作戦が動き始めたが、元ビルマ首相バー・モウも匿うことになって内部対立を起こし、バー・モウを追及するGHQの対敵諜報部隊（CIC）が中野学校の組織をつかんで指揮中枢が消滅して一九四六年春頃までには機能を停止した。

†吉田茂と服部機関の対立

朝鮮戦争勃発で一九五〇年七月八日に出された首相吉田茂宛てのSCAPマッカーサー書簡で創設された警察予備隊制服組トップの総隊総監に、駐英大使時代に駐英武官だった元陸軍中将辰巳栄一を軍事問題の顧問とする吉田首相と警察予備隊本部長官増原恵吉（元内務官僚）、内閣官房長官岡崎勝男（元外務官僚）らは、内務官僚の宮内庁次長林敬三を起用した。これは、ウィロビーG2部長の支援を得て再軍備の準備を進めていた元陸軍大佐の引揚援護局資料整理部長服部卓四郎、西浦進、堀場一雄（陸軍士官学校三四期生三羽ガラス）を中心とした旧陸軍将校グループ（通称「服部機関」）が推す服部を退けた人事だった。

この経緯について林敬三は、「服部さんについてはGⅡの線でずうっと吉田総理や岡崎長官に連絡なく別途に話が先行して準備が進んでいって、増原氏が警察予備隊本部長官に任命になってすぐ、ある日突然服部氏以下幹部や幕僚になる予定者が増原長官のところへ行って、「私どもがこの度お手伝いすることになりました、《ママ》」と言って挨拶したというんですね。それで増原氏は自分は長官に任命されたけれど、これに所属する制服部隊の最高指揮官その他主要幹部の人選について、事前に連絡もなく全く知らないうちに米軍のGⅡから指名された人々がやって来て「お手伝いします」と押しかけてくるようでは、これを呑めといわれるようでは、今後とても仕事はできないからただちに辞める、ということで、吉田総理のところに行って、そういったというのです。そうしたら吉田首相は、それはけしからんことで、増原君、君のいうのが尤もだといわれたということです。これは増原さんが後日、時にふれ話されるところです。またGHQのガバメントセクションも、当時の段階で旧陸軍軍人を中心とする予備隊人事に反対したのです。〔中略〕この問題はマッカーサー裁決で最後にノーということになったので、服部案は消えて白紙に戻り、そこではじめて私という人選が具体化してきて、私に交渉があったのです。ですから、私に交渉があったのは、約一ヵ月ほどたった八月末です」と述べている（「林敬三氏談話速記録」七回）。

反吉田・服部支持の立場を鮮明にしている阿羅健一（二〇一三）によれば、この知らせが服部たちのいた部屋に伝わると、堀場が「吉田なんか、斬りころしてしまえ」と大声で吐き、激しいやり取りが行われたという。

服部卓四郎は辻政信と、ノモンハン事件では関東軍の作戦主任参謀と作戦参謀、太平洋戦争ではガダルカナル戦に敗れるまでの参謀本部作戦課長と作戦班長としてコンビを組み、陸軍の戦争を実質的に主導した。辻は一九四三年二月に陸軍大学校教官、同年八月に支那派遣軍第三課長へ転出させられたが、服部は、前線行きが懲罰人事だった当時の陸軍で、ガダルカナル戦敗北が決定的になった一九四二年一二月に東條陸相秘書官となり、翌四三年一〇月に作戦課長に復帰した東條側近の一人である。二〇〇七年二月には、CIA公開文書から、服部卓四郎らが吉田首相を暗殺して鳩山一郎を首相にする計画を立てていた疑いがあるというニュースを時事通信が報じた。

最初に挙げたように、昭和天皇は長らく林敬三（警察予備隊総隊総監→保安庁第一幕僚長→防衛庁統合幕僚会議議長）以外の幹部自衛官と会わなかった。これは、陸軍に二・二六事件と宮城事件を起こされた昭和天皇が、林に対する信認を示したものであろう。これについて「一九五〇年代、それ（国務大臣、外務官僚）以外にも頻繁に天皇のもとを訪れる人物がいた。統合幕僚会議議長の林敬三である。〔中略〕日本再軍備の責任者でありながら、宮内府（庁）での勤務経験もあることから、天皇との関係も近かったものと思われる」、『実録』から「たびたび彼が軍事関係の問題について天皇へ進講していることがわかる」、「防衛庁や自衛隊関係者が天皇に内奏や進講などの機会に再軍備の状況や各国の軍事状況について話しており、天皇はそうした場で再軍備に関する情報を手に入れていた。戦後になっても、天皇は軍事と切り離されておらず、常に関心を持っていたと思われる」と批判する河西秀哉（古川・森・茶谷編、二〇一五）は、吉田茂と服部機関の対立で、共産党は服部機関を支持すると自白したも同然である。河西は「天皇はやはりアメリカとの関係を抜きにしては、日本の再軍備はあり得ないと認識していたのではないだろうか。その意味で、前述した鳩山内閣の対米自立・自主防衛路線は天皇にとっては受け入れられなかったと思われる」と書いていることから、自衛隊のクーデターの「瓶の蓋」となっているアメリカ軍駐留を支持した昭和天皇が許せないのだろう。

†三無事件と三島事件

破壊活動防止法が適用された一九六一年一二月の川南豊作や陸軍士官学校出身者らによるクーデター未遂の三無事件と、一九七〇年一一月に作家の三島由紀夫と「楯の会」会員四人が陸上自衛隊東部方面総監部に乱入した三島事件は、一連の流れにあると言われる。

陸上自衛隊調査学校情報教育課長として楯の会を訓練した山本舜勝一等陸佐（退官直前に陸将補）は、三無事件の「計画が直前に発覚し、首謀者たちが一網打尽になる前夜、神楽坂でH陸将らがこの首謀者らと密会し、酒を酌み交わしていたことを部下の報告で知った。さらに調査を命じたSも一味とは旧知の仲であった。／私はジェネラルたちが、自衛隊によるクーデターの機会をもとめ、事件の陰で暗躍したことを知った」と書いている（二〇〇一）。

三島由紀夫は評論家村松剛から第一師団長・陸将（一九六六年一月退官）藤原岩市《いわいち》を紹介されて防衛事務次官三輪良雄に接触し、一九六七年四月から自衛隊に体験入隊するようになった。

山本によれば、「自衛隊幹部が三島の要請を受け入れ、異例の関係をもつようになった背景には、自衛隊誕生とともにその実権を握ることになった旧陸軍将官、将校たちの悲願が隠されていた」という。この悲願とはクーデターである。六〇年安保のデモに首相岸信介が自衛隊に治安出動を要請したが、自衛隊幹部は断った。山本は、「太平洋戦争を戦った彼らには、「もしクーデターを起こすのであれば自分たちの手で行いたい」という自負があ」り、「「自民党と心中はしない」と強気であった」と書く。自衛隊幹部たちは「混乱がまだまだ続くと読んでいた」。しかし安保条約批准で混乱が速やかに収束されて自衛隊は機会を失い、「新たなクーデターの機会を求める」思いを強くしていたところへ、三島由紀夫の申し入れがあったという。H陸将は、まだ三島に会っていなかった山本に「おい、カモがネギをしょってきたぞ」と漏らしたという。

そして三島事件も、一九六九年一〇月二一日の国際反戦デーに「新宿でデモ隊が騒乱状態を起こし、治安出動が必至となったとき、まず三島と「楯の会」会員が身を挺してデモ隊を排除し、私の同志が率いる東部方面の特別班も呼応する。ここでついに、自衛隊主力が出動し、戒厳令的状況下で首都の治安を回復する」、「クーデターを成功させた自衛隊は、憲法改正によって、国軍としての認知を獲得して幕を閉じる」計画だったという。

これに対して元統合幕僚学校教育課長・陸将補の平城《ひらじょう》弘通（二〇一〇）は、H陸将を三無事件時の陸上幕僚監部第二部長・陸将補で、北部方面総監・陸将を最後に退官した広瀬栄一、Sを一九六〇年三月から六二年三月まで陸上幕僚長・陸将を務めた杉田一次《いちじ》と推定した上で、

「山本一佐の教育は兵隊ごっこといわれても文句はいえないもの。情報活動の実務、技術は教えているが、情勢判断、大局観を教えていない。とくに、三島の檄文を除いて、この著書のどこにも警察力のことが書かれていない。三島のクーデター計画でも、警察力には触れず、いきなり自衛隊の治安出動を考えているが、自衛隊の出動事態に対する研究がまったく不足している」、「『三無事件』に『H陸将』、すなわち広瀬陸将が関係したようなことが書かれているが、同じ陸幕二部にいた私は、このようなことを聞いたことがない。『三無事件』に関係したジェネラルは源田実元空幕長であったことは公判で明らかであり、広瀬陸将、杉田陸将に問題はなかった」と反論し、「『H陸将』すなわち広瀬栄一氏と藤原岩市氏が三島をそそのかし、わが身に降りかかる危険を感じて三島を裏切ったという山本一佐の主張は妄想であろうと思う。あのような情勢下で自衛隊が治安出動することはあり得ない」、「広瀬陸将や藤原氏が三島のクーデターを危険と感じ協力を避けたのは、情報の達人であったのだから、当然の判断である」、「むしろ、山本一佐が三島に同調するのは見識がないといわざるをえない」としている。

しかし三無事件で大野芳《かおる》（二〇〇一）と宇都宮忠（二〇〇二）が川南豊作を唆したと疑っている旧軍人は、元海軍大佐の航空幕僚長源田実空将ではなく元陸軍大佐の参議院議員辻政信である。三無事件裁判の被告人弁護を担当した花井忠の旧蔵裁判資料を所蔵する福家《ふけ》崇洋（二〇一六）は、源田が三四三空の部下で事件の中心人物だった篠田英悟（懲役一年六月の実刑）を、「暴力的な行動」に国民はついてこないと諭した、という源田の証言を採用している。山本舜勝と平城弘通は、ともに陸上幕僚監部「別班」関係者で外部の人間には真相が不明だが、両者の話はすれ違っているように思われる。また敗戦直後に両親の郷里・山口県に潜伏した山本が、中野学校の「占領軍監視地下組織計画書」について楯の会に教えなかったとは考えられない。なお山本舜勝は、陸軍士官学校、陸軍大学校ともに志位正二（共産党委員長志位和夫の伯父）の同期である。

三島由紀夫と防衛庁・自衛隊の関係を取り持った藤原岩市は、陸軍少佐だった太平洋戦争開戦前の一九四一年九月に参謀総長杉山元大将の命令でタイのバンコクに反英謀略機関「F機関」を設置し、亡命インド人のインド国民軍を創設した。シンガポール陥落で、より大規模なインド施策を展開するため、岩畔豪雄大佐の「岩畔機関」がシンガポールに設立されると、F機関員の大部分が岩畔機関に編入され、開戦直前に南方軍（総司令官寺内寿一大将）参謀となっていた藤原少佐は、サイゴンの南方軍総司令部に復帰した。戦後に陸上自衛隊へ入った藤原は、一九五六年八月から六〇年八月まで陸上自衛隊調査学校長を務めた。平泉澄が親英米派の昭和天皇側近たちを敵視していたこと、中野学校では平泉門下の吉原政巳が平泉史観の国体学を教えていたこと、岸信介・佐藤栄作の従弟である伊藤佐又少佐らによる神戸英国総領事館襲撃未遂事件からすると、中野学校から現在の陸上幕僚監部「別班」に至る情報部門のイデオロギーは、反ソよりも反英米だったのではないか？　岩畔機関に参加していた水野成夫社長の産経新聞社は、六〇年安保で反安保の姿勢を取り、デモ隊から「産経ガンバレ」の声援を浴びていた。

川南豊作が篠田英悟を通した出資で一九六一年六月、千葉県市川市に開設した三無塾には東洋大学学生が多く在籍していた（福家、二〇一六）。同大学理事長兼学長大嶋豊（一九六〇年一二月退任）は満洲事変時に出口王仁三郎の配下として活動した。楯の会には生長の家信者が多い。前記のように生長の家信者の鈴木邦男は、大本教は「生長の家の信者にとっては「自分たちの親の宗教だ」という親近感がある」と語る。

三島事件が起きた一九七〇年当時、宮中祭祀で昭和天皇の負担を減らそうとする侍従長入江相政と、これに反対して自分が代わりに行おうとする香淳皇后・皇后側近の女官今城誼子が対立していたことは既述した。

†呉竹会・一水会の周辺とオウム真理教

現在、玄洋社の流れを継いでいるのは、頭山満の孫頭山興助を会長とする政治団体、呉竹会《くれたけかい》である。その頭山興助は、元日本赤軍最高幹部重信房子の長女重信メイの後見人となっている。これは重信房子の父重信末夫が血盟団の関係者で、頭山満の三男である興助の父で五・一五事件に連座した頭山秀三《ひでぞう》とも関わりがあったことから、重信房子が逮捕後、頭山興助に依頼した

（延江、二〇一七）。頭山興助は一九七〇年から八〇年まで自民党衆議院議員園田直《すなお》（熊本二区）の秘書を務めた。楯の会を継承しようと一九七二年五月に鈴木邦男を代表として創設された一水会の現代表木村三浩も二〇一三年九月一九日時点で呉竹会幹事となっている（Internet Archive に残る役員名簿）。

一水会の木村代表らは、二〇〇三年三月二〇日からのイラク戦争を前に「左右」を超越した反米勢力の結集を行い、竹田恒泰も木村らとともに発起人となった。

「ブッシュ政権のイラク攻撃を止めさせる緊急アピール」発起人・賛同人リスト（二〇〇三年一月三一日現在）http://nonobush.fc2web.com/signed-list.html

◎発起人

前田日明《あきら》（格闘家）、宮崎哲弥（評論家）、福田邦夫（明治大学教授）、長谷百合子（元社会党衆院議員）、竹田恒泰（環境活動家）、木村三浩（一水会代表

◎賛同人（国会議員。当時の政党別・五十音順）

民主党

石毛鍈子《えいこ》（衆）、大出彰（衆）、金田誠一（衆）、北橋健治（衆）、木下厚（衆）、郡司彰（参）、

佐藤謙一郎（衆）、田中慶秋《けいしゅう》（衆）、中津川博郷（衆）、福山哲郎（参）、円《まどか》より子（参）、峰崎直

樹（参）、山下八洲夫（参）

社民党

阿部知子（衆）、今川正美（衆）、植田至紀《むねのり》（衆）、北川れん子（衆）、中川智子（衆）、保坂展人（衆）

みどりの会議

中村敦夫（参）

無所属

黒岩宇洋《たかひろ》（参）

◎賛同人（学者・文化人。順序・肩書きは出典のまま）

野坂昭如（作家）、小田実（作家）、林望（作家）、マルコ・ブルーノ（作家）、永六輔（放送タレント）、小林亜星（作曲家）、玉木宏樹（作曲家、ヴァイオリニスト）、KDUB SHINE（〝キングギドラ〟MC）、桜井順（CM作曲家）、巻上公一（ミュージシャン）、小川隆之（写真家）、水口義朗（ジャーナリスト）、高野孟（ジャーナリスト）、下村満子（ジャーナリスト）、二木啓孝（ジャーナリスト）、長野智子（キャスター・ジャーナリスト）、鈴木邦男（評論家）、知花昌一（沖縄県読谷村議・反戦地主）、小林よしのり（漫画家）、藤井誠二（ノンフィクション作家）、雨宮処凛《かりん》（ノンフィクション作家）、松崎菊也（戯作者）、和田誠（イラストレーター）、天野祐吉（コラムニスト）、金子勝

（慶應義塾大教授）、小松美彦（東京水産大学教授）、西部邁（評論家・秀明大学教授）、松本健一（評論家・麗澤大学教授）、海老坂武（関西学院大学教授）、佐藤誠（熊本大学教授）、大橋正明（恵泉女学院大教授）、渡辺好章（城西大学教授）、藤沢法暎《ほうえい》（早稲田大学教授・教育学）、上田哲（元衆議院議員、社会党）

そして木村を団長に、鈴木邦男（一水会顧問）、塩見孝也（元赤軍派議長「自主日本の会」会長）、平野悠（ロフトプラスワン席亭）、PANTA（音楽家「頭脳警察」）、沢口友美（ダンサー）、雨宮処凛、竹田恒泰ら全三六人の訪問団が、二月二四日から三月四日にかけてイラクを訪問した。鈴木邦男によれば、「木村三浩氏を代表とする一水会では、ずっと「イラク支援」をし、反米闘争を戦っていた。木村氏はこの時までに、二〇回以上、イラクに行っている」という（鈴木邦男公式サイト「鈴木邦男をぶっとばせ！」二〇一四年九月一五日）。

国政復帰を目指す東京都知事石原慎太郎の辞任に伴う二〇一二年一二月の知事選挙へ出馬予定の副知事猪瀬直樹に、医療法人徳洲会創設者徳田虎雄からの五〇〇〇万円の資金提供を仲介したのは木村三浩である。東京2020オリンピック・パラリンピック招致委員会理事長は竹田恒泰の父竹田恒和（当時日本オリンピック委員会会長）、評議会会長は石原慎太郎から都知事選で猪瀬直樹に交代し、副会長に森喜朗や竹田恒和がいた。森嘉朗は首相就任後、最初の外遊先にロシアを選んでウラジーミル・プーチン大統領と会談し、政界引退後も訪ロしてプーチン大統領と会見している自民党親ロシア派の重鎮である。竹田恒和の父竹田宮恒徳中佐は関東軍参謀から敗戦間際に本国勤務へ異動した満洲国人脈の人間である。

二〇一八年六月に立ち上げ記者会見を行った「オウム事件真相究明の会」は、木村三浩や竹田恒泰らの「ブッシュ政権のイラク攻撃を止めさせる緊急アピール」との重なりが多い。

反ブッシュ緊急アピール賛同人の雨宮処凛、鈴木邦男、藤井誠二、二木啓孝が「真相究明の会」呼びかけ人で、イラク訪問団の一人だったPANTAが賛同人となっている。雨宮処凛は一九九八年六月にオウム真理教へのシンパシーを問われて、「ムチャクチャありますよ。サリン事件があったときなんか、入りたかった。『地下鉄サリン、万歳!』とか思いませんでしたか? 私はすごく、歓喜を叫びましたね。『やってくれたぞ!』っていう」と答えている(大橋、二〇〇二)。雨宮は「九条の会」の「マガジン9」内「雨宮処凛がゆく!」第三三〇回(二〇一五年三月二五日)でも、「不謹慎を承知で書くと、私はあの事件に、というか「オウム」という存在に熱狂した一人だ」、「事件後、私はオウム信者たちと接触していくようになる。事件をきっかけに脱会した信者が出演するイベントなどに通うようになった私は、彼らと出会ってすぐに意気投合した」と書いており、事件後の一九九七年に元オウム信者の二人と「右翼団体」に入ったという。鈴木邦男は高橋和巳の『邪宗門』は、オウム真理教の幹部たちに、結構、読まれていたんです。「オウム」の人たちから直接、そう聞きました」（佐高・鈴木、二〇一〇）と話している。オウム真理教幹部の弁護士青山吉伸（懲役一二年の刑期満了）は共産党員だった（ひかりの輪公式サイト内「上祐史浩個人の総括　1-2オウムの犯罪と武装化：1988年~1995年」）。
「真相究明の会」では他に、社民党シンパで有名な香山リカと佐高信《まこと》、中核派系の国鉄千葉動力車労働組合（動労千葉）を支援する署名運動呼びかけ人の安田浩一、青木理《おさむ》、大谷昭宏、田原総一朗、宮台真司、森達也らが呼びかけ人、元社民党党首福島瑞穂の夫海渡《かいど》雄一、社民党シンパの津田大介（父親が元社会党副委員長高沢寅男の秘書）、外務省でソ連情報を担当していた佐藤優、山口二郎、吉岡忍（元べ平連メンバー）らが賛同人となっている。「王仁三郎の孫の出口京太郎という人の『巨人　出口王仁三郎』を、私が文庫本にしたの」と言う佐高信は、「大本教については、私はちょっとうるさい」と笑い、大本教本部で開かれたエスペラント語の世界大会で講師を務めたことを明かしている（佐高・鈴木、二〇一〇）。

生長の家信者が多かった楯の会の後継団体とも言うべき一水会関係者の鈴木邦男と雨宮処凛や佐高信の発言を見れば、「真相究明の会」は「左翼」というより大本教シンパグループと言った方が実態に即しているだろう。一九六二年二月の大本教開教七〇年記念式典では、同志社大学教授鶴見俊輔も記念講演を行った（『大本七十年史』下）。

オウム真理教教祖麻原彰晃《しょうこう》（本名松本智津夫。熊本県出身）をダライ・ラマに紹介した拓殖大学国際日本文化研究所教授ペマ・ギャルポは呉竹会顧問である。同研究所教授ワシーリー・モロジャコフの母親、KGB通訳出身の元ロシア科学アカデミー東洋学研究所副所長・日本研究センター長エリゲーナ・モロジャコワ（二〇一六年六月一八日没）は、神道系新興宗教「ワールドメイト」教祖の深見東州《とうしゅう》（本名半田晴久）が設立した神道国際学会のモスクワ代表部所長をしており、息子のモロジャコフも、同学会がロシアの若手日本文化研究者を応援する「日本文化研究新シリーズ」を担当していた（二〇一八年終了）。

巻頭に深見東州のカラーページ「まほろばトーク」が毎号掲載される『月刊日本』編集長坪内隆彦は、二〇一〇年一二月二八日時点の呉竹会幹事である（Internet Archive に残る役員名簿）。坪内は日本マレーシア協会理事を務めるなどイスラム勢力と提携する活動を続けてきており、二〇〇九年四月に開かれた坪内の出版記念会（『アジア英雄伝　日本人なら知っておきたい25人の志士たち』展転社、二〇〇八年か？　巻頭に頭山興助の推薦文「「興亜」の復権」）には鈴木邦男も出席した（「鈴木邦男をぶっとばせ！」二〇〇九年四月一三日）。出口京太郎の指導を受けた深見東州は大本教系を自称しており、銀座の道院紅卍字会事務所で諸宗教のエッセンスを学んだ（沼田、一九九五）。

出口王仁三郎が日本の「破壊神」の元祖と言えるスサノオを名乗っていたことを考えれば、大本教は日本のあらゆる土着暴力思想や、思想以前の素朴な感情・欲求と相性がよく、反米大連合で全員が共有できる精神的基盤を提供するのであろう。首相夫人安倍昭恵は自らのフェイスブックに二〇一三年四月二六日、「出口光さんにお招き頂き、王仁三郎の耀碗でお抹茶を頂きました。ありがとうございました」と写真つきで投稿している。出口光は出口王仁三郎の曾孫で、メキキの会会長・志教育プロジェクト理事長である。

オウム真理教がロシアの軍部などと深い関係にあったことは、教団施設への強制捜査でロシアの軍用ヘリコプターMi-17がテレビに映し出されたとき、誰の目にも明らかとなった。オウム真理教が軍用ヘリを保有していた理由については、麻原彰晃に対する東京地方裁判所一審判決の「被告人は、東京に大量のサリンを散布して首都を壊滅しその後にオウム国家を建設して自ら日本を支配することなどを企て、ヘリコプターの購入及び出家信者によるヘリコプターの操縦免許の取得を図るとともに、大量のサリンを生成するサリンプラントの建設を教団幹部らに指示したものというべきである」という事実認定が確定した。オウム真理教とロシア軍との関係について確定判決は、麻原が新実《にいみ》智光「をリーダーとして、自衛隊出身あるいは武道のできる出家信者十数名をそのまま沖縄に残し軍事訓練のためのキャンプをさせ、そして、同〔一九九四〕年四月六日ころには、そのうち約一〇名をロシア連邦に派遣し、数日間、軍の施設で自動小銃等による射撃の訓練をさせた」としている。強烈な反米主義・反ユダヤ主義を唱えていたオウム真理教が、一九九〇年四月頃から五月頃に米軍横須賀基地や皇居周辺（新実智光公判証言）にボツリヌス菌を散布した事実も確定判決で認定された。

第二次安倍政権下でNHK経営委員に就任した日本会議代表委員長谷川三千子は、二〇〇一年九月のアメリカ同時多発テロの後、「「アメリカを処罰する」というメッセージが日本人に突きつけたもの」(『正論』二〇〇二年二月号)を発表し、「あの全世界に放映された映像は、言葉で語る以上に明瞭に「これは傲り高ぶるものへの神の処罰である」といふメッセージを叫んでゐたのである」、「東京裁判において死刑の宣告を下されるべき者がゐたとすれば、トルーマンをはじめとするこれら残虐行為(東京大空襲と原爆投下)の企画者、責任者たちであつて、東条英機元首相をはじめとする七人の日本人ではなかつたのである」と書いた反米主義者である。

これは、同時多発テロについて、「イスラーム世界と日本とは、共通の西欧近代の超克という課題をもっている」、「私たち日本人は、日本が「イスラーム」と一緒に非文明の側に分類されているという基本的な事実を忘れてはいけない」、「かつての日本の「カミカゼ=特攻精神」と今回のイスラーム「原理主義」テロリストに、共通するひとつの心情がある。それは、家族や仲間、自分の属する国家や信仰共同体のために命を捨てるという気持ちである」、「西欧中心の「オリエンタリズム」的現実を、一日も早く清算する必要がある」と書いた北朝鮮シンパの長老武者小路公秀(二〇〇二)や、ブログに「ざまーみろっ」と書いた社民党衆議院議員(当時)原陽子の心性と何ら変わるところがない。反米主義者の武者小路は内閣調査室と関係を持っていたことが明らかにされている。また思想の科学研究会編『共同研究　転向』(全三巻、平凡社、一九五九〜一九六二年）は内閣調査室が鶴見俊輔に提供した資料で書かれた（志垣、二〇一九）。

戦後日本の「左右」対立は、米ソ冷戦の最前線にあって、ＣＩＡとＫＧＢの双方から採算度外視の金を巻き上げるための「見せかけ」（フェイク）だったのではないか？　ソ連崩壊以後の日本経済が低迷を続けているのも、そうした資金の流入がなくなった側面もあるかもしれない。

おわりに

†対立構図の図式化

以上に見てきた事柄を、第Ⅱ部の最初に示した図に入れていくと、次のようなことがいえる(図2参照)。

Aに入るのは昭和天皇と側近グループ(牧野伸顕、鈴木貫太郎、斎藤実、湯浅倉平、山梨勝之進)、貞明皇后・秩父宮家周辺の親英米派グループ(牧野伸顕、松平恒雄、樺山愛輔、吉田茂、白洲次郎、「秩父宮サロン」)、山県有朋、原敬、西園寺公望、池田成彬、前田多門、福田赳夫、田中清玄、田岡一雄。

Bに入るのは「左翼」少数派(野坂参三、鶴見和子、鶴見良行)。「英米本位の平和主義を排す」の近衛文麿、玄洋社の緒方竹虎、修猷館卒の笠信太郎も戦前はここにいたと考えられるが、近衛はゾルゲ事件後、緒方はCIAに接近した戦後、笠は後にCIA長官となるアレン・ダレス

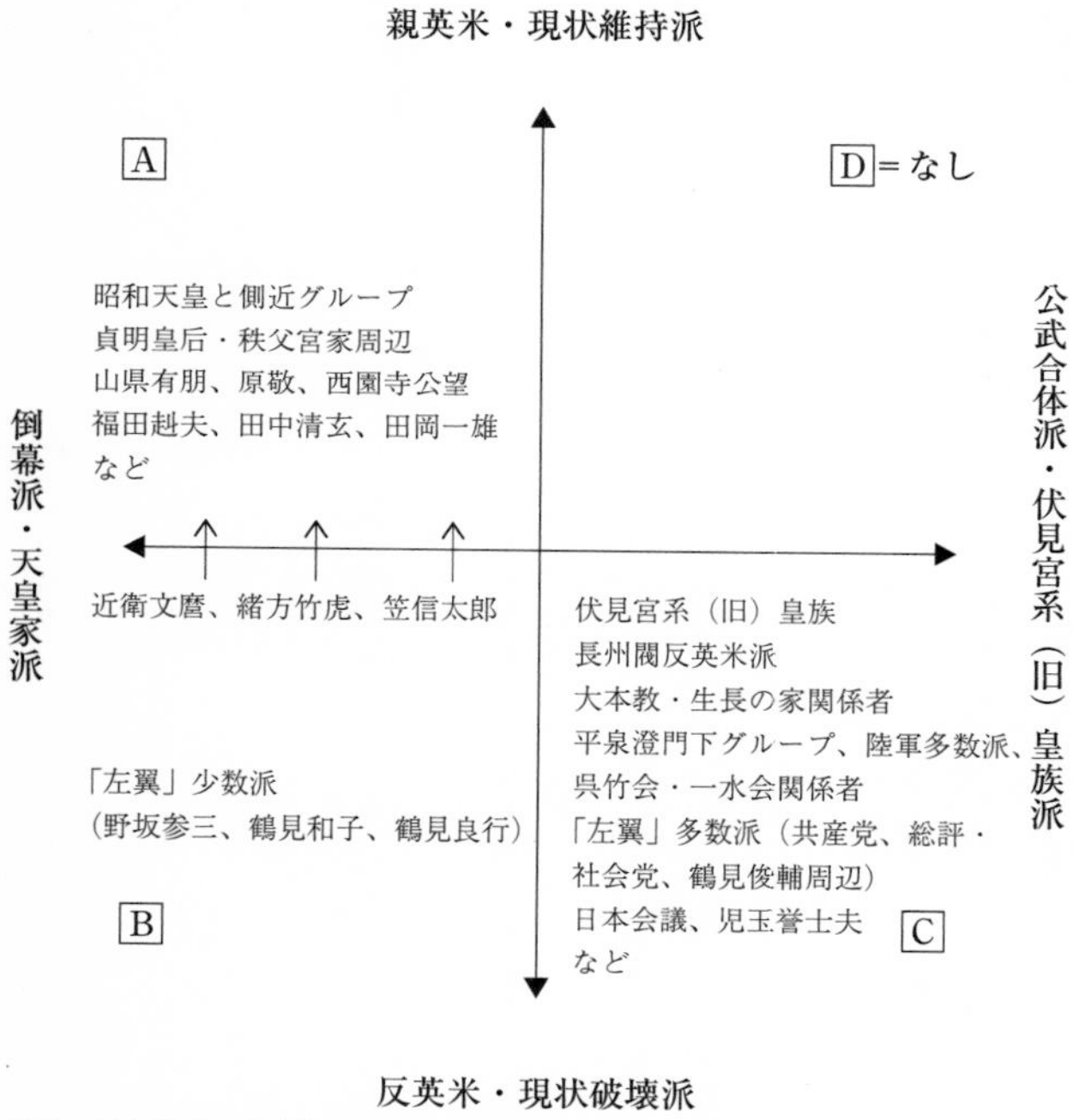

図2　対立構図と代表的人物・グループ

と交流を持った第二次世界大戦中にAへ移ったと思われる。

Cに入るのは伏見宮系（旧）皇族（東久邇宮稔彦を除く）、長州閥反英米派（田中義一・龍夫父子、久原房之助、松岡洋右、岸信介、安倍晋三ら）、大本教・生長の家関係者（出口王仁三郎、谷口雅春、山本英輔、内田良平ら）、平泉澄門下グループ、陸軍多数派、呉竹会・一水会関係者、「左翼」多数派（共産党、総評・社会党、鶴見俊輔周

辺）、日本会議、児玉誉士夫（おそらく笹川良一も）、森喜朗。

図2において、X軸の左方向へ向けて皇位をめぐる攻撃を行うのが戦後の「右翼」で、Y軸の上方向へ向けて反（英）米の立場から攻撃をかけているのが戦後の「左翼」といえよう。したがって「右翼」と「左翼」は攻撃のベクトルが違うので対立していない。

本書では戦後の「左右」両陣営が同じことを多数隠し、同じ方向へ歪曲している事例を挙げてきた。何を隠すかによって「相手の意図、目的、実情、希望的観測、潜在的願望といったものが、手にとるようにわかる」という山本七平の言葉からすれば、「右翼」と「左翼」多数派の意図や目的、願望は同じであろう。アメリカ追放ないし打倒と天皇家討伐・伏見宮系旧皇族による皇位奪取である。

Aに入る親英米・天皇家派の有力政治家は、福田赳夫の秘書出身の小泉純一郎が政界を引退した後は姿を消した。Bの反英米・天皇家派の「左翼」少数派も、野坂参三、鶴見和子、鶴見良行の没後は後継者がいなかった。そのため天皇家は現在、X軸方向とY軸方向から挟撃され、有力な味方はいない模様である。

†フェイクとしての「左右」対立

中ソ対立で、鶴見和子が親中国派、鶴見俊輔が親ソ連派の立場を取ったことを見れば、鶴見一族が天皇家派と伏見宮系旧皇族派に分かれたのは、関ヶ原の戦いで真田一族が行ったように二股をかけたのだろう。そして反米親ソの有力政治家だった後藤新平の義理の甥である椎名悦三郎が岸信介の側近だったことを考えれば、同じ反米主義者で満洲国人脈の岸と鶴見俊輔の対立は「見せかけ」(フェイク)だろう。

昭和天皇周辺が福田赳夫を晩年の側近政治家に選んだ理由ははっきりしない。しかし、これは岸信介に対抗するためではないかというのが筆者の推測である。福田の自伝や昭和天皇側近たちの回想類を読んでも、学生・大蔵官僚時代の接点が特に見当たらず、六〇年安保騒動の最中に福田が岸内閣農相として昭和天皇に拝謁した時、唐突に関係が始まるからである。

政党内閣期に内務官僚が党派別に割れた理由の一つが東京帝国大学法学部の成績だったと言われていること、東京帝国大学では岸が卒業する前年に卒業席次をつけなくなったが、法学部における我妻栄と岸の成績争いが戦後まで続く伝説になったこと、民政党浜口内閣の官吏減俸への反対運動で岸が官界のリーダーになったことは既述した。

東京帝国大学では席次をつけなくなったが、文官高等試験→国家公務員採用上級試験→国家公務員採用上級甲種試験→国家公務員採用Ⅰ種試験と、戦後に始まった司法試験(旧。戦前の司法官僚は「二流」と言われて行政官僚より格下だった。拙稿、一九九九参照)では合格順位がつくのと、東京大学法学部での「優」の数が、採用官庁だけでなく、入省後の人事にも影響すると言われているため、法学部生は「順位」に極めて神経質である。これは学生が専攻別の研究室に分かれる文学部や理系の学部生にはない感覚である。そして福田赳夫は第一高等学校（新制東京大学教養学部の前身）卒業時の点数（駒場から本郷へ進む際の「進学振り分け」に使われ、東大紛争前は全学生が「進学振り分け」の対象だった）が、これも戦後に伝説として語り継がれる高得点だった。つまり、霞ヶ関の官僚や官僚出身政治家の誰もが頭の上がらない政治家は、岸以外には福田しかいなかったために、昭和天皇周辺が福田に白羽の矢を立てたのではないか、ということである。

†政治的意図と「空気」で隠蔽される真実

また、ボナー・フェラーズをめぐる問題は根が深い。

真珠湾攻撃時の駐米大使館参事官で、外務事務次官、駐米大使となった井口貞夫の孫、井口治夫による一連のフェラーズ「研究」で使われているのは、NHKが一九九七年六月一五日に放映したNHKスペシャル「昭和天皇「二つの独白録」」制作のため、フェラーズの一人娘にマッカーサー記念館へ複写を提供させたフェラーズ文書が中心となっている。

アカデミズムの世界でこの番組の制作に関わったのは、粟屋憲太郎と吉田裕（当時一橋大学社会学部教授）の共産党コンビだった。そして翌九八年七月に、NHK教養番組部ディレクターの東野真著で、粟屋と吉田を解説者とする『昭和天皇　二つの「独白録」』（日本放送出版協会）

が出版された。東野は東京大学文学部第四類社会学専修課程（通称：社会学科）の庄司興吉ゼミ出身である。東大紛争の際、文学部社会学研究室は大学院生・学部生が民青系と反民青系の真っ二つに割れて民青系が研究室を占拠し、反民青系を締め出した。この時の民青系大学院生・学部生リーダーの一人が庄司興吉だった。

「おしゃべり大佐」フェラーズを過大評価する反ライシャワーのジョン・W・ダワー『敗北を抱きしめて』出版が一九九九年、ハーバート・P・ビックス（当時一橋大学大学院社会学研究科教授で吉田裕の同僚）『昭和天皇』出版が二〇〇〇年、岡本嗣郎『陛下をお救いなさいまし　河井道とボナー・フェラーズ』出版が二〇〇二年、奈良橋陽子（元枢密顧問官・宮内次官関屋貞三郎の孫）企画の「終戦のエンペラー」公開が二〇一二年である。

戦後も戦前と同様に「左右」対立など実際には起きていなかったことから見ると、フェラーズに関するディスインフォメーションは、外務省・宮中関係者と共産党、NHKが何らかの政治的意図を持って、アメリカの左派歴史学者やハリウッドまでも巻き込み、日本の一般国民の目を欺くために垂れ流しているとしか考えられない。これでは、フェラーズ事件でドイツ・アフリカ軍団の脅威が迫ったスエズ運河と中東油田地帯を守るため、イギリスのチャーチル首相や情報部が、逆に事件を米英首脳会談での切り札に使ってアメリカ軍の戦略方針を根底から転換させたような情報戦など、日本人には到底無理である（「敵を欺くにはまず味方から」によるものではあるまい）。

フェラーズがクエーカーで極右団体ジョン・バーチ・ソサエティに加入していたこと、日本のクエーカー人脈の起源となる新渡戸稲造の思想や拓殖大学学監としての活動を、戦後の「左右」両陣営が隠蔽していることは、ディスインフォメーションと無関係とは思えない。関谷貞三郎もクエーカーだった。

ドイツ宰相オットー・フォン・ビスマルクは「愚者は経験に学び、賢者は歴史に学ぶ」と言ったと伝えられる。遺憾ながら、次のように付け加えざるを得ない。「そして日本民族は経験から学ぶことを拒否する」。山本七平（一九八三）が日本における「空気支配」を指摘したように、日本では「空気を読む」ことが最優先であり、これを乱す情報は「抗空気罪」によって排除し続けるのであろう。

主要参考文献（拙著二冊の文献目録に載せたものは、本書文中で出典とした以外は省略）

拙著・拙稿

『大新聞社――その人脈・金脈の研究　日本のパワー・エリートの系譜』はまの出版、一九九六年
「「左右色分け」の落とし穴」『女たちの21世紀』第一〇号、一九九七年三月
「帝人事件から天皇機関説事件へ――美濃部達吉と「検察ファッショ」」『政治経済史学』第三八九号、一九九九年一月
「第六代学長・下村宏のハンセン病関連事業――「後藤閥」の一角としての朝日新聞社」『拓殖大学百年史研究』第一・二号合併号、一九九九年三月
「五・一五事件時における福岡日日新聞「反軍」論説の社会的背景――三井・大牟田事件と久留米第一二師団」全二回『政治経済史学』第四〇七〜四〇八号、二〇〇〇年七〜八月
『後藤新平をめぐる権力構造の研究』南窓社、二〇〇七年
「日本海軍の北樺太油田利権獲得工作」海軍史研究会編『日本海軍史の研究』吉川弘文館、二〇一四年
「第二次世界大戦期アメリカ海軍の指導体制――合衆国艦隊司令長官兼海軍作戦部長の職務」『政治経済史学』第六一〇号、二〇一七年一〇月

一次史料

「日露国交回復交渉一件　東京ニ於ケル予備会議「ヨッフェ」代表一行ノ動静及状況 第三巻」（外務省記録。2.5.1.106-4-4）
「澤本頼雄海軍大将業務メモ」（防衛省防衛研究所戦史研究センター所蔵）
「東久邇宮日誌」（同前）
"GHQ/SCAP Records, Judge Advocate Section (JAS)"（国立国会図書館憲政資料室所蔵マイクロフィルム）
"Papers of Brigadier General Bonner F. Fellers"（同前）

公刊資料

朝日新聞社編『入江相政日記』全六巻、朝日新聞社、一九九〇〜一九九一年
安倍源基『巣鴨日記』展転社、一九九二年
粟屋憲太郎編・解説『資料　日本現代史　2　敗戦直後の政治と社会①』大月書店、一九八〇年
伊藤隆編集代表『高木惣吉　日記と情報』上下、みすず書房、二〇〇〇年
――ほか編『真崎甚三郎日記』全六巻、山川出版社、一九八一〜一九八七年
伊藤武雄・荻原極・藤井満洲男編『現代史資料（31）満鉄（一）』みすず書房、一九六六年
今井清一・高橋正衛編『現代史資料（4）国家主義運動（一）』みすず書房、一九六三年
内田良平文書研究会編『内田良平関係文書』第六巻、第九〜一

一巻、芙蓉書房出版、一九九四年
卜部亮吾『昭和天皇最後の側近　卜部亮吾侍従日記』全五巻、朝日新聞社、二〇〇七年
大嶽秀夫編『戦後日本防衛問題資料集』全三巻、三一書房、一九九一～一九九三年
太田健一・岡崎克樹・坂本昇・難波俊成『次田大三郎日記』山陽新聞社、一九九一年
河井弥八『昭和初期の天皇と宮中　侍従次長河井弥八日記』第六巻、岩波書店、一九九四年
木戸日記研究会編『木戸幸一日記』上下、東京大学出版会、一九六六年
――編『木戸幸一関係文書』東京大学出版会、一九六六年
木下道雄『側近日誌』文藝春秋、一九九〇年
共同通信社「近衛日記」編集委員会編『近衛日記』共同通信社開発局、一九六八年
軍事史学会編『海軍大将嶋田繁太郎備忘録・日記　I　備忘録第一～第五』錦正社、二〇一七年
警保局保安課「大本教治安維持法違反並不敬事件概要」一九三五年一一月、荻野富士夫編『特高警察関係資料集成　第二〇巻』不二出版、一九九三年
小林忍＋共同通信取材班『昭和天皇　最後の侍従日記』文春新書、二〇一九年
佐藤元英・黒沢文貴編『GHQ歴史課陳述録――終戦史資料』上下、原書房、二〇〇二年
参謀本部所蔵『敗戦の記録』原書房、一九八九年
参謀本部編『杉山メモ――大本営・政府連絡会議等筆記』上下、原書房、一九六七年
尚友倶楽部ほか編『岡部長景巣鴨日記』芙蓉書房出版、二〇一五年
進藤栄一編『芦田均日記　第一巻』岩波書店、一九八六年
高橋正衛編『現代史資料（5）　国家主義運動（二）』みすず書房、一九六四年
高松宮宣仁『高松宮日記』全八巻、中央公論社、一九九五～一九九七年
対馬路人・武田崇元・佐竹譲監修『神政龍神会資料集成』八幡書店、一九九四年
寺崎英成、マリコ・テラサキ・ミラー編『昭和天皇独白録　寺崎英成・御用掛日記』文藝春秋、一九九一年
徳川義寛『徳川義寛終戦日記』朝日新聞社、一九九九年
内務省警保局「反美濃部運動ノ概況」一九三五年三～九月、荻野富士夫編『特高警察関係資料集成　第二九巻』不二出版、一九九四年
林銑十郎『満洲事件日誌』みすず書房、一九九六年
原田熊雄『西園寺公と政局』全九巻、岩波書店、一九五〇～一九五六年
半藤一利解説「「小倉庫次侍従日記」昭和天皇戦時下の肉声」『文藝春秋』二〇〇七年四月号
東久邇稔彦『東久邇日記　日本激動期の秘録』徳間書店、一九六八年
船橋治・細田哲史編『復刻版　人類愛善新聞』全六巻、不二出

版、二〇一二〜二〇一三年
細川護貞『細川日記』上下、中公文庫、一九七九年
牧野伸顕『牧野伸顕日記』中央公論社、一九九〇年
山極晃・中村政則編『資料日本占領 Ⅰ 天皇制』大月書店、一九九〇年
山辺健太郎編『現代史資料(20) 社会主義運動(七)』みすず書房、一九六八年
『文芸』一九六五年九月増刊号(ヴェトナム問題緊急特集)(べ平連討論集会議事録)
麻原彰晃(本名松本智津夫)確定判決(平成七合(わ)一四一、殺人等)最高裁判例
Diane P. Koenker and Ronald D. Bachman, eds., *Revelations from the Russian Archives: Documents in English Translation* (Washington, D.C.: Library of Congress, 1997)
Chester W. Nimitz, *Command Summary of Fleet Admiral Chester W. Nimitz, USN: Nimitz "Graybook": 7 December 1941-31 August 1945* (8 vols.: Newport, Rhode Island: United States Naval War College, 2013)
Hermione Ranfurly, *To War with Whitaker: Wartime Diaries of the Countess of Ranfurly, 1939-45* (London: Pan Books, 2018)
Schools & Training Branch, "Office of Strategic Services (OSS) Organization and Functions" (1945) https://archive.org/details/OfficeOfStrategicServicesOSSOrganizationAndFunctions/
CCS議事録("Joint Staff History" https://www.jcs.mil/About/Joint-Staff-History/)

関係者の自伝・回想・聞き取り・座談会・その他

皇族・宮中周辺

明石元紹・小田部雄次『君は天皇をどうしたいのかね?』敬文舎、二〇一七年
宇佐美毅・田中清玄・榊原亀之甫「天皇陛下を語る」『正論』一九八一年二月号
岡部長章『ある侍従の回想記――激動時代の昭和天皇』朝日ソノラマ、一九九〇年
織田和雄『天皇陛下のプロポーズ』小学館、二〇一九年
筧素彦『今上陛下と母宮貞明皇后』日本教文社、一九八七年
加瀬英明「高松宮かく語りき　戦争末期、宮は和平への動きを支える主柱の一本だった」『文藝春秋』一九七五年二月号
加藤康男『三笠宮と東條英機暗殺計画　極秘証言から昭和史の謎に迫る』PHP新書、二〇一七年
神谷美恵子『神谷美恵子著作集 6 存在の重み』みすず書房、一九八一年
――『神谷美恵子著作集 9 遍歴』みすず書房、一九八〇年
閑院純仁『私の自叙伝』人物往来社、一九六六年
――『日本史上の秘録』日本民主協会、一九六七年
――『激流　戦争から平和へ・二十一世紀への道』土屋書店、一九七〇年
――『残光――日本はこれでよかったのか』日本民主協会、一

九七二年
――『皇族の体験を語る』日本民主協会、一九七八年
工藤美代子『母宮貞明皇后とその時代――三笠宮両殿下が語る思い出』中央公論新社、二〇〇七年
久邇邦昭『少年皇族の見た戦争　宮家に生まれ一市民として生きた我が生涯』PHP研究所、二〇一五年
近衛文麿『平和への努力』日本電報通信社、一九四六年
高松宮妃喜久子「思い出の秩父宮さま」『中央公論』一九九六年一一月号
――『菊と葵のものがたり』中央公論社、一九九八年
竹田恒徳『菊と星と五輪――皇族からスポーツ大使へ』ベースボール・マガジン社、一九七七年
秩父宮妃勢津子『銀のボンボニエール』主婦の友社、一九九一年
秩父宮勢津子・高松宮宣仁・同喜久子・三笠宮寬仁・司会加瀬英明「新春座談会　皇族団欒　一日、高松宮家に御親戚があつまり、国民にとっては意外なホームドラマがくりひろげられた」『文藝春秋』一九七六年二月号
秩父宮雍仁「天皇家の人々――はじめて世に出る皇族の自叙伝」『文藝春秋』一九五一年六月号
――『思い出の記　秩父宮雍仁親王文集』龍星閣、一九六四年
――「陸軍の崩壊」『中央公論』一九九六年一一月号
――「占領政策の批判」『中央公論』一九九六年一一月号
――・秩父宮妃勢津子『英米生活の思い出』文明社出版部、一九四七年
――ほか『皇族に生まれて』全二巻、渡辺出版、二〇〇五年、二〇〇八年
浜尾実『皇后　美智子さま～ふれあいの旅』小学館、一九九七年
藤田尚徳『侍従長の回想』中公文庫、一九八七年
松平信子「回想記」『心』一九五二年四月号
三笠宮崇仁「皇族と自由」『婦人公論』一九五二年一月号
――「逆戻り世相批判」『文芸』一九五二年四月号
――『帝王と墓と民衆――オリエントのあけぼの』光文社、一九五六年
――『古代オリエント史と私』学生社、一九八四年
――『わが歴史研究の七十年』学生社、二〇〇八年
――編『日本のあけぼの――建国と紀元をめぐって』光文社、一九五九年
三笠宮殿下米寿記念論集刊行会編『三笠宮殿下米寿記念論集』刀水書房、二〇〇四年
三笠宮寬仁・工藤美代子『皇族の「公」と「私」』PHP研究所、二〇〇九年
三笠宮寬仁・聞き手櫻井よしこ「独占会見　天皇さま　その血の重み――なぜ私は女系天皇に反対なのか」『文藝春秋』二〇〇六年二月号
三谷隆信『回顧録　侍従長の昭和史』中公文庫、一九九九年
読売新聞戦後史班『教育のあゆみ』読売新聞社、一九八二年（前田陽一）
渡邉允『天皇家の執事　侍従長の十年半』文春文庫、二〇一一

年

日本陸軍・陸上自衛隊

有末精三『終戦秘史　有末機関長の手記』芙蓉書房、一九七六年
岩畔豪雄『昭和陸軍謀略秘史』日本経済新聞出版社、二〇一五年
岩田正孝「未遂に終わった斬り込み計画」『中央公論』一九九二年三月号
大谷敬二郎『昭和憲兵史』みすず書房、一九七九年新装版（初出一九六六年）
――『二・二六事件の謎　昭和クーデターの内側』光人社NF文庫、二〇一二年（初出一九六七年）
――『憲兵秘録』原書房、一九六八年
――『軍閥　二・二六事件から敗戦まで』光人社NF文庫、二〇一四年（初出一九七一年）
――『統帥権とは何か　軍事が政治に介入した恐るべき時代』光人社NF文庫、二〇一五年（初出一九七二年。『天皇の軍隊』を改題）
――『憲兵　元・東部憲兵隊司令官の自伝的回想』光人社NF文庫、二〇〇六年（初出一九七三年）
――『皇軍の崩壊　明治建軍から解体まで』光人社NF文庫、二〇一四年（初出一九七五年）
軍事史学会編『元帥畑俊六回顧録』錦正社、二〇〇九年
佐藤賢了『佐藤賢了の証言　対米戦争の原点』芙蓉書房、一九七六年
――講述・陸上自衛隊幹部学校記事編集委員会編「言い残しておくこと（開戦後の大東亜戦争指導）」陸上自衛隊小平修親会、一九五八年（防衛省防衛研究所戦史研究センター所蔵）
竹下正彦「阿南陸相の終戦時の心事」『軍事史学』第一〇号、一九六七年八月
――「平泉史学と陸軍」『軍事史学』第五巻第一号、一九六九年五月
中野校友会編・発行『陸軍中野学校』一九七八年
中野雅夫『橋本大佐の手記』みすず書房、一九六三年
西内雅・岩田正孝『雄誥　大東亜戦争の精神と宮城事件』日本工業新聞社、一九八二年
西村繁樹『三島由紀夫と最後に会った青年将校』並木書店、二〇一九年
平城弘通『日米秘密情報機関「影の軍隊」ムサシ機関長の告白』講談社、二〇一〇年
藤原岩市『F機関　インド独立に賭けた大本営参謀の記録』振学出版、一九八五年
〔松平永芳〕『靖国神社をより良く知るために』靖国神社社務所、一九九二年
武藤章『軍務局長　武藤章回想録』芙蓉書房、一九八一年
山本舜勝『三島由紀夫・憂悶の祖国防衛賦　市ヶ谷決起への道程と真相』日本文芸社、一九八〇年
――「三島由紀夫と昭和史」『知識』第二二号、一九八一年四月

――『君には聞こえるか　三島由紀夫の絶叫』パナジアン、一九八二年
――『サムライの挫折』毎日コミュニケーションズ、一九八五年
――『自衛隊「影の部隊」――三島由紀夫を殺した真実の告白』講談社、二〇〇一年
吉原政巳『中野学校教育――一教官の回想』新人物往来社、一九七四年

日本海軍・海上自衛隊

石川信吾『真珠湾までの経緯――開戦の真相』時事通信社、一九六〇年
新名丈夫編『海軍戦争検討会議記録　太平洋戦争開戦の経緯』毎日新聞社、一九七六年
水交会編・発行『帝国海軍　提督達の遺稿　小柳資料』上下、二〇一〇年
鈴木一編『鈴木貫太郎自伝』時事通信社、一九六八年
高木惣吉「今だからあかそう　私の東条暗殺計画」『文芸朝日』一九六四年九月号
――「東条首相を暗殺せよ」『文藝春秋』一九六九年九月号
戸高一成編『[証言録] 海軍反省会』全一一巻、PHP研究所、二〇〇九～二〇一八年
富岡定俊『開戦と終戦――帝国海軍作戦部長の手記』中公文庫、二〇一八年
保科善四郎・大井篤・末國正雄『太平洋戦争秘史　海軍は何故開戦に同意したか』日本国防協会、一九八七年
山本英輔『七転び八起の智仁勇』山本英輔、一九五七年

内務官僚

安倍源基『昭和動乱の真相』中公文庫、二〇〇六年
唐沢俊樹「大本教手入れの前後――右翼革命の資金ルート遮断」『信濃往来』一九五五年二月
後藤田正晴『情と理――カミソリ後藤田回顧録』上下、講談社＋α文庫、二〇〇六年
富田健治『敗戦日本の内側――近衛公の思い出』古今書院、一九六二年
内政史研究会編「後藤文夫氏談話速記録」一九六三年七月
――編「田中広太郎氏談話速記録」全三巻、一九六三年七月～一九六四年二月
――編「安井英二氏談話速記録」全四巻、一九六四年二～三月
――編「星野直樹氏談話速記録」一九六四年九月
――編「挾間茂氏談話速記録」全三巻、一九六五年一二月～一九六六年一一月
――編「古井喜実氏談話速記録」全三巻、一九六六年五～六月
――編「三好重夫氏談話速記録」全六巻、一九六六年一一～一二月
――編「萱場軍蔵氏談話速記録」全二巻、一九六六年一二月、一九六七年一月
――編「安倍源基氏談話速記録」全四巻、一九六七年九～一一月

――編「土屋正三氏談話速記録」全二巻、一九六七年一二月
――編「大野緑一郎氏談話速記録」全三巻、一九六八年二〜三月
――編「村田五郎氏談話速記録」全六巻、一九七二年四月〜一九七三年七月
――編「富田健治氏談話速記録」一九七三年一一月（国立国会図書館憲政資料室所蔵）
――編「林敬三氏談話速記録」全七巻、一九七四年三〜七月
永野若松「宗教警察に就て」『警察協会雑誌』一九三六年七月号
藤沼庄平『私の一生』「私の一生」刊行会、一九五七年
前田多門『山荘静思』羽田書店、一九四七年
村田光義『海鳴り　内務官僚村田五郎と昭和の群像』上下、芦書房、二〇一一年

司法官僚

小原直回顧録編纂会編・発行『小原直回顧録』一九六六年
塩野季彦回顧録刊行会編・発行『塩野季彦回顧録』一九五八年

商工官僚

青田十勝編『躍進日本の自動車を語る』工業知識普及会、一九三六年（岸信介・小金義照・伊藤久雄ほか）
岸信介『岸信介回顧録――保守合同と安保改定』廣済堂、一九八三年
――『我が青春　生い立ちの記／思い出の記』廣済堂、一九八三年
――・矢次一夫・伊藤隆『岸信介の回想』文藝春秋、一九八一年
原彬久編『岸信介証言録』中公文庫、二〇一四年
吉野信次『おもかじ　とりかじ――裏からみた日本産業の歩み』通商産業研究社、一九六二年

大蔵官僚

福田赳夫『回顧九十年』岩波書店、一九九五年
星野直樹『見果てぬ夢――満州国外史』ダイヤモンド社、一九六三年
――『時代と自分』ダイヤモンド社、一九六八年

ブント

青木昌彦『私の履歴書　人生越境ゲーム』日本経済新聞社、二〇〇八年
石川真澄・黒羽純久・島成郎・多田実・松野頼三「60年安保闘争特別座談会　生まれ立てのブントが主導した全学連は何を目標にやったのか」『毎日ムック　シリーズ20世紀の記憶　60年安保・三池闘争　1957-1960』毎日新聞社、二〇〇〇年
島成郎監修『戦後史の証言・ブント』批評社、一九九九年
――・島ひろ子『ブント私史　青春の凝縮された生の日々　ともに闘った友人たちへ』批評社、二〇一〇年新装増補改訂版
――・森田実「ブント・共産主義者同盟」全五回『朝日ジャーナル』一九七一年一月一〜八日号〜一月二九日号、二月二六

日号
東原吉伸「真相「全学連に右翼から資金提供」説」『文藝春秋』二〇一〇年一二月号
長崎浩『叛乱の六〇年代　安保闘争と全共闘運動』論創社、二〇一〇年
西部邁『六〇年安保　センチメンタル・ジャーニー』文春学芸ライブラリー、二〇一八年（初出一九八六年）
――「「莫迦は死んでも治らない」私の始発点」『文藝春秋』二〇一〇年一二月号
森川友義編『60年安保――6人の証言』同時代社、二〇〇五年
森田実『戦後左翼の秘密　60年安保世代からの証言』潮文社、一九八〇年
読売新聞昭和時代プロジェクト『昭和時代　三十年代』中央公論新社、二〇一二年（青木昌彦）

その他左翼・右翼・裏社会

荒畑寒村『荒畑寒村著作集9　寒村自伝　上』平凡社、一九七七年
安藤昇『やくざと抗争』上下、徳間文庫、一九九三年
――『自伝　安藤昇』ぶんか社、二〇〇一年
石垣綾子「ある亡命者の生涯――佐野碩のこと」『世界』一九八一年四月号
井上日召『一人一殺』新人物往来社、一九七二年
木庭次守編『新月の光　出口王仁三郎玉言集』上下、八幡書店、二〇〇二年
佐高信・鈴木邦男『左翼・右翼がわかる！』金曜日、二〇一〇年
志垣民郎『内閣調査室秘録　戦後思想を動かした男』文春新書、二〇一九年
田岡一雄『完本　山口組三代目　田岡一雄自伝』徳間文庫、二〇一五年
高草木光一編『ベ平連と市民運動の現在――吉川勇一が遺したもの』花伝社、二〇一六年
田中清玄「暴力と死について」『文藝春秋』一九四九年九月号
――「武装共産党時代」『文藝春秋』一九五〇年六月号
――「世を罵る」『経済往来』一九五一年一一月号
――「武装テロと母　全学連の指導者諸君に訴える」『文藝春秋』一九六〇年二月号
――「玄峰老師言行録」『文藝春秋』一九六一年八月号
――「いまこそ云う　安保闘争と私」『文藝春秋』一九六三年五月号
――「いまだから明かせる「わが心情的天皇論」」『週刊ポスト』一九七五年一〇月一七日号
――「清玄血風録　赤色太平記」全六回『現代』一九七六年一～六月号
――「「児玉君は古武士らしく責任をとれ」もう一人の〝黒幕〟田中清玄の怪物批判」『週刊朝日』一九七六年二月二七日号
――「日本の戦後を駄目にした人脈」『朝日ジャーナル』一九七九年三月一六日号

――「天皇訪中を阻む軍国主義者どもの意図」『朝日ジャーナル』一九八六年四月一一日号
――『田中清玄自伝』文藝春秋、一九九三年
――・イーデス・ハンソン「右であれ左であれ助けずにはいられない」『週刊文春』一九七四年七月二九日号
――・イーデス・ハンソン「日本人の知らないCIA・KGB暗躍の内幕」『週刊文春』一九七六年五月二七日号
――・大井廣介「武装共産党時代の凄春譜 「赤色太平記」余話」『現代』一九七六年八月号
――・大須賀瑞夫「「共産主義」から「天皇」へ 我が「転向」の深層」『諸君!』一九九三年三月号
玉置辨吉編『回想――山本玄峰』春秋社、一九七〇年
塚田義彦・太田正史編『太田薫 太田ラッパ鳴りやまず』労働教育センター、一九九九年
出口王仁三郎『祭政一致の大道』昭和神聖会、一九三四年
――『皇道経済我観』昭和神聖会、一九三四年
徳川義親『最後の殿様 徳川義親自伝』講談社、一九七三年
中江兆民『一年有半・続一年有半』岩波文庫、一九九五年
林逸郎『天皇機関説撃滅 一木 美濃部 岡田学説の研究』昭和神聖会、一九三五年
福本邦雄『表舞台 裏舞台――福本邦雄回顧録』講談社、二〇〇七年
不破哲三『日本共産党にたいする干渉と内通の記録――ソ連共産党秘密文書から 上』新日本出版社、一九九三年
保良浅之助『侠花録 勲四等 籠寅・保良浅之助伝』桃園書房、一九六三年
松前重義・白井久也『わが昭和史』朝日新聞社、一九八七年
万年東一『人斬り懺悔』徳間書店、一九七二年
――『関東喧嘩無頼〈実録・やくざ流転〉』徳間書店、一九七三年
三上卓「五・一五の作戦本部」『文芸春秋 臨時増刊 読本・現代史』一九五四年一〇月
南保夫・田中清玄・宇都宮徳馬ほか「昔はアカ・いま資本家」『文藝春秋』一九五九年六月号
薬師寺克行編『村山富市回顧録』岩波書店、二〇一二年
矢次一夫『昭和動乱私史』上中下、経済往来社、一九七一～一九七三年
柳井政雄『同和運動の歩み』全日本同和会山口県連合会、一九九二年
脇田憲一『朝鮮戦争と吹田・枚方事件 戦後史の空白を埋める』明石書店、二〇〇四年
鈴木邦男公式サイト「鈴木邦男をぶっとばせ!」http://kunyon.com/

大学関係

伊藤隆『歴史と私 史料と歩んだ歴史家の回想』中公新書、二〇一五年
拓殖大学創立百年史編纂室編『新渡戸稲造――国際開発とその教育の先駆者』拓殖大学、二〇〇一年
田中卓『歴史と伝統――この大学を見よ』皇學館大学出版部、

一九八八年
――『平泉史学と皇国史観』青々企画、二〇〇〇年
――『祖国再建』上下、青々企画、二〇〇六年
鶴見和子『コレクション　鶴見和子曼荼羅　Ⅶ　華の巻――わが生き相』藤原書店、一九九八年
――『コレクション　鶴見和子曼荼羅　Ⅸ　環の巻――内発的発展論によるパラダイム転換』藤原書店、一九九九年
鶴見俊輔「佐野碩のこと――メキシコ・ノート」『展望』一九七五年四月号
――『鶴見俊輔座談　日本人とは何だろうか』晶文社、一九九六年
――・上坂冬子「〝爽やか〟だった大東亜戦争」『Voice』二〇〇八年九月号
新渡戸稲造・鶴見祐輔・久米正雄・菊池寛「新渡戸稲造博士座談会」『文藝春秋』一九二七年五月号
日本経済新聞社編『私の履歴書　文化人19』日本経済新聞社、一九八四年（内村祐之）
秦郁彦『実証史学への道――一歴史家の回想』中央公論新社、二〇一八年
平泉澄『悲劇縦走』皇學館大学出版部、一九八〇年
――『日本の悲劇と理想』錦正社、一九九四年
御厨貴編『時代の先覚者・後藤新平　1857-1929』藤原書店、二〇〇四年（鶴見俊輔）
武者小路公秀・鶴見和子『複数の東洋／複数の西洋　世界の知を結ぶ』藤原書店、二〇〇四年
「平泉澄氏インタビュー」全六回『東京大学史紀要』第一三～一八号、一九九五年三月～二〇〇〇年三月

マスメディア業界

青木彰『新聞との約束　戦後ジャーナリズム私論』日本放送出版協会、二〇〇〇年
桜田武・鹿内信隆『いま明かす戦後秘史』上下、サンケイ出版、一九八三年
原寿雄『ジャーナリズムに生きて――ジグザグの自分史85年』岩波書店現代文庫、二〇一一年
松本重治『上海時代（上）　ジャーナリストの回想』中公新書、一九七四年
――『聞書・わが心の自叙伝』講談社、一九九二年
村岡博人「〝チョーセン記者〟は考える」『文藝春秋』一九六七年一一月号
『クローネ会　東京大学社会学研究室同窓会　会報』第一号、二〇〇四年七月（中江利忠）

実業界

松方幸次郎『石油国策』露西亜通信社出版部、一九三四年（a）
――「燃料国策論」『改造』一九三四年三月号（b）

アメリカ・イギリス・カナダ

E・G・ヴァイニング（小泉一郎訳）『皇太子の窓』文春学芸

ライブラリー、二〇一五年
C・A・ウィロビー（延禎監修・平塚柾緒編）『GHQ知られざる諜報戦――新版・ウィロビー回顧録』山川出版社、二〇一一年
ジョセフ・C・グルー（石川欣一訳）『滞日十年』上下、ちくま学芸文庫、二〇一一年
マーク・ゲイン（井本威夫訳）『ニッポン日記』ちくま学芸文庫、一九九八年
ジョー・コイデ『ある在米日本人の手記』上下、有信堂、一九六七年、一九七〇年
セオドア・コーエン（大前正臣訳）『日本占領革命　GHQからの証言』上下、TBSブリタニカ、一九八三年
フランク・コワルスキー（勝山金次郎訳）『日本再軍備　米軍事顧問団幕僚長の記録』中公文庫、一九九九年
ヘンリー・L・スティムソン、マックジョージ・バンディ（中沢志保・藤田怜史訳）『ヘンリー・スティムソン回顧録』上下、国書刊行会、二〇一七年
エジャートン・ハーバート・ノーマン（大窪愿二訳）『ハーバート・ノーマン全集　第二巻』、岩波書店、一九七七年
サー・フランシス・ピゴット（長谷川才次訳）『断たれたきずな』上中下、時事通信社、一九五九年
ダグラス・マッカーサー（津島一夫訳）『マッカーサー回想記』上下、朝日新聞社、一九六四年
エドウィン・O・ライシャワー（大谷堅志郎訳）『日本への自叙伝』日本放送出版協会、一九八二年
――（徳岡孝夫訳）『ライシャワー自伝』文藝春秋、一九八七年
――、ハル・ライシャワー（入江昭監修）『ライシャワー大使日録』講談社学術文庫、二〇〇三年
Bonner Frank Fellers, *Wings for Peace: A Primer for a New Defense* (Chicago: Henry Regnery Company, 1953)
Ernest Joseph King and Walter Muir Whitehill, *Fleet Admiral King: A Naval Record* (New York: Da Capo Press, 1976)
Courtney Whitny, *MacArthur: His Rendezvous with History* (New York: Alfred A. Knopf, 1956)

関係者親族
安藤眞吾『昭和天皇を守った男　安藤明伝』ルネッサンスブックス、二〇〇七年
――『にっぽんの敗けっぷり――マッカーサーと安藤明』知玄舎、二〇一八年
井口武夫「東海大学法学部教授時代の思い出」『東海法学』第三七号、二〇〇七年三月
井口治夫「戦後日本の君主制とアメリカ」伊藤之雄・川田稔編『二〇世紀日本の天皇と君主制　国際比較の視点から　一八六七～一九四七』吉川弘文館、二〇〇四年
――「太平洋戦争終結を巡る歴史論争――ボナー・フェラーズのヘンリー・スティムソン元陸軍長官批判」細谷千博・入江昭・大芝亮編『記憶としてのパールハーバー』ミネルヴァ書房、二〇〇四年

――「ボナー・フェラーズ准将と日米関係――米国共和党右派の世界観の事例研究」二〇〇五年三月（二〇〇二年度～二〇〇四年度科学研究費補助金　基盤研究（C）（2）研究成果報告書。研究課題番号一四五二〇一一六）
――「共和党右派とダグラス・マッカーサー大統領候補擁立運動」『史林』第九二巻第五号、二〇〇九年九月
――「国際環境と情報戦――駐エジプト武官時代のボナー・フェラーズ」『人間環境学研究』第八巻第二号、二〇一〇年一二月
――「ボナー・フェラーズと戦略情報局企画部」『Intelligence』第一一号、二〇一一年三月
――『誤解された大統領　フーヴァーと総合安全保障構想』名古屋大学出版会、二〇一八年
Haruo Iguch, "Bonner Fellers and U.S.-Japan Relations, June 1945-June 1946," *The Journal of American and Canadian Studies*, No. 20 (March 2003)
緒方四十郎『遙かなる昭和　父・緒方竹虎と私』朝日新聞社、二〇〇五年
勝田龍夫『重臣たちの昭和史』上下、文春学芸ライブラリー、二〇一四年
出口栄二『大本教事件　奪われた信教の自由』三一新書、一九七〇年
出口和明『増補　スサノオと出口王仁三郎』八幡書店、二〇一二年
出口京太郎『巨人　出口王仁三郎』天声社、二〇〇一年
出口恒・山本昌司「大本事件を起こしたのは誰か、そしてなぜか」二〇一一年一〇月（出口恒公式サイト「出口王仁三郎の色鉛筆　出口王仁三郎大学」https://www.deguccі.com 内）

関係者の正伝・追悼文集

青木塾編・発行『青木彰追悼集』二〇〇四年
青木塾・天野勝文・山本泰夫編『ジャーナリズムの情理――新聞人・青木彰の遺産』産経新聞出版、二〇〇五年
有竹修二『唐沢俊樹』唐沢俊樹伝記刊行会、一九七五年
生田夫妻追悼記念文集刊行会編・発行『生田夫妻追悼記念文集』一九六七年
石井満『新渡戸稲造伝』関谷書店、一九三四年
上山君記念事業会編・発行『上山満之進』上下、一九四一年
内村祐之先生追悼録刊行会編『内村祐之――その人と業績』「新樹会」創造出版、一九八二年
沖修二『阿南惟幾伝』講談社、一九七〇年
御伝記編纂会編・発行『博恭王殿下を偲び奉りて』一九四八年
片山正彦『ここに記者あり！――村岡博人の戦後取材史』岩波書店、二〇一〇年
唐牛健太郎追想集刊行会編・発行『唐牛健太郎追想集』一九八六年
宮内庁編『昭和天皇実録』全一九巻、東京書籍、二〇一五～二〇一九年
久原房之助翁伝記編纂会編『久原房之助』日本鉱業、一九七〇年

黒川創『鶴見俊輔伝』新潮社、二〇一八年
皇學館編・発行『増補　朝彦親王景仰録』二〇一一年
――編・発行『久邇親王行実』二〇一三年
後藤基夫さんを偲ぶ文集刊行会編・発行『政治記者　後藤基夫』一九八五年
『坂西志保さん』編集世話人会編『坂西志保さん』国際文化会館、一九七七年
佐々木義彦編『鮎川義介先生追想録』鮎川義介先生追想録編纂刊行会、一九六八年
椎名悦三郎追悼録刊行会編・発行『記録　椎名悦三郎』上下、一九八二年
島成郎記念文集刊行会編『島成郎と60年安保の時代』全二巻、情況出版、二〇〇二年
上法快男編『最後の参謀総長　梅津美治郎』芙蓉書房、一九七六年
白土秀次『ミナトのおやじ・藤木幸太郎伝』藤木企業、一九七八年
史料調査会編『太平洋戦争と富岡定俊』軍事研究社、一九七一年
「新聞人　信夫韓一郎」刊行会編・発行『新聞人　信夫韓一郎』一九七七年
鈴木貫太郎伝記編纂委員会編・発行『鈴木貫太郎伝』一九六〇年
鈴木喜三郎先生伝記編纂会編・発行『鈴木喜三郎』一九四五年
須山幸雄『作戦の鬼　小畑敏四郎』芙蓉書房、一九八三年
芹澤紀之編『秩父宮雍仁親王』秩父宮を偲ぶ会、一九七〇年
高木蒼梧編『玄峰老師』大法輪閣、二〇〇九年
「高松宮宣仁親王」伝記刊行委員会編『高松宮宣仁親王』朝日新聞社、一九九一年
秩父宮家『雍仁親王実紀』吉川弘文館、一九七二年
秩父宮殿下御成婚記念会編『秩父宮と勢津子妃』渡辺出版、二〇〇三年
妻木忠太『前原一誠伝』積文館、一九三四年
東京市政調査会編『都市問題』一九二九年六月号（後藤伯爵追悼号）
東京ＰＲ通信社編『松平恒雄追想録』故松平恒雄氏追憶会、一九六一年
中安閑一伝編纂委員会編『中安閑一伝』宇部興産、一九八四年
林茂『湯浅倉平』湯浅倉平伝記刊行会、一九六九年
藤田倉雄『侍従長大金益次郎』大金益次郎顕彰会、一九九五年
松岡洋右伝記刊行会編『松岡洋右――その人と生涯』講談社、一九七四年
「松前重義　その政治活動」編纂委員会編『松前重義　その政治活動』全三巻、東海大学、一九八七～一九九〇年
水野成夫伝記編集室編『人間・水野成夫』サンケイ新聞社出版局、一九七三年
三井邦太郎編『吾等の知れる後藤新平伯』東洋協会、一九二九年
安広欣記『至誠は息むことなし　評伝田中龍夫』三晃実業出版部、二〇〇〇年

吉田磯吉翁伝記刊行会編『吉田磯吉翁伝』吉田敬太郎、一九四一年
吉野信次追悼録刊行会編・発行『吉野信次』一九七四年
「牢人　三浦義一」編集委員会編『牢人　三浦義一』愛国戦線同盟、一九七三年
Thomas B. Buell, *Master of Seapower: A Biography of Fleet Admiral Ernest J. King* (Annapolis, Maryland: Naval Institute Press, 2012)
E. B. Potter, *Nimitz* (Annapolis, Maryland: Naval Institute Press, 2008)（南郷洋一郎・抄訳『提督ニミッツ』フジ出版社、一九七九年）

自治体史

宇部市史編集委員会編『宇部市史　通史編　下巻』宇部市、一九九三年
萩市史編纂委員会編『萩市史　第二巻』萩市、一九八九年
山口県編・発行『山口県史　史料編　現代2　県民の証言　聞き取り編』二〇〇〇年
——編・発行『山口県史　通史編　近代』二〇一六年

学校史

青山学院大学編・発行『青山学院五十年史』二〇一〇年
皇學館大学編・発行『創立九十年再興十年皇學館大学史』一九七二年
皇學館館史編纂室編・発行『神宮皇學館大学——昭和十五〜昭和二十一年』二〇一〇年
——『皇學館大学の再興と発展』二〇一二年
〔皇學館館史編纂委員会編〕『皇學館大学百三十年史　総説篇』皇學館、二〇一二年
東京女子大学80年誌編纂委員会編『東京女子大学の80年』東京女子大学、一九九八年
東京大学百年史編集委員会編『東京大学百年史　部局史　二』東京大学、一九八七年
普連土学園百年史編纂委員会編『普連土学園百年史』普連土学園、一九八七年
北大医学部五十年史編纂委員会編『北大医学部五十年史』（北海道大学医学部創立五十周年記念会館建設期成会、一九七四年

社史

〔宇部興産〕百年史編纂委員会編『宇部興産創業百年史』宇部興産、一九九八年
国策パルプ工業総務部編・発行『国策パルプ工業株式会社二十年史』一九五九年

宗教団体史

大本七十年史編纂会編『大本七十年史』上下、大本、一九六四年、一九六七年
——編『大本事件史』大本、一九七〇年
生長の家本部編『生長の家三拾年史』日本教文社、一九五九年

——編『生長の家四拾年史』日本教文社、一九六九年
——編『生長の家五十年史』日本教文社、一九八〇年
東京総院道慈宣闡委員会編訳『道院紅卍字会の歴史』日本紅卍字会、一九七九年
日本基督教団史編纂委員会編『日本基督教団史』日本基督教団出版部、一九六七年
森谷秀亮編『靖国神社略年表』靖国神社社務所、一九七三年
靖国神社編・発行『靖国神社百年史』全四巻、一九八三〜一九八七年

諸組織正史類

「回想・日ソ協会のあゆみ」編纂委員会編『回想・日ソ協会のあゆみ』日ソ協会、一九七四年
内田良平研究会編『国士内田良平　その思想と行動』展転社、二〇〇三年
加藤幹雄編『国際文化会館50年の歩み　1952-2002 増補改訂版』国際文化会館、二〇〇三年
黒龍会編『黒龍会三十年事歴』一九三一年
大日本生産党編『明治・大正・昭和にわたる本流ナショナリズムの証言　内田良平と大日本生産党五十年の軌跡』原書房、一九八一年
日英協会編『日英協会１００年史』博文館新社、二〇〇九年

公刊戦史類

防衛庁防衛研修所戦史室『戦史叢書43　ミッドウェー海戦』朝雲新聞社、一九七一年
——『戦史叢書　大本営陸軍部　大東亜戦争開戦経緯』全五巻、朝雲新聞社、一九七三〜一九七四年
——『戦史叢書91　大本営海軍部・聯合艦隊〈1〉——開戦まで』朝雲新聞社、一九七五年
——『戦史叢書　大本営海軍部　大東亜戦争開戦経緯』全二巻、朝雲新聞社、一九七九年
John Miller, Jr., *United States Army in World War II: The War in the Pacific: Guadalcanal: The First Offensive* (Washington, D. C.: Center of Military History, United States Army, 1949)
Ray S. Cline, *United States Army in World War II: The War Department: Washington Command Post: The Operations Division* (Washington, D. C.: Center of Military History, United States Army, 1951)
Mary H. Williams, *United States Army in World War II: Chronology, 1941-1945* (Washington, D. C.: Center of Military History, United States Army, 1960)
Louis Morton, *United States Army in World War II: Strategy and Command: The First Two Years* (Washington, D. C.: Center of Military History, United States Army, 1962)
Douglas MacArthur, *Reports of General MacArthur* (4 vols.: Washington, D.C.: U.S. Government Printing Office, 1966)
George C. Marshall, *Biennial Reports of the Chief of Staff of the United States Army to the Secretary of War: 1 July*

1939–30 June 1945 (Washington, D. C.: Center of Military History, United States Army, 1996)
James C. McNaughton, *Nisei Linguists: Japanese Americans in the Military Intelligence Service during World War II* (Washington, D.C.: Department of the Army, 2006)（森田幸夫・抄訳『もう一つの太平洋戦争――米陸軍日系二世の語学兵と情報員』彩流社、二〇一八年）
Henry G. Morgan, Jr., "Planning the Defeat of Japan: A Study of Total War Strategy" (Washington, D.C.: The Office of the Chief of Military History, Department of the Army, n.d.)
Ernest J. King, *U.S. Navy at War, 1941–1945: Official Reports to the Secretary of the Navy* (Washington, D.C.: United States Navy Department, 1946)
Julius Augustus Furer, *Administration of the Navy Department in World War II* (Washington, D.C.: U.S. Government Printing Office, 1959)
Jeffrey G. Barlow, *Revolt of the Admirals: The Fight for Naval Aviation, 1945–1950* (Washington, D.C.: Naval Historical Center, Department of the Navy, 1994)
Robert J. Cressman, *The Official Chronology of the U.S. Navy in World War II* (Washington, D.C.: Contemporary History Branch, Naval Historical Center, 1999)
Vernon E. Davis, "The History of the Joint Chiefs of Staff in World War II: Organizational Development" (2 vols.: Washington, D.C.: Historical Division, Joint Secretariat, Joint Chiefs of Staff, 1972)
Grace Person Hayes, *The History of the Joint Chiefs of Staff in World War II: The War against Japan* (Annapolis, Maryland: Naval Institute Press, 1982)
James F. Schnabel, *History of the Joint Chiefs of Staff: Volume I: The Joint Chiefs of Staff and National Policy 1945–1947* (Washington, D.C.: Office of the Chairman of the Joint Chiefs of Staff, 1996)

中央省庁著作物

公安調査庁「安保闘争の概要　闘争の経過と分析」一九六〇年一二月
司法省調査課「司法研究」報告書第二一輯八（宗教類似教団に随伴する犯罪型態の考察）一九三七年三月
内務省警保局保安課『特高外事月報』一九三五年一〇月号～一九三六年一月号
西川武『皇道大本教事件に関する研究』東洋文化社、一九七七年

研究書・論文など

朝日新聞を糺す国民会議編『朝日新聞を消せ！』ビジネス社、二〇一五年
浅見雅男『闘う皇族――ある宮家の三代』角川文庫、二〇一三年（初出二〇〇五年）
――『皇族誕生』角川文庫、二〇一一年（初出二〇〇八年）

――『大正天皇婚約解消事件』角川ソフィア文庫、二〇一八年（初出二〇一〇年。『皇太子婚約解消事件』を改題）
――『皇族と帝国陸海軍』文春新書、二〇一〇年
――『不思議な宮さま　東久邇宮稔彦王の昭和史』文藝春秋、二〇一一年
――『伏見宮――もうひとつの天皇家』講談社、二〇一二年
――『皇族と天皇』ちくま新書、二〇一六年
――・岩井克己『皇室一五〇年史』ちくま新書、二〇一五年
安部桂司『日共の武装闘争と在日朝鮮人』論創社、二〇一九年
雨宮栄一・森岡巌編『日本基督教団50年史の諸問題』新教出版社、一九九二年
阿羅健一『秘録・日本国防軍クーデター計画』講談社、二〇一三年
荒原朴水『増補　大右翼史』大日本一誠会出版局、一九七四年
――『国士　佐郷屋嘉昭（留雄）先生とその周辺』秀麗社、一九九三年
有馬哲夫「もうひとつの再軍備――緒方「新情報機関」と戦後日本のインテリジェンス機関の再建」『早稲田社会科学総合研究』第一〇巻第三号、二〇一〇年三月
――『CIAと戦後日本　保守合同・北方領土・再軍備』平凡社新書、二〇一〇年
――『児玉誉士夫　巨魁の昭和史』文春新書、二〇一三年
粟屋憲太郎『東京裁判論』大月書店、一九八九年
――『未決の戦争責任』柏書房、一九九四年
――『東京裁判への道』講談社学術文庫、二〇一三年
――・NHK取材班『NHKスペシャル　東京裁判への道』日本放送出版協会、一九九四年
石井暁『自衛隊の闇組織　秘密情報部隊「別班」の正体』講談社現代新書、二〇一八年
石瀧豊美『玄洋社・封印された実像』海鳥社、二〇一〇年
猪野健治「全学連を操縦する反共の田中清玄」『宝石』一九六七年一一月号
――「日本を動かす怪物四人のプライバシー」『勝利』一九六八年六月号
――『やくざと日本人』ちくま文庫、一九九九年（初出一九七四年）
――「いま、怪物たち児玉誉士夫・笹川良一・田中清玄が考えている〝凄いこと〟」『新評』一九七四年一一月号
――『戦後任侠史の研究』現代書館、一九九四年
――『侠客の条件――吉田磯吉伝』現代書館、一九九四年
――『山口組概論――最強組織はなぜ成立したのか』ちくま新書、二〇〇八年
――『テキヤと社会主義　1920年代の寅さんたち』筑摩書房、二〇一五年
岩武光宏「異形の経営者　川南豊作」『東京交通短期大学研究紀要』第二〇号、二〇一五年三月
上品和馬『広報外交の先駆者・鶴見祐輔　1885-1973』藤原書店、二〇一一年
植村和秀『丸山眞男と平泉澄　昭和期日本の政治主義』柏書房、二〇〇四年

宇都宮忠『三島事件と類似の「三無事件」』新風書房、二〇〇二年
江崎道朗『コミンテルンの謀略と日本の敗戦』PHP新書、二〇一七年
――『日本占領と「敗戦革命」の危機』PHP新書、二〇一八年
江尻美穂子『神谷美恵子』清水書院、一九九五年
江面弘也『「青年日本の歌」をうたう者――五・一五事件、三上卓海軍中尉の生涯』中央公論新社、二〇一二年
江藤淳監修・栗原健・波多野澄雄編『終戦工作の記録』上下、講談社文庫、一九八六年
NHK取材班編『日本の選択3　フォードの野望を砕いた軍産体制』角川文庫、一九九五年
――・下斗米伸夫『国際スパイ　ゾルゲの真実』角川文庫、一九九五年
江間守一『秩父宮妃勢津子』山手書房、一九八三年
江森敬治『秋篠宮さま』毎日新聞社、一九九八年
生出寿『昭和天皇に背いた伏見宮元帥　軍令部総長の失敗』光人社NF文庫、二〇一六年
大須賀瑞夫著・倉重篤郎編『評伝田中清玄　昭和を陰で動かした男』勉誠出版、二〇一七年
太田愛人『神谷美恵子　若きこころの旅』河出書房新社、二〇〇三年
太田久元『戦間期の日本海軍と統帥権』吉川弘文館、二〇一七年
太田雄三『〈太平洋の橋〉としての新渡戸稲造』みすず書房、一九八六年
――『喪失からの出発　神谷美恵子のこと』岩波書店、二〇〇一年
大西比呂志『伊沢多喜男　知られざる官僚政治家』朔北社、二〇一九年
大野芳『宮中某重大事件』学研M文庫、二〇一二年（初出一九九三年）
――『革命』祥伝社、二〇〇一年
大橋由美『井島ちづるはなぜ死んだか』河出書房新社、二〇〇二年
大森実『祖国革命工作　戦後秘史　3』講談社文庫、一九八一年
岡村春彦「佐野碩　運よく「スターリン粛清」をまぬがれた男」『思想の科学』一九九六年三月号
――『自由人佐野碩の生涯』岩波書店、二〇〇九年
奥健太郎『昭和戦前期立憲政友会の研究――党内派閥の分析を中心に』慶應義塾大学出版会、二〇〇四年
小熊英二『〈民主〉と〈愛国〉　戦後日本のナショナリズムと公共性』新曜社、二〇〇二年
小田部雄次「天皇制イデオロギーと親英米派の系譜――安岡正篤を中心に」『史苑』第四三巻第一号、一九八三年五月
――『徳川義親の十五年戦争』青木書店、一九八八年
――『梨本宮伊都子妃の日記　皇族妃の見た明治・大正・昭和』小学館、一九九一年

――『ミカドと女官　菊のカーテンの向う側』恒文社21、二〇〇一年
――『四代の天皇と女性たち』文春新書、二〇〇二年
――『天皇・皇室を知る事典』東京堂出版、二〇〇七年
――『皇族に嫁いだ女性たち』角川学芸出版、二〇〇九年
――『皇族　天皇家の近現代史』中公新書、二〇〇九年
――『昭憲皇太后・貞明皇后――一筋に誠をもちて仕へなば』ミネルヴァ書房、二〇一〇年
――『天皇と宮家　消えた十一宮家と孤立する天皇家』新人物文庫、二〇一四年（初出二〇一〇年）
――『昭和天皇と弟宮』角川学芸出版、二〇一一年
――『近現代の皇室と皇族　日本歴史　私の最新講義』敬文舎、二〇一三年
――『大元帥と皇族軍人』全二巻、吉川弘文館、二〇一六年
ジェームス・小田『スパイ野坂参三追跡――日系アメリカ人の戦後史』彩流社、一九九五年
帯金充利『再来――山本玄峰伝』大法輪閣、二〇〇二年
リチャード・オルドリッチ（会田弘継訳）『日・米・英「諜報機関」の太平洋戦争　初めて明らかになった極東支配をめぐる「秘密工作活動」』光文社、二〇〇三年
柿木ヒデ『神谷美恵子　人として美しく　いくつもの生　ただひとつの愛』大和書房、一九九八年
笠原十九司『南京事件と日本人　戦争の記憶をめぐるナショナリズムとグローバリズム』柏書房、二〇〇二年
柏木隆法『千本組始末記　アナキストやくざ　笹井末三郎の映画渡世』平凡社、二〇一三年
片野真佐子『皇后の近代』講談社、二〇〇三年
加藤恭子著・田島恭二監修『昭和天皇と美智子妃　その危機に「田島道治日記」を読む』文春新書、二〇一〇年
加藤哲郎『象徴天皇制の起源　アメリカの心理戦「日本計画」』平凡社新書、二〇〇五年
――『情報戦と現代史――日本国憲法へのもうひとつの道』花伝社、二〇〇七年
――「ゾルゲ事件の残された謎」日露歴史研究センター事務局編『ゾルゲ事件関係外国語文献翻訳集』第一九号、二〇〇八年六月
――「ハーン・マニアの情報将校ボナー・フェラーズ」平川祐弘・牧野陽子編『講座　小泉八雲Ⅰ　ハーンの人と周辺』新曜社、二〇〇九年a
――「CIAと緒方竹虎」（二〇世紀メディア研究会第五一回特別研究会資料）二〇〇九年b（加藤哲郎公式サイト「加藤哲郎のネチズン・カレッジ」http://netizen.html.xdomain.jp/home.html内）
――『ゾルゲ事件　覆された神話』平凡社新書、二〇一四年
――「米国共産党日本人部研究序説　藤井一行教授遺稿の公開によせて」『アリーナ』第二〇号、二〇一七年一一月
加藤幹雄『ロックフェラー家と日本――日米交流をつむいだ人々』岩波書店、二〇一五年
金子淳一『昭和激流　四元義隆の生涯』新潮社、二〇〇九年
上坂冬子『ハル・ライシャワー』講談社＋α文庫、一九九九年

上村哲弥「松岡先生再訪記」『公論』一九四五年六月号
神谷美恵子東京研究会『神谷美恵子の生きがいの育て方』文化創作出版、一九九七年
河合勇『小説朝日人』八木書店、一九六八年
川瀬弘至『孤高の国母　貞明皇后　知られざる「昭和天皇の母」』産経新聞出版、二〇一八年
河西秀哉「異常な報道と政治利用がおこなわれた」『前衛』二〇一九年七月号
河原敏明『昭和の皇室をゆるがせた女性たち』講談社、二〇〇四年
川村邦光「救世主幻想のゆくえ　皇道大本とファシズム運動」竹沢尚一郎編『宗教とファシズム』水声社、二〇一〇年
——『出口なお・王仁三郎——世界を水晶の世に致すぞよ』ミネルヴァ書房、二〇一七年
菅孝行編『佐野碩——人と仕事　1905-1966』藤原書店、二〇一五年
——・加藤哲郎・太田昌国ほか「座談会　一左翼演劇人の軌跡と遺訓　岡村春彦『自由人　佐野碩の生涯』をめぐって」上下『情況』第三期第一一巻第七～八号、二〇一〇年八～一〇月
アレクセイ・キリチェンコ（名越健郎訳）「戦後地下エージェントとしての野坂参三」『諸君!』一九九三年三月号
草原克豪『新渡戸稲造　1862-1933　我、太平洋の橋とならん』藤原書店、二〇一二年
草柳大蔵『実力者の条件』文藝春秋、一九七〇年
工藤美知尋『東条英機暗殺計画　海軍少将高木惣吉の終戦工作』光人社NF文庫、二〇一〇年
工藤美代子『国母の気品　貞明皇后の生涯』清流出版、二〇〇八年
倉重篤郎「岸信介宛て石橋湛山の私信」全三回『サンデー毎日』二〇一六年一〇月三〇日～一一月一三日号
蔵田計成『安保全学連　60年安保闘争の総括と70年代闘争の焦点』三一書房、一九六九年
栗原彬『歴史とアイデンティティ　近代日本の心理＝歴史研究』新曜社、一九八二年
——「郷の立替え立直し——出口王仁三郎」『年報政治学　近代日本の国家像』一九八三年九月
黒沢文貴『大戦間期の宮中と政治家』みすず書房、二〇一三年
黒澤良『内務省の政治史——集権国家の変容』藤原書店、二〇一三年
小島末喜監修『秘録　わが命天皇に捧ぐ　救国の快男児　安藤明の生涯』東光出版、一九七三年
小島毅『増補　靖国史観　日本思想を読みなおす』ちくま学芸文庫、二〇一四年
児玉識『上山満之進の思想と行動　増補改訂版』海鳥社、二〇一六年
後藤美緒「現実と空想のあいだ——国際ロビイスト田中清玄と転向経験」『社会学ジャーナル』第四一号、二〇一六年三月
後藤基夫・内田健三・石川真澄『戦後保守政治の軌跡　吉田内閣から鈴木内閣まで』岩波書店、一九八二年

小和田次郎（原寿雄のペンネーム）・大沢真一郎『総括　安保報道　戦後史の流れの中で』現代ジャーナリズム出版会、一九七〇年
佐々木勝彦『愛の類比――キング牧師、ガンディー、マザー・テレサ、神谷美恵子の信仰と生涯』教文館、二〇一二年
佐藤正『日本共産主義運動の歴史的教訓としての野坂参三と宮本顕治――真実は隠しとおせない』上下、新生出版、二〇〇四年
佐藤全弘『新渡戸稲造――生涯と思想』キリスト教図書出版社、一九八〇年
――編『現代に生きる新渡戸稲造』教文館、一九八八年
佐藤幹夫『評伝　島成郎　ブントから沖縄へ、心病む人びとのなかへ』筑摩書房、二〇一八年
佐野眞一『唐牛伝　敗者の戦後漂流』小学館文庫、二〇一八年
チャルマーズ・ジョンソン（篠﨑務訳）『ゾルゲ事件とは何か』岩波現代文庫、二〇一三年
柴田紳一『昭和期の皇室と政治外交』原書房、一九九五年
――「松平康昌述「内大臣の政治責任」」『國學院大學日本文化研究所紀要』第七八輯、一九九六年九月
――「第一回昭和天皇・マッカーサー会見と吉田茂」『國學院大學日本文化研究所紀要』第八二輯、一九九八年九月
――「「重臣ブロック排撃論者」としての久原房之助」『國學院大學日本文化研究所紀要』第八三輯、一九九九年三月（a）
――「昭和十九年久原房之助対ソ特使派遣問題」『國學院大學日本文化研究所紀要』第八四輯、一九九九年九月
――「重光葵外相の大東亜相兼摂」『國學院大學日本文化研究所紀要』第八五輯、二〇〇〇年三月
――「昭和十六年対米戦回避時クーデター説の検討」『國學院大學日本文化研究所紀要』第八六輯、二〇〇〇年九月
――「昭和二十年二月重臣拝謁の経緯と意義」『國學院大學日本文化研究所紀要』第八七輯、二〇〇一年三月
――「内大臣木戸幸一の辞職」『國學院大學日本文化研究所紀要』第八八輯、二〇〇一年九月
――「参謀総長梅津美治郎と終戦」『國學院大學日本文化研究所紀要』第八九輯、二〇〇二年三月
――「昭和天皇の「終戦」構想」『國學院大學日本文化研究所紀要』第九一輯、二〇〇三年三月
――「皇族参謀総長の復活――昭和六年閑院宮載仁親王就任の経緯――」『國學院大學日本文化研究所紀要』第九四輯、二〇〇四年九月
――「米内光政内閣成立の経緯」『國學院大學日本文化研究所紀要』第九五輯、二〇〇五年三月（a）
――「宮内大臣松平恒雄の進退と政局」『国學院大學日本文化研究所紀要』第九六輯、二〇〇五年九月（b）
――「陸相東条英機の出現」『國學院大學日本文化研究所紀要』第九七輯、二〇〇六年三月
――「東条英機首相兼陸相の参謀総長兼任」『國學院大學日本文化研究所紀要』第九八輯、二〇〇六年九月
――「陸相阿南惟幾の登場」『國學院大學日本文化研究所紀要』第九九輯、二〇〇七年三月

――「重臣岡田啓介の対米終戦工作」『政治経済史学』第五〇〇号、二〇〇八年四月
――「平沼騏一郎の枢相再任と御前会議参列」『栃木史学』第二六号、二〇一二年三月
将口泰浩『極秘司令　皇統護持作戦　我ら、死よりも重き任務に奉ず』徳間書店、二〇一七年
白井久也『ゾルゲ事件の謎を解く――国際諜報団の内幕』社会評論社、二〇〇八年
――編『国際スパイ・ゾルゲの世界戦争と革命』社会評論社、二〇〇三年
――編『【米国公文書】ゾルゲ事件資料集』社会評論社、二〇〇七年
――・小林峻一編『ゾルゲはなぜ死刑にされたのか「国際スパイ事件」の深層』社会評論社、二〇〇〇年
サーラ・スヴェン「大正期における政治結社――黒龍会の活動と人脈」猪木武徳編『戦間期日本の社会集団とネットワーク――デモクラシーと中間団体』NTT出版、二〇〇八年
鈴木禎一『ハンセン病　人間回復へのたたかい――神谷美恵子氏の認識について』岩波出版サービスセンター、二〇〇三年
ナンシー・K・ストーカー（井上順孝監訳・岩坂彰訳）『出口王仁三郎　帝国の時代のカリスマ』原書房、二〇〇九年
袖井林二郎『マッカーサーの二千日』中公文庫、一九七六年
――『拝啓　マッカーサー元帥様　占領下の日本人の手紙』中公文庫、一九九一年
徐玄九「大本教と天道教　世界ファシズム期における東アジアのナショナリズムの生成と特質に関する史的研究」法政大学博士論文、二〇一〇年三月
――「昭和維新運動――大本教・出口王仁三郎を中心に」『専修人間科学論集　社会学篇』第八巻第二号、二〇一八年三月
高嶋幸世『ノーマン家とライシャワー家　日本と北米の関係構築にはたした役割』シーズ・プランニング、二〇一六年
高田元三郎『記者の手帖から』時事通信社、一九六七年
高橋勝浩「重臣としての平沼騏一郎――終戦と国体護持へむけて」『軍事史学』第三六巻第二号、二〇〇〇年九月
高橋紘『昭和天皇　1945-1948』岩波現代文庫、二〇〇八年
――『人間昭和天皇』上下、講談社、二〇一一年
――・鈴木邦彦『天皇家の密使たち　占領と皇室』文春文庫、一九八九年
武田珂代子『太平洋戦争　日本語諜報戦――言語官の活躍と試練』ちくま新書、二〇一八年
竹前栄治『GHQ』岩波新書、一九八三年
――「ボナ・フェラーズの天皇観」『東京経大学会誌』第一四〇号、一九八五年三月
――『日本占領――GHQ高官の証言』中央公論社、一九八八年
――『GHQの人びと――経歴と政策』明石書店、二〇〇二年
立花隆「60年安保英雄の栄光と悲惨」『文藝春秋』一九六九年二月号
――『日本共産党の研究』全三巻、講談社文庫、一九八三年
田々宮英太郎『神の国と超歴史家・平泉澄――東条・近衛を手

玉にとった男』雄山閣出版、二〇〇〇年
田村貞雄校注『前原一誠年譜』マツノ書店、二〇〇三年
田中宏巳「昭和七年前後における東郷グループの活動——小笠原長生日記を通して」全三回『防衛大学校紀要・人文科学分冊』第五一～五三輯、一九八五年九月、一九八六年三月、九月
——「「副官」が書き遺した聖将・東郷の知られざる晩年」『文藝春秋特別号「昭和」の瞬間』一九八八年八月
——『マッカーサーと戦った日本軍——ニューギニア戦の記録』ゆまに書房、二〇〇九年
——『消されたマッカーサーの戦い　日本人に刷り込まれた〈太平洋戦争史〉』吉川弘文館、二〇一四年
ジョン・ダワー（三浦陽一・高杉忠明・田代泰子訳）『増補版　敗北を抱きしめて　第二次大戦後の日本人』上下、岩波書店、二〇〇四年
茶谷誠一『昭和戦前期の宮中勢力と政治』吉川弘文館、二〇〇九年
茶本繁正「「オレは野良犬だ」／紋別港の漁船員・唐牛健太郎(40)、八年の〝北の海〟暮らし」『週刊現代』一九七七年五月一二日号
アイリス・チャン（巫召鴻訳）『ザ・レイプ・オブ・南京——第二次世界大戦の忘れられたホロコースト』同時代社、二〇〇七年
筒井清忠『昭和十年代の陸軍と政治——軍部大臣現役武官制の虚像と実像』岩波書店、二〇〇七年
——『戦前日本のポピュリズム　日米戦争への道』中公新書、二〇一八年
堤堯「文藝春秋とともに　ある編集者のオデッセイ」第三四～三六回『編集会議』二〇〇四年二～四月号
津野田忠重『秘録・東条英機暗殺計画　元・大本営参謀が明かす』河出文庫、一九九一年
角田房子『一死、大罪を謝す　陸軍大臣阿南惟幾』ちくま文庫、二〇一五年
徳岡孝夫『五衰の人　三島由紀夫私記』文春学芸ライブラリー、二〇一五年
徳川家広「名門と国家　徳川将軍家から岸信介のDNAまで」全三一回『新潮45』二〇一一年二月号～二〇一二年一月号、二〇一二年四月号～二〇一三年一〇月号
徳田武『朝彦親王伝　維新史を動かした皇魁』勉誠出版、二〇一一年
徳本栄一郎『英国機密ファイルの昭和天皇』新潮社、二〇〇七年
——『1945日本占領　フリーメイスン機密文書が明かす対日戦略』新潮社、二〇一一年
——「昭和天皇のインテリジェンス　個人情報網」『週刊朝日』二〇一五年四月一〇日号
戸部良一「帝国在郷軍人会と政治」猪木武徳編『戦間期日本の社会集団とネットワーク——デモクラシーと中間団体』NTT出版、二〇〇八年
永井和「一九三九年の排英運動」『年報・近代日本研究－

五――昭和期の社会運動』一九八三年一〇月
――「日中戦争と日英対立――日本の華北占領地支配と天津英仏租界」古屋哲夫編『日中戦争史研究』吉川弘文館、一九八四年
――「波多野敬直宮内大臣辞職顚末――一九二〇年の皇族会議」『立命館文学』第六二四号、二〇一二年一月
――研究代表・発行「倉富勇三郎日記研究――IT応用新研究支援ツールの導入による全文翻刻と注釈の作成」二〇一三年三月
中出栄三『港と共に　藤木幸太郎とその交友』中出栄三、一九六三年
長尾龍一『日本憲法思想史』講談社学術文庫、一九九六年
永岡崇「宗教文化は誰のものか――『大本七十年史』編纂事業をめぐって」『日本研究』第四七集、二〇一三年三月
――「戦後大本の平和運動をめぐる覚え書」『佛教大学総合研究所紀要』第二六号、二〇一九年三月
中島良博『占領期を駆け抜けた男たち』創英社／三省堂書店、二〇一二年
中野雅夫『三人の放火者』筑摩書房、一九五六年
中山正男著・古川圭吾編『昭和の快男児　日本を救った男　安藤明』講談社出版サービスセンター、二〇〇三年
日本新聞労働組合連合発行『安保体制とマスコミ――新聞を国民のものにする闘いの記録Ⅲ』一九六〇年七月
沼田健哉『宗教と科学のネオパラダイム――新新宗教を中心として』創元社、一九九五年
延江浩『愛国とノーサイド　松任谷家と頭山家』講談社、二〇一七年
野村一彦『会うことは目で愛し合うこと、会わずにいることは魂で愛し合うこと。神谷美恵子との日々』港の人、二〇〇二年
野村実『太平洋戦争と日本軍部』山川出版社、一九八三年
――『天皇・伏見宮と日本海軍』文藝春秋、一九八八年
萩原淳『平沼騏一郎と近代日本――官僚の国家主義と太平洋戦争への道』京都大学学術出版会、二〇一六年
長谷川熙『崩壊　朝日新聞』ワック、二〇一五年
長谷川三千子「「アメリカを処罰する」というメッセーヂが日本に突きつけたもの」『正論』二〇〇二年二月号
秦郁彦『軍ファシズム運動史』原書房、一九八〇年新装版（初出一九六二年）
――『史録　日本再軍備』文藝春秋、一九七六年
――『裕仁天皇五つの決断』講談社、一九八四年
畠山清行著・保阪正康編『秘録　陸軍中野学校』新潮文庫、二〇〇三年
――著・保阪正康編『陸軍中野学校　終戦秘史』新潮文庫、二〇〇四年
ジョージ・R・パッカード（森山尚美訳）『ライシャワーの昭和史』講談社、二〇〇九年
原武史『〈出雲〉という思想　近代日本の抹殺された神々』公人社、一九九六年
原田武夫『甦る上杉慎吉　天皇主権説という名の亡霊』講談社、

二〇一四年
原彬久『戦後日本と国際政治――安保改定の政治力学』中央公論社、一九八八年
春名幹男『秘密のファイル――CIAの対日工作』上下、新潮文庫、二〇〇三年
半藤一利『決定版　日本のいちばん長い日』文春文庫、二〇〇六年
東野真『昭和天皇　二つの「独白録」』日本放送出版協会、一九九八年
日暮吉延『東京裁判の国際関係――国際政治における権力と規範』木鐸社、二〇〇二年
ハーバート・ビックス（吉田裕監修・岡部牧夫・川島高峰・永井均訳）『昭和天皇』上下、講談社、二〇〇二年
広瀬浩二郎『人間解放の福祉論――出口王仁三郎と近代日本』解放出版社、二〇〇一年
福井紳一「反逆のメロディー　第四回　武装共産党と転向――田中清玄とブント全学連の邂逅を含めて」『出版人・広告人』二〇一七年九月号
福島鑄郎編『1946年9月現在　GHQの組織と人事　占領史関係文献目録』巌南堂書店、一九八四年
福田恆存『福田恆存評論集　第七巻　常識に還れ』麗澤大学出版会、二〇〇八年
福家崇洋「三無事件序説」『社会科学』第四六巻第三号、二〇一六年一一月
藤岡雅「ユニクロ・柳井が封印した「一族」の物語」『週刊現代』二〇一四年八月三〇日号
巫召鴻『「ザ・レイプ・オブ・南京」を読む』同時代社、二〇〇七年
ゴードン・W・プランゲ（千早正隆訳）『ゾルゲ・東京を狙え』上下、原書房、一九八五年
古川薫『惑星が行く　久原房之助伝』日経BP社、二〇〇四年
古川隆久『大正天皇』吉川弘文館、二〇〇七年
――『昭和天皇「理性の君主」の孤独』中公新書、二〇一一年
――・森暢平・茶谷誠一編『「昭和天皇実録」講義　生涯と時代を読み解く』吉川弘文館、二〇一五年
ジョン・アール・ヘインズ、ハーヴェイ・クレア（中西輝政監訳）『ヴェノナ　解読されたソ連の暗号とスパイ活動』PHP研究所、二〇一〇年
別宮暖朗『終戦クーデター――近衛師団長殺害事件の謎』並木書房、二〇一二年
ジェフリー・ペレット（林義勝・寺澤由紀子・金澤宏明訳）『老兵は死なず――ダグラス・マッカーサーの生涯』鳥影社、二〇一六年
保阪正康『三島由紀夫と楯の会事件』ちくま文庫、二〇一八年
毎日新聞社会部編『オウム「教祖」法廷全記録』全八巻、現代書館、一九九七〜二〇〇四年
毎日新聞「靖国」取材班『靖国戦後秘史　A級戦犯を合祀した男』角川ソフィア文庫、二〇一五年
前島不二雄「昭和神聖会運動」『日本史研究』第五四号、一九

六一年五月
——「軍ファシズム運動と大本教」『日本史研究』第七五号、一九六四年一一月
増田弘『自衛隊の誕生　日本の再軍備とアメリカ』中公新書、二〇〇四年
——『マッカーサー　フィリピン統治から日本占領へ』中公新書、二〇〇九年
升味準之輔『日本政党史論　第五巻』東京大学出版会、一九七九年
——『現代政治　一九五五年以後　下』東京大学出版会、一九八五年
松浦正孝『日中戦争期における経済と政治　近衛文麿と池田成彬』東京大学出版会、一九九五年
松尾尊兊『わが近代日本人物誌』岩波書店、二〇一〇年
松田好史『内大臣の研究　明治憲法体制と常侍輔弼』吉川弘文館、二〇一四年
松本健一『増補　出口王仁三郎――屹立する最後の革命的カリスマ』書籍工房早山、二〇一二年
丸山眞男『増補版　現代政治の思想と行動』未来社、一九六四年
ウィリアム・マンチェスター（鈴木主税・高山圭訳）『ダグラス・マッカーサー』上下、河出書房新社、一九八五年
みすず書房編集部編『神谷美恵子の世界』みすず書房、二〇〇四年
水野秋『太田薫とその時代「総評」労働運動の栄光と敗退』上下、同盟出版サービス、二〇〇二年
宮沢俊義『天皇機関説事件――史料は語る』上下、有斐閣、一九七〇年
宮下美砂子「いわさきちひろと戦後日本の母親像――画業の全貌とイメージ形成をめぐって」千葉大学大学院人文社会科学研究科博士論文、二〇一七年九月
宮地正人「大本教不敬事件――新興宗教と天皇制イデオロギー」我妻栄編集代表『日本政治裁判史録　大正』第一法規出版、一九六九年
——「第二次大本教事件――戦時下宗教弾圧の起点」我妻栄編集代表『日本政治裁判史録　昭和・後』第一法規出版、一九七〇年
宮原安春『神谷美恵子　聖なる声』講談社、一九九七年
エドワード・ミラー（沢田博訳）『オレンジ計画――アメリカの対日侵攻50年戦略』新潮社、一九九四年
武者小路公秀「日本とイスラーム世界」『別冊環④　イスラームとは何か――「世界史」の視点から』藤原書店、二〇〇二年五月
村上重良『評伝　出口王仁三郎』三省堂、一九七八年
村瀬学『鶴見俊輔』言視舎、二〇一六年
森詠『黒の機関　戦後、「特務機関」はいかに復活したか』祥伝社文庫、二〇〇八年
森川哲郎『東条英機暗殺計画』現代史出版会、一九八二年
森暢平・河西秀哉編『皇后四代の歴史　昭憲皇太后から美智子皇后まで』吉川弘文館、二〇一八年

安丸良夫「大本教と「立替え立直し」」安丸良夫『安丸良夫集3　宗教とコスモロジー』岩波書店、二〇一三年
——「出口王仁三郎の思想」『安丸良夫集3』
柳田由紀子『二世兵士　激戦の記録　日系アメリカ人の第二次大戦』新潮新書、二〇一二年
山口宗之「平泉澄博士における天皇」『歴史学・地理学年報』第一〇号、一九八六年三月
——「「承詔必謹」と「国体護持」——幕末尊皇思想の矛盾と挫折」『季刊日本思想史』第四三号、一九九四年六月
山田朗『昭和天皇の軍事思想と戦略』校倉書房、二〇〇二年
山本七平『私の中の日本軍』上下、文春文庫、一九八三年（初出一九七五年）
——『一下級将校の見た帝国陸軍』文春文庫、一九八七年（初出一九七六年）
——『「空気」の研究』文春文庫、一九八三年（初出一九七七年）
山本武利『ブラック・プロパガンダ——謀略のラジオ』岩波書店、二〇〇二年
湯浅博『歴史に消えた参謀　吉田茂の軍事顧問　辰巳栄一』産経新聞出版、二〇一一年
横田増生『ユニクロ帝国の光と影』文春文庫、二〇一三年
吉田則昭『緒方竹虎とCIA　アメリカ公文書が語る保守政治家の実像』平凡社、二〇一二年
吉田裕・瀬畑源・河西秀哉編『平成の天皇制とは何か——制度と個人のはざまで』岩波書店、二〇一七年
米本二郎『伝記　久原房之助翁を語る』リーブル、一九九一年
ウルリッヒ・リンス（足立政喜・兼松寛訳）『大本教団と日本の超国家主義』丸善京都出版サービスセンター、二〇〇七年
デービッド・J・ルー（長谷川進一訳）『松岡洋右とその時代』TBSブリタニカ、一九八一年
若井敏明『平泉澄——み国のために我つくさなむ』ミネルヴァ書房、二〇〇六年
渡辺克夫「宮中某重大事件の全貌」『THIS is 読売』一九九三年四月号
渡部富哉『偽りの烙印——伊藤律・スパイ説の崩壊』五月書房、一九九三年
——「ロイと呼ばれた男の正体　野坂参三、もう一つの仮面を剝ぐ」『諸君!』一九九八年七月号
——「ゾルゲ事件研究の現状と今後の課題」『ゾルゲ事件関係外国語文献翻訳集』第四八号、二〇一七年一月
『WIAPSリサーチ・シリーズ六号　太平洋問題調査会（IPR）とその群像』二〇一六年二月
「抄録桑野塾　第九回　佐野碩スペシャル」『THE ART TIMES』第八号、二〇一一年一〇月
「録音構成「ゆがんだ青春」の波紋　安保の主役たちと日共と田中清玄氏」『週刊朝日』一九六三年三月二二日号
「安保全学連と田中清玄の〝奇妙な友情〟　唐牛元委員長らのその後」『サンデー毎日』一九六三年三月二四日号
「狙撃された田中清玄の履歴書」『週刊文春』一九六三年一一月二五日号

「田中清玄における〝光と影〟」『週刊朝日』一九六三年一一月二九日号

「三無事件――右翼の内閣要人暗殺未遂」田中二郎・佐藤功・野村二郎編『戦後政治裁判史録③』第一法規出版、一九八〇年

「田中清玄の内幕発言　背後で日本赤軍を動かしているのは誰か！」『週刊朝日』一九七五年九月一二日号

Robert T. Davis II, ed., *U.S. Foreign Policy and National Security: Chronology and Index for the 20th Century: Volume 1* (Santa Barbara, California: Praeger Security International, 2010)

C. J. Jenner, "Turning the Hinge of Fate: Good Source and the UK-U.S. Intelligence Alliance, 1940-1942," in *Diplomatic History*, Vol. 32, No. 2 (April 2008)

Howard B. Schonberger, "The General and the Presidency: Douglas MacArthur and the Election of 1948," *Wisconsin Magazine of History*, Vol. 57, No. 3 (Spring 1974)

【音声配信】吉永春子さんのラジオルポ『ゆがんだ青春――全学連闘士のその後（１９６３年）』を聴く▼二〇一六年一一月一七日放送 https://www.tbsradio.jp/92561

ちくま新書
1482

天皇《てんのう》と右翼《うよく》・左翼《さよく》
——日本近現代史《にほんきんげんだいし》の隠《かく》された対立構造《たいりつこうぞう》

二〇二〇年三月一〇日　第一刷発行

著　者　駄場裕司（だば・ひろし）

発行者　喜入冬子

発行所　株式会社　筑摩書房
東京都台東区蔵前二－五－三　郵便番号一一一－八七五五
電話番号〇三－五六八七－二六〇一（代表）

装幀者　間村俊一

印刷・製本　三松堂印刷　株式会社

ISBN978-4-480-07304-4 C0231

ちくま新書

1224
皇族と天皇
浅見雅男
日本の歴史の中でも特異な存在だった明治以降の皇族。彼らはいかなる事件を引き起こし、天皇を悩ませてきたか。近現代の皇族と天皇の歩みを解明する通史決定版。

1161
皇室一五〇年史
浅見雅男
岩井克己
歴代天皇を悩ませていたのは何だったのか。皇位継承、宮家消滅、結婚トラブル、財政問題――様々な確執やスキャンダルを交え、近現代の皇室の真の姿を描き出す。

1470
皇室法入門
園部逸夫
喫緊の難題である皇位継承問題をはじめとして、すべての皇室問題を考える前の必読書。天皇制とは何か、象徴と世襲という制度の根本から、第一人者が解きほぐす。

957
宮中からみる日本近代史
茶谷誠一
戦前の「宮中」は国家の運営について大きな力を持っていた。各国家機関の思惑から織りなされる政策決定を見直し、大日本帝国のシステムと軌跡を明快に示す。

1347
太平洋戦争　日本語諜報戦
――言語官の活躍と試練
武田珂代子
太平洋戦争で活躍した連合国軍の言語官。収容所から集められた日系二世の葛藤、養成の違いに見る米英豪加の各国軍事情……。語学兵の実像と諜報戦の舞台裏。

1136
昭和史講義
――最新研究で見る戦争への道
筒井清忠編
なぜ昭和の日本は戦争へと向かったのか。複雑きわまる戦前期を正確に理解すべく、俗説を排して信頼できる史料に依拠。第一線の歴史家たちによる最新の研究成果。

983
昭和戦前期の政党政治
――二大政党制はなぜ挫折したのか
筒井清忠
政友会・民政党の二大政党制はなぜ自壊したのか。軍部台頭の真の原因を探りつつ、大衆政治・劇場型政治が誕生した戦前期に、現代二大政党制の混迷の原型を探る。

ちくま新書

948 日本近代史　坂野潤治
この国が革命に成功し、わずか数十年でめざましい近代化を実現しながら、やがて崩壊へと突き進まざるをえなかったのはなぜか。激動の八〇年を通観し、捉えなおす。

1146 戦後入門　加藤典洋
日本はなぜ「戦後」を終わらせられないのか。その核心にある「対米従属」「ねじれ」の問題の起源を世界戦争に探り、憲法九条の平和原則の強化による打開案を示す。

457 昭和史の決定的瞬間　坂野潤治
日中戦争は軍国主義の後ではなく、改革の途中で始まった。生活改善の要求は、なぜ反戦の意思と結びつかなかったのか。日本の運命を変えた二年間の真相を追う。

1364 モンゴル人の中国革命　楊海英
内モンゴルは中国共産党が解放したのではない。草原の民は清朝、国民党、共産党といかに戦い、敗れたのか。日本との関わりを含め、総合的に描き出す真実の歴史。

1457 「失敗の本質」と戦略思想――孫子・クラウゼヴィッツで読み解く日本軍の敗因　西田陽一／杉之尾宜生
名著『失敗の本質』に採り上げられた例も含め、日本陸海軍の戦いを『孫子』とクラウゼヴィッツ『戦争論』により再検討。日本人に欠ける戦略思考の活性化を図る。

1127 軍国日本と『孫子』　湯浅邦弘
日本の軍国化が進む中、精神的実践的支柱として利用された『孫子』。なぜ日本は下策とされる長期消耗戦を辿り、敗戦に至ったか？　中国古典に秘められた近代史！

1271 天皇の戦争宝庫――知られざる皇居の靖国「御府」　井上亮
御府と呼ばれた五つの施設は「皇居の靖国」といえる。しかし、戦後その存在は封印されてしまった。皇居に残された最後の禁忌を描き出す歴史ルポルタージュ。

ちくま新書

1194 **昭和史講義2** ——専門研究者が見る戦争への道　筒井清忠編

なぜ戦前の日本は破綻への道を歩んだのか。その原因をより深く究明すべく、二十名の研究者が最新研究の成果を結集する。好評を博した昭和史講義シリーズ第二弾。

1266 **昭和史講義3** ——リーダーを通して見る戦争への道　筒井清忠編

昭和のリーダーたちの決断はなぜ戦争へと結びついたのか。近衛文麿、東条英機ら政治家・軍人のキーパーソン15名の生い立ちと行動を、最新研究によって跡づける。

1341 **昭和史講義【軍人篇】**　筒井清忠編

戦争の責任は誰にあるのか。東条英機、石原莞爾、山本五十六ら、戦争を指導した帝国陸海軍の軍人たちの実像を最新研究をもとに描きなおし、その功罪を検証する。

1421 **昭和史講義【戦前文化人篇】**　筒井清忠編

柳田、大拙、和辻ら近代日本の代表的知性から谷崎、乱歩、保田與重郎ら文人まで、文化人たちは昭和戦前期をいかに生きたか。最新の知見でその人物像を描き出す。

1383 **歴史としての東大闘争** ——ぼくたちが闘ったわけ　富田武

安田講堂事件から五十年。東大闘争とは何だったのか。当事者として、また歴史家として学生運動の過程と社会的・歴史的背景を検証。闘争の思想的意味を問い直す。

1385 **平成史講義**　吉見俊哉編

平成とは、戦後日本的なものが崩れ落ち、革新の試みが挫折した30年間だった。政治、経済、雇用、メディア。第一線の研究者がその隘路と活路を描く決定版通史。

1398 **感情天皇論**　大塚英志

被災地で、戦場跡で、頭を垂れ祈る——。明仁天皇の「象徴としての行為」を、国民のため心をすり減らす「感情労働」と捉え、その誕生から安楽死までを読みとく。